DESAFIOS PSICOSSOCIAIS DA
FAMÍLIA CONTEMPORÂNEA

D441   Desafios psicossociais da família contemporânea : pesquisas e
       reflexões / Adriana Wagner ... [et al.]. – Porto Alegre :
       Artmed, 2011.
       208 p. ; 23 cm.

       ISBN 978-85-363-2561-3

       1. Psicologia – Dinâmica familiar. I. Wagner, Adriana.

                                                          CDU 159.9

Catalogação na publicação: Ana Paula M. Magnus – CRB 10/2052

DESAFIOS PSICOSSOCIAIS DA
FAMÍLIA CONTEMPORÂNEA

PESQUISAS E REFLEXÕES

ADRIANA WAGNER
E COLABORADORES

2011

© Artmed Editora S.A., 2011.

Capa
Tatiana Sperhacke

Ilustração da capa
©*iStockphoto.com/Kudryashka*

Preparação de originais
Marcos Vinícius Martim da Silva

Editora Sênior – Ciências Humanas
Mônica Ballejo Canto

Projeto e editoração
Armazém Digital® Editoração Eletrônica – Roberto Carlos Moreira Vieira

Reservados todos os direitos de publicação, em língua portuguesa, à
ARTMED® EDITORA S.A.
Av. Jerônimo de Ornelas, 670 – Santana
90040-340 Porto Alegre RS
Fone (51) 3027-7000 Fax (51) 3027-7070

É proibida a duplicação ou reprodução deste volume, no todo ou em parte, sob quaisquer formas ou por quaisquer meios (eletrônico, mecânico, gravação, fotocópia, distribuição na Web e outros), sem permissão expressa da Editora.

SÃO PAULO
Av. Embaixador Macedo de Soares, 10.735 – Pavilhão 5 – Cond. Espace Center
Vila Anastácio 05095-035 São Paulo SP
Fone (11) 3665-1100 Fax (11) 3667-1333

SAC 0800 703-3444

IMPRESSO NO BRASIL
PRINTED IN BRAZIL
Impresso sob demanda na Meta Brasil a pedido de Grupo A Educação.

AUTORES

Adriana Wagner (org.)
Psicóloga. Doutora em Psicologia (1994), com Pós-doutorado na Universitat de Girona/ Espanha (2005) como bolsista da CAPES. Docente do Instituto de Psicologia da Universidade Federal do Rio Grande do Sul (UFRGS). Coordenadora do Núcleo de Pesquisa Dinâmica das Relações Familiares (www.ufrgs.br/relacoesfamiliares). Pesquisadora do CNPq.

Ana Cristina Pontello Staudt
Psicóloga. Mestre em Psicologia pela PUCRS (2007), com bolsa CNPq. Docente das Faculdades Integradas São Judas Tadeu.

Ananda Borgert Armani
Psicóloga pela PUCRS (2011). Bolsista de Iniciação Científica FAPERGS no Núcleo de Pesquisa Dinâmica das Relações Familiares da UFGRS (2008-2009).

Andrea Seixas Magalhães
Psicóloga. Doutora em Psicologia Clínica pela Pontifícia Universidade Católica do Rio de Janeiro (PUC-Rio) (2000). Docente do Departamento de Psicologia da PUC-Rio e Professora do Curso de Especialização em Terapia de Casal e Família da PUC-Rio. Pesquisadora do CNPq.

Bianca de Moraes Branco
Médica-psiquiatra. Especialista em Psicoterapia de Orientação Analítica pela UFRGS (2004). Mestre em Psicologia pela PUCRS (2006) com bolsa CAPES.

Bruna Moraes Cardoso
Psicóloga. Mestre em Psicologia Clínica pela Universidade do Vale do Rio dos Sinos (UNISINOS) (2010).

Clarisse Pereira Mosmann
Psicóloga. Doutora em Psicologia pela PUCRS (2007) com Pós-doutorado na Universitat de Girona/ Espanha (2005) como bolsista da CAPES e Pós-doutorado Júnior na UFRGS (2010) com bolsa CNPq. Docente do Programa de Pós-Graduação e do Curso de Psicologia da UNISINOS.

Claudete Bonatto Reichert
Psicóloga. Mestre em Psicologia pela PUCRS (2007) com bolsa CAPES. Docente da Universidade Luterana do Brasil (ULBRA).

Cristina Benites Tronco
Psicóloga. Mestranda em Psicologia pela UFRGS com bolsa CNPq (2010).

Daniela Centenaro Levandowski
Psicóloga. Mestre (2001) e Doutora (2005) em Psicologia do Desenvolvimento pela UFRGS com Pós-doutorado em Psicologia na PUCRS (2008) com bolsa CNPq. Docente da Fundação Universidade Federal de Ciências da Saúde de Porto Alegre (UFCSPA). Pesquisadora do CNPq.

Denise Falcke
Psicóloga. Doutora (2003) e Mestre (1998) em Psicologia pela PUCRS com bolsa CAPES. Professora do Programa de Pós-Graduação e Coordenadora Adjunta do Curso de Graduação em Psicologia da UNISINOS.

Eliana Piccoli Zordan
Psicóloga. Mestre (2003) e Doutora (2010) pela PUCRS com bolsa CAPES. Docente da Universidade Regional Integrada do Alto Uruguai e das Missões (URI).

João Alves da Silva Neto
Médico-psiquiatra. Mestre em Psicologia pela PUCRS (2005). Doutorando em Psicologia na PUCRS. Docente da UNISINOS, do Centro Universitário La Salle (UNILASALLE, Canoas/RS) e da Universidade da Amazônia (UNAMA).

José Luis Gobbi Lanuza Suarez de Puga
Psicólogo. Mestre em Psicologia Social e da Personalidade pela PUCRS (2007) com bolsa CAPES. Consultor de Empresas.

Karina Adriani Demarchi
Psicóloga pela PUCRS. Bolsista de Iniciação Científica no Núcleo de Pesquisa Dinâmica das Relações Familiares (PUCRS/ 2006-2008).

Larissa Wolff da Rosa
Graduanda em Psicologia pela UNISINOS, bolsista da UNIBIC/UNISINOS (2009-2010).

Luciana Suárez Grzybowski
Psicóloga. Mestre (2000) e Doutora (2007) em Psicologia pela PUCRS. Pós-doutoranda na UFRGS com bolsa FAPERGS/CNPq (2011). Professora e pesquisadora da Unochapecó

Luiza Maria de Oliveira Braga Silveira
Psicóloga. Mestre (2001) e Doutora (2007) em Psicologia pela PUCRS. Docente da Universidade Luterana do Brasil (ULBRA).

Marlene Neves Strey
Psicóloga. Mestre em Psicologia pela PUCRS (1990) e Doutora em Psicologia Social pela Universidad Autónoma de Madrid (1994), com Pós-doutorado pela Universidade de Barcelona (2004) com bolsa CNPq. Professora Titular do Programa de Pós-Graduação da Faculdade de Psicologia da PUCRS. Pesquisadora do CNPq.

Maycoln L. M. Teodoro
Psicólogo. Mestre em Psicologia pela Universidade Federal de Minas Gerais (UFMG) (2000) e Doutor pela Albert-Ludwigs-Universität Freiburg/ Alemanha (2004). Professor Adjunto do Departamento de Psicologia da Universidade Federal de Minas Gerais (UFMG). Pesquisador CNPq.

Terezinha Féres-Carneiro
Psicóloga. Mestre (1975) em Psicologia pela PUC-Rio e Doutora em Psicologia pela Pontifícia Universidade Católica de São Paulo (1981). Pós-doutorado na Universidade de Paris V Sorbonne (1988). Docente do Departamento de Psicologia e Coordenadora do Curso de Especialização em Terapia de Casal e Família da PUC-Rio. Pesquisadora do CNPq.

Tiago Ferraz Porto Pereira
Graduando em Psicologia da Universidade Federal de Minas Gerais (UFMG).

Ao Rui e ao Guilherme, que renovam dia a dia
o sentido e a alegria de conviver e seguir construindo.

AGRADECIMENTOS

Nem sempre o produto final é capaz de revelar toda a riqueza de seu processo de construção. Assim, não poderíamos deixar de mencionar aquelas pessoas que dedicaram, de forma generosa, algo de si na elaboração deste livro.

À professora Terezinha Féres-Carneiro, que sempre estimulou e acompanhou o processo de amadurecimento do grupo de pesquisa *Dinâmica das Relações Familiares*. Agradeço a sua generosidade e modelo de competência.

Aos alunos, que sempre foram a seiva desta árvore que foi se fazendo frondosa com o tempo, alimentada por sua ânsia de conhecer e aprender. Em especial, pela dedicação a este trabalho, agradeço a Jaqueline Gonçalves, Daniela Dell'Aglio, Débora Teruszkin Prestes, Bárbara Barth, Bruno Moraes, Enzo Magrinelli Dellaméa, Eduardo Lomando, Paola Barbosa e Tamara Alves.

À Clarisse Mosmann e Denise Falcke, agradeço a companhia fiel e competente nas inúmeras revisões e reflexões sobre o trabalho. Que a nossa história, construída ao longo destes prazerosos anos de aprendizado, siga dando frutos para além do acadêmico.

SUMÁRIO

Apresentação 13
Adriana Wagner

Prefácio 15
Maria Consuêlo Passos

Introdução
1 Os desafios da família contemporânea: revisitando conceitos 19
Adriana Wagner, Cristina Tronco e Ananda Borgert Armani

PARTE I
Conjugalidade

2 Sobre as motivações para a conjugalidade 39
João Alves da Silva Neto, Marlene Neves Strey e Andrea Seixas Magalhães

3 A qualidade conjugal como fator de proteção do ambiente familiar 58
Clarisse Pereira Mosmann, Eliana Piccoli Zordan e Adriana Wagner

4 Reflexões sobre a violência conjugal:
diferentes contextos, múltiplas expressões 72
Denise Falcke e Terezinha Féres-Carneiro

PARTE II
Parentalidade

5 Educar para a autonomia: desafios e perspectivas 89
Claudete Bonatto Reichert

6 A vivência da paternidade em tempos
de diversidade: uma visão transcultural 99
Ana Cristina Pontello Staudt e Adriana Wagner

7 Ser pai e ser mãe: como compartilhar a
tarefa educativa após o divórcio? 112
Luciana Suárez Grzybowski

8 Mamãe, eu acho que estou... ligeiramente grávida!
Uma reflexão sobre a gravidez na adolescência 123
Daniela Centenaro Levandowski

9 As relações familiares e os problemas
emocionais e de comportamento em adolescentes 140
Maycoln L. M. Teodoro, Bruna Moraes Cardoso e Tiago Ferraz Porto Pereira

10 A violência como instrumento educativo: uma história sem fim? 150
Denise Falcke e Larissa Wolff da Rosa

PARTE III
Educação em diferentes contextos

11 O adolescente em conflito com a lei:
reflexões sobre o contexto e a rede de apoio social 167
Bianca Branco e Karina Demarchi

12 A relação família-escola: uma parceria possível? 181
Luiza Maria de Oliveira Braga Silveira

13 O processo educativo e a empresa familiar:
do herdeiro ao sucessor 191
José Luis Gobbi Lanuza Suarez de Puga e Adriana Wagner

Índice 201

APRESENTAÇÃO

Ao refletir sobre o ciclo evolutivo vital da família, posso dizer que esta obra surge como uma das tarefas que o adulto jovem precisa cumprir ao sair da adolescência: consolidar sua identidade. Passadas quase duas décadas no trabalho de coordenação do núcleo de pesquisa *Dinâmica das Relações Familiares* (www.ufrgs.br/relacoesfamiliares), que atualmente integra o Programa de Pós-graduação em Psicologia do Instituto de Psicologia da Universidade Federal do Rio Grande do Sul (UFRGS), havia a necessidade de mostrar as pesquisas que construímos ao longo desse tempo, além dos fóruns acadêmicos. Sendo assim, nosso desafio era o de divulgar os resultados de nossas pesquisas de forma que não apenas outros pesquisadores, mas também aqueles que trabalham com famílias e lidam no dia a dia com a sua própria, pudessem beneficiar-se desse conhecimento.

A maior parte dos capítulos relata pesquisas que foram realizadas sob forma de dissertações de mestrado e teses de doutorado, as quais tive a oportunidade de acompanhar como orientadora ou como avaliadora em bancas de qualificação. Entretanto, como o fazer pesquisa é algo eminentemente cooperativo, quer dizer, não se faz sozinho, contamos neste trabalho com a colaboração de um grupo bastante heterogêneo, desde graduandos, na condição de bolsistas de iniciação científica, até doutores-pesquisadores brasileiros que têm acompanhado o trabalho do nosso grupo de forma direta ou indireta. Provavelmente, o encontro de pessoas com os mais diversos níveis de experiência em pesquisa foi o que tornou esta obra um delicioso exercício de troca e de formação de jovens pesquisadores, feito por diversas mãos.

Como coordenadora do Núcleo de Pesquisa e deste livro, sou muito grata a todos e todas que fizeram dessa experiência mais uma oportunidade de investigar e conhecer alguns dos desafios a respeito da pluralidade familiar que compõem o cenário atual. Eis aqui alguns de nossos achados e algumas reflexões, os quais esperamos que possam contribuir na decodificação das demandas de nossas famílias.

Adriana Wagner

PREFÁCIO

Negligenciada por alguns, enaltecida por outros, considerada um mal necessário ou entendida como responsável por muitos dos nossos problemas psíquicos, o fato é que a família está sempre em evidência. Se alguém "deu certo na vida", lá está ela como responsável pelo sucesso do(a) cidadão(ã); se for o contrário, ela é vista como a grande vilã da história: "também, com essa família desestruturada, só podia dar nisso", é o que ouvimos com frequência.

Pois bem, independentemente das tantas representações que são feitas a seu respeito, precisamos lembrar que é, sobretudo, no espaço da família que nos tornamos sujeitos e nos inserimos em uma cadeia geracional da qual somos dependentes, e, ao mesmo tempo, responsáveis por sua criação. Está aí uma pista para compreendermos sua importância e vitalidade.

Dependemos da família porque sem a sua sustentação e o reconhecimento do outro parental não nos constituímos psiquicamente, mas também somos seus criadores porque ao nos inserirmos, tornamo-nos cúmplices de suas permanentes transformações.

Essas e outras qualidades tornam os estudos voltados para o grupo familiar atuais e urgentes. Seja qual for a perspectiva abordada, ela sempre remeterá a uma série de outras implicações, necessárias a uma visão mais circunstanciada desse grupo. Quando privilegiamos as questões de natureza psicológica, por exemplo, essa abertura para o novo, para o inusitado, fica muito evidente. Há sempre aí a necessidade de olharmos por vários ângulos, para concebermos as experiências relacionais que organizam a vida psíquica.

As mudanças que vêm sendo processadas nos casamentos e nas relações parentais explicitam bem isso. Como podemos entender tais mudanças se não observarmos os princípios que organizaram historicamente o modelo patriarcal de família? Até porque as mudanças não se fazem integralmente, elas não são processadas no mesmo ritmo, o que possibilita a manutenção de uma convivência estreita entre o novo e o antigo.

Essa parece ser a lógica que nos torna sujeitos do nosso tempo, herdeiros daqueles que nos antecederam, mas também responsáveis pelas transmissões àqueles que irão nos suceder. Desse entrecruzamento surge a rede que nos sustenta, nos impulsiona e nos permite criar, contar e reinventar a nossa própria história. Fundada, em larga medida, por uma dimensão psicológica, essa história depende, sobremaneira, do cenário sociocultural que a contorna. Este, por sua vez, é expresso de forma singular tendo em vista a forma como as demandas humanas se apresentam aí, como elas se organizam, de modo a gerar uma dinâmica individual e coletiva, ao mesmo tempo.

Temos assim um movimento indissociável entre as expressões particulares e universais que organizam a família, tornando-a um sistema composto por princípios distintos que formam, em conjunto, uma nova unidade: o familial. Toda essa complexidade ganha sentido quando articulada às vicissitudes de cada momento histórico. Assim, como poderíamos pensar em casais homoafetivos em uma época em que o casamento heterossexual era hegemônico e, como tal, constituía um modelo tanto afetivo como procriativo, indispensável à manutenção do *status quo* da Igreja e do Estado, na qual o poder patriarcal tinha seus tentáculos?

De certo modo, todas essas preocupações estão explícitas neste livro, que apresenta ao leitor pesquisas cuja intenção é abordar algumas das mais importantes questões que nos ocupam no cotidiano da família, mas que, sem os recursos teóricos e metodológicos da pesquisa, dificilmente poderíamos acessar. São investigações que abordam atualidades do grupo familiar, cujos resultados podem ser aplicados em diferentes campos do saber, inclusive na clínica da família, que necessita de aportes do cenário social onde ela se insere. Assim, desde o início fica patente o compromisso dos autores com uma visão psicossocial e contemporânea, seguida à risca nos diferentes textos.

A lógica que atravessa a organização do conjunto de investigações e reflexões expressa uma unidade ao longo de todo trabalho. Essa unidade se constitui a partir de uma diversidade de perspectivas que mantém uma certa tensão, necessária à captura do leitor. Isso significa que as diferentes abordagens se entrelaçam, facilitando a assimilação tanto das suas especificidades quanto do seu conteúdo geral, provocando o surgimento de novas indagações, potencialmente produtoras de outras pesquisas.

O livro está subdividido em três partes. Cada uma delas apresenta estudos sobre uma temática, com alguns desdobramentos, que obedecem a sequência seguinte: Conjugalidade; Parentalidade e Educação em diferentes contextos. A primeira trata das motivações para a conjugalidade. Em tempos em que a banalização das relações amorosas é um imperativo diário, pensar sobre essas motivações é inevitável. Além disso, são analisadas condições para a boa qualidade conjugal, como um aspecto que facilita as relações no ambiente familiar. É discutido também o avesso disso, ou seja, algumas das diferentes formas de manifestação da violência conjugal.

A segunda parte trata da parentalidade, tema que tem gerado muitos debates atualmente, sobretudo pelas questões que suscita quando levamos em conta as idiossincrasias das diferentes formas de família. Aqui o tema é visto sob o ângulo da educação para a autonomia. Tarefa complexa, tendo em vista os impasses que se colocam frente às dificuldades próprias ao enfraquecimento das leis na sociedade atual. A vivência da paternidade num contexto em que prevalece a multiplicidade de expressões familiares e o envolvimento dos pais na tarefa educativa após o divórcio também é um aspecto muito sensível, debatido no cenário da parentalidade. Aborda-se ainda a gravidez na adolescência e algumas dificuldades relativas a tornar-se pai e mãe nessa fase da vida. Verifica-se que há repercussões desse processo no desenvolvimento do(a) filho(a). Por fim, a adolescência é vista a partir das relações instituídas dentro do espaço familiar. São apontadas algumas vicissitudes dessas relações que interferem na subjetivação do jovem e, algumas vezes, favorecem a produção de sintomas.

Na terceira e última parte do livro são apresentadas reflexões que privilegiam o caráter educativo, em sua estreita aproximação com aspectos psicossociais da família. Discute-se a relação do adolescente com a lei e a família, evidenciando-se como essa última é fundamental para que o sujeito constitua seu lugar diante dos limites impostos pela lei. Em seguida, a dinâmica família-escola é esmiuçada, de modo a revelar como os professores, alunos e família ainda se relacionam de forma precária, fato que exige um esforço de todos, no sentido de possibilitar uma maior lucidez no trato dessa relação que, em muitos casos, é pautada por pré-julgamentos recíprocos. O último texto desta série traz uma contribuição importante sobre o herdeiro e sucessor no contexto das empresas familiares. Mostra como a transformação do herdeiro em sucessor pressupõe também um processo educativo, que deve ser conduzido ao longo de vários anos.

Não poderia deixar de ressaltar que, ao final de cada texto, os autores elaboram uma síntese do trabalho, relembrado aos leitores os pontos centrais discutidos. Além disso, há uma bibliografia atualizada sobre os temas estudados. Essa maneira de tratar o leitor merece nossos cumprimentos. Ao sintetizar os principais conteúdos - relembrando ao leitor o caminho percorrido - os autores revelam cuidado e gentileza para com ele, qualidades nem sempre encontradas na avalanche de publicações surgidas nos últimos anos. Afinal, sem o leitor, os escritos não passariam de meros projetos inacabados.

Parabéns a todos por esta contribuição aos estudos da família. Este livro nos brinda com amplas possibilidades de leitura da família, revela a importância das pesquisas universitárias para o conhecimento das experiências cotidianas, e, de quebra, nos instiga a continuar investigando esta fascinante forma de vida.

Maria Consuêlo Passos
Doutora em Psicologia Social. Pesquisadora de psicanálise de família e desenvolvimento humano. Professora do Pós-Graduação em Psicologia Clínica da Universidade Católica de Pernambuco.

1

INTRODUÇÃO
OS DESAFIOS DA FAMÍLIA CONTEMPORÂNEA
Revisitando conceitos

Adriana Wagner
Cristina Tronco
Ananda Borgert Armani

A proposta de refletir sobre os desafios psicossociais da família contemporânea frente à diversidade gera a necessidade de fazermos uma releitura dos conceitos que balizam os estudos e pesquisas sobre as mais variadas temáticas que dizem respeito à configuração e à estrutura familiar. Frente a isso, nosso primeiro desafio é saber: de que família estamos falando, afinal?

É difícil traçar um perfil único da família brasileira, tanto no que se refere a sua configuração quanto a sua estrutura (Cerveny, 2002; Wagner e Féres-Carneiro, 1998). Contudo, nas últimas duas décadas foi possível observar algumas tendências que marcaram o movimento de redefinição e de funcionamento dos núcleos familiares (Grzybowski, 2007; Wagner, Halpern e Bornholdt, 1999). Estudos, já no início dos anos noventa, apontaram uma tendência de diminuição do número de pessoas que compunham a família (Goldani, 1994), um aumento do número de divórcios e recasamentos (IBGE, 2007), uma maior participação da mulher na manutenção econômica do lar (Fleck e Wagner, 2003), o aparecimento dos casais de dupla carreira (Diniz, 2009; Sanchotene-Souza, Wagner, Branco e Reichert, no prelo), diferentes maneiras de compartilhar papéis no exercício das funções parentais (Wagner, Predebon, Mosmann, e Verza, 2005), entre outros.

Frente a esse panorama, observa-se que o conceito de família se diversificou. Estudiosos do tema assinalavam no início da década a necessidade de que tratássemos de *famíliaS* no plural, abandonando o termo no singular, pois não é possível que um único conceito dê conta dessa complexidade (Musito, 2001). Sendo assim, constata-se que existe uma pluralidade de variáveis implicadas na definição do conceito de família e que a singularidade da vivência dos sujeitos em seus núcleos familiares, por exemplo, tende a ter um peso explicativo importante na definição daqueles personagens que "são da família".

Nesse sentido, pode-se dizer que a coexistência de configurações e estruturas familiares diversas tem ampliado não só o conceito de família, mas também suas implicações na sociedade, gerando a necessidade de aceitar e conviver com o diferente. Nesse caso, tal pluralidade na configuração dos núcleos familiares tem demandado a criação de novos paradigmas explicativos que deem conta de tal complexidade. Diante desse contexto, já não é possível compreender a sociedade como uma engrenagem que funciona por partes isoladas, sem considerar a influência do ambiente que torna o sujeito um ser dinâmico, em constante relação e inserido em um cenário no qual valores, crenças, ações e reações são formados e transformados o tempo todo (Esteves de Vasconcelos, 2006). Assim, as mudanças ocorridas na estrutura e configuração familiar estão diretamente relacionadas com a evolução da sociedade e vice-versa.

Frente a esse fenômeno dinâmico e multifacetado, torna-se importante resgatar os aspectos que são fundamentais para que a família siga cumprindo seu papel e função como principal célula social, independentemente de como ela se configure. Além disso, destacamos que o resgate e o fortalecimento desses aspectos essenciais e inerentes aos núcleos familiares ocorrem no contexto da diversidade, o qual tem se caracterizado por pessoas que não somente se sujeitam ao mundo, mas também se transformam e modificam suas relações com este.

Partindo então da premissa de que já não temos parâmetros que definam de forma precisa o conceito de família, sua composição e funcionamento, é imprescindível que se faça uma análise mais aprofundada das famílias atuais. Ríos-González (2005), que há quatro décadas tem se dedicado à prática clínica com famílias e casais, observa que, no lugar de alardear que a família está em crise, é importante enfocar que o que ocorre, na verdade, é uma *crise do modelo tradicional de família*.

Neste sentido, a fim de decifrar os desafios que se impõem àqueles que trabalham, direta ou indiretamente, com distintos núcleos familiares, partiremos para uma definição de conceitos norteadores. Objetivamos não somente a descrição teórica, mas a compreensão e discussão destes conceitos nas famílias contemporâneas frente às demandas do mundo atual.

Para tal, partimos dos pressupostos definidos pela Escola Estrutural (Colapinto, 1991; Minuchin, 1982; Nichols e Minuchin, 1999). Nessa perspectiva, os conceitos, tais como configuração, estrutura, fronteiras, sistema, subsistemas e papéis, devem ser considerados como o aporte teórico que orienta o entendimento da família. No entanto, não podemos perder de vista o nosso desafio de ampliá-los e compreender sua expressão nas famílias atuais.

DEFININDO CONCEITOS

Configuração e estrutura familiar

Configuração e estrutura familiar são conceitos fundamentais que nos permitem conhecer e compreender a composição e o funcionamento de uma família.

O conceito de *configuração familiar* diz respeito ao conjunto de elementos/personagens que compõem o núcleo familiar. Nesse caso, conforme o desenho, a configuração dessa família se define por:

Pode-se pensar a configuração familiar em termos dos arranjos e disposições dos membros que compõem uma família. Sendo assim, as famílias têm diferentes configurações. Essas combinações variam desde as mais clássicas, como a exemplificada acima, que reproduzem o modelo tradicional definido pela consanguinidade e parentesco, até as mais complexas que coexistem em nossos dias.

Dessa forma, já não é tão simples identificar e classificar aqueles que "são da família". A variável consanguinidade, por exemplo, considerada historicamente como a principal e mais importante na definição da composição do grupo familiar, passa a dar lugar a outras, tais como o parentesco, a coabitação, a afinidade, etc. Pode-se dizer que a composição do núcleo familiar, atualmente, alicerça sua definição além dos fatores biológicos e legais. Aspectos da subjetividade que integram os significados da convivência, por exemplo, têm tido um peso explicativo importante na definição da configuração familiar.

A respeito disso, em uma de nossas pesquisas, ainda na década de 1990, realizada com 394 adolescentes de ambos os sexos, 197 que viviam em Famílias Originais (FO), constituídas por pai, mãe e filhos biológicos e 197 oriundos de Famílias Reconstituídas (FR), nas quais os pais estavam separados dos seus primeiros cônjuges e já mantinham um novo relacionamento estável e de coabitação, lhes foi proposto que desenhassem a sua família. O objetivo era investigar quem os jovens consideravam como sendo "da família". Foi constatado que quase a totalidade dos adolescentes de FO (97,8%) desenharam a família com quem moravam. Entre os adolescentes de FR, 45,7% desenharam a família com quem coabitavam, 23,3% desenharam somente a sua FO sem integrar nenhum membro da FR e 23,3% desenharam as duas famílias de forma parcial ou totalmente. Nesse caso, ficou evidente que em núcleos familiares recasados, os critérios coabitação, consanguinidade e tempo de recasamento dos pais são aspectos norteadores essenciais na definição desta configuração familiar (Wagner et al., 1999; Wagner e Féres-Carneiro, 2000; Wagner, Sarriera, Falcke e Silva, 1997).

Uma vez compreendido que o conceito de configuração familiar se refere a quem compõe a família, perguntamos então: como essa família se organiza? Isto é, como se define a estrutura familiar?

A *estrutura familiar* é o conjunto invisível de exigências funcionais que organiza as formas pelas quais os membros da família interagem. É o conjunto de regras que governa as transações da família (Minuchin, 1982; Minuchin, Colapinto e Minuchin, 1999). Uma família é um sistema que opera através de padrões transacionais, isto é, padrões de funcionamento que são constantemente ativados quando algum membro do sistema está em interação com outro. A partir dessas interações são estabelecidos padrões, determinados papéis e é instaurada a previsibilidade (Nichols e Schwartz, 2007).

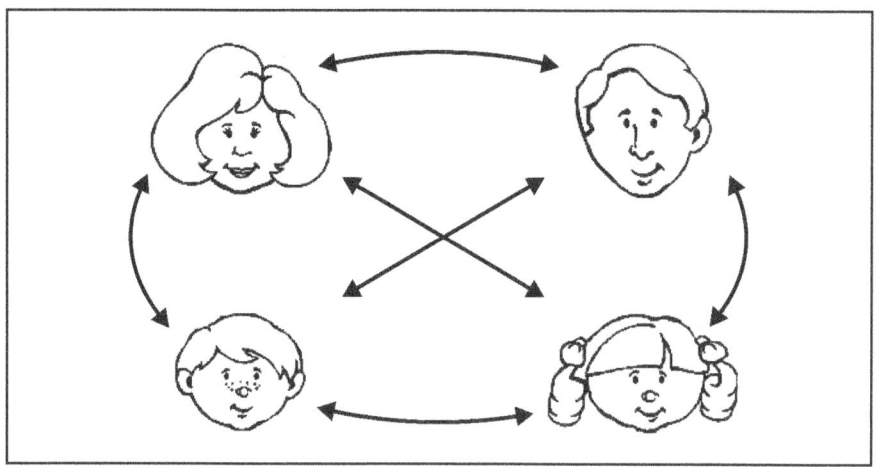

Partindo dos conceitos de configuração e estrutura familiar, que se definem pelos aspectos relativos às regras, ao poder, aos limites e aos contratos de convivência, podemos constatar a vasta pluralidade dos núcleos familiares na atualidade. Nesse sentido, é importante desconstruir a ideia de que a configuração determina a estrutura das famílias. Isto é, que famílias monoparentais, recasadas, homoafetivas, entre outras, possuem um funcionamento típico devido a sua composição. A forma como a família está configurada não explica o padrão de funcionamento no qual se estrutura. Pesquisas nacionais já revelaram que, independentemente de quem compõe a família, a demarcação de fronteiras nítidas, que caracteriza as relações com hierarquias bem definidas e bons níveis de funcionamento e saúde familiar, tem sido uma dificuldade recorrente entre as famílias em geral (Wagner, Falcke, Silveira e Mosmann, 2002).

Os pressupostos da Teoria dos Sistemas têm iluminado a compreensão do funcionamento familiar desde os anos de 1960. Nessa perspectiva, passaremos a definir e analisar a estrutura familiar como um sistema.

SISTEMA E SUBSISTEMAS FAMILIARES

O *sistema familiar* pode ser compreendido como um grupo de pessoas que interagem a partir de vínculos afetivos, consanguíneos, políticos, entre outros, que estabelecem uma rede infinita de comunicação e mútua influência.

Dessa perspectiva, a família pode ser considerada como um sistema *dinâmico,* submetido a um *processo de estabelecimento de regras,* e marcada pela *busca de um acordo entre seus membros.* Pode-se pensar, então, que a *dinamicidade* do sistema se caracteriza pela maneira como a família se movimenta frente às diferentes situações as quais se coloca ou é colocada. Existe uma estrutura interna inerente ao sistema, que permite aos seus membros que se comuniquem de acordo com as *regras estabelecidas* de maneira implícita ou explícita. A organização familiar é pautada pelos *acordos* que permeiam a convivência em diferentes níveis. Esta organização se estrutura a partir dos *subsistemas,* os quais configuram a forma como os membros de uma família se organizam, considerando o tipo de relação e vinculação estabelecida entre eles (Ríos-González, 1994, 2003, 2009).

Os *subsistemas familiares* podem ser compreendidos como um reagrupamento de membros do sistema geral, no qual é estabelecida uma intercomunicação diferente daquela utilizada no sistema principal (Ríos-González, 2003). Nesse reagrupamento, as díades ou os grupos se organizam segundo distintas variáveis, tais como geração, sexo, papel ou função, interesses comuns, entre outros (Nichols e Schwartz, 2007).

Todo o subsistema familiar possui funções e demandas específicas. Sendo assim, os sistemas e subsistemas familiares devem ser suficientemente estáveis para manter a continuidade e flexíveis o bastante para acomodarem-se às mudanças contextuais e evolutivas que acompanham a família ao longo da vida (Nichols e Schwartz, 2007). Sendo assim, a partir das principais relações que se estabelecem no núcleo familiar – conjugalidade, parentalidade e relação fraterna – passamos a definir os subsistemas importantes que se configuram em suas mais variadas expressões nas famílias.

O *subsistema conjugal* é formado por duas pessoas adultas unidas entre si por laços afetivos e tem como característica principal a constituição de um par que se une com a finalidade de constituir seu próprio sistema familiar (Minuchin, 1982). Cabe destacar que, desde a década de 1980, quando essa definição foi feita por Salvador Minuchin, muitas coisas mudaram em termos de conjugalidade. Atualmente, pode-se considerar que são diferentes os motivos pelos quais duas pessoas se unem, e a finalidade de "unir-se para constituir seu próprio sistema familiar", pode ser compreendida como apenas uma entre outras possibilidades de escolha pela união. Nos capítulos 2, 3 e 4 deste livro, o tema da conjugalidade será amplamente discutido, apresentando-se diferentes olhares sobre essa temática.

Por sua vez, o *subsistema parental* é o subconjunto da família derivado do subsistema conjugal, que surge a partir do chegada do primeiro filho e as consequentes incorporações de papéis de pai e mãe. Estes papéis estão ligados à identidade pessoal, social e psicossocial de cada indivíduo (Osório, 2002). Para Minuchin (1982), o subsistema parental é um laboratório de formação social para os filhos, uma vez que os mesmos precisam aprender a negociar condições de poder em situação de desigualdade. Logo, a principal tarefa do subsistema parental está voltada para o desenvolvimento da socialização dos filhos, sem perder de vista o apoio mútuo que deve seguir operando no subsistema conjugal e os fatores externos ao processo de socialização.

Deve-se levar em conta que o desenvolvimento desse subsistema evolui de acordo com as fases do ciclo vital da família. Pais de crianças pequenas, por exemplo, devem modificar sua forma de lidar com os filhos quando é chegada a fase da adolescência e assim por diante.

É importante destacar que o surgimento do subsistema parental não significa o desaparecimento do subsistema conjugal. Pelo contrário, todos os subsistemas coexistem dentro da família. Por esta característica, já é sabido que a qualidade da relação em um dos subsistemas reflete no funcionamento dos demais subsistemas. No capítulo 3 dessa obra, discute-se este aspecto quanto à satisfação conjugal e a qualidade da relação que os pais estabelecem com seus filhos. Sabe-se que a qualidade no subsistema conjugal está diretamente associada à forma com que os pais educam os filhos, por exemplo (Mosmann, 2007; Mosmann e Wagner, 2008).

Na prática, muitas vezes, os papéis classicamente designados à mãe, desempenhar as tarefas de nutrição, agasalho, proteção e de continência das angústias existenciais dos filhos, e, ao pai, de interpor-se entre mãe e filho e estabelecer regras e limites, já não são exercidos de forma tão exclusiva, apresentando-se muito mais como tarefas cooperativas do que excludentes. Observa-se, efetivamente, quanto à divisão de tarefas entre os progenitores, a coexistência de padrões clássicos e contemporâneos. Em um estudo com 100 famílias de nível socioeconômico médio da cidade de Porto Alegre, no qual investigamos a divisão de papéis e tarefas desempenhadas pelos progenitores na educação de seus filhos, 62% das mães trabalhavam fora e dividiam com o marido a tarefa de sustento da prole (Wagner et al, 2005). Neste sentido, observamos que, mesmo nas famílias em que ambos os cônjuges dividiam a tarefa de sustento econômico da família, o nutrir e acompanhar o cotidiano dos filhos ainda era exercido pela mulher/mãe. Uma discussão mais aprofundada sobre a paternidade pode ser conferida no capítulo 6, que aborda o papel do pai na contemporaneidade, e no capítulo 8, que trabalha a temática da parentalidade na adolescência.

Além dos subsistemas conjugal e parental, outro subsistema pode estar presente nos núcleos familiares: o *subsistema fraterno*. Este é o espaço considerado como o primeiro laboratório social em que as crianças podem experimentar relações com seus iguais e, posteriormente, utilizarem-se desse conhecimento nas relações interpessoais fora do sistema familiar. A partir dessas interações, as crianças desenvolvem capacidades para fazer amigos e aliados, negociar, cooperar, competir, ter prestígio e o reconhecimento de suas habilidades, preparando-se para as relações sociais que irão vivenciar fora do âmbito familiar (Minuchin, 1982; Silveira, 2002).

De acordo com Ríos-González (2003), o subsistema fraterno é uma entidade própria dentro do sistema familiar e pode se reconfigurar conforme o número de seus componentes e os tipos de relações estabelecidas entre eles. Uma característica própria desse subsistema é a formação de pequenos subconjuntos, que surgem de acordo com a idade, sexo ou afinidades em termos de características de personalidade, fato já menos frequente frente à redução do tamanho das famílias atuais.

Na literatura, a configuração do subsistema fraterno está definida como sendo formada pelos irmãos, todos os filhos e filhas de um casal (Minuchinn, 1982). Ele também é conhecido por **subsistema fraterno-filial** (Ríos-González, 2003). Frente a essa definição, perguntamo-nos: que subsistema configura dois adolescentes, filhos de progenitores distintos, que vivem na mesma casa, em uma família composta por um casal recasado, sendo uma filha do primeiro casamento da mãe e um filho do primeiro casamento do pai? Essa é uma realidade cada vez mais comum nas famílias atuais e, mais uma vez, o desafio se apresenta à medida que se busca uma legitimação para os subsistemas que envolvem esse tipo de configuração familiar. Como são denominados esses novos parentes? Irmão postiço? Irmão emprestado? Irmão político? Na literatura, é possível encontrar a definição de diferentes tipos de irmãos: biológicos, adotivos, meio-irmãos, irmãos políticos (filhos de padrasto ou madrasta) (Wagner, 2002), irmãos fictícios (pessoas que convivem intensamente como irmãos, mas que não possuem vínculos de sangue) (Cicirelli, 1995).

Somos provocados a pensar de que lugar devemos partir e que espaço iremos dar a esses novos elementos que ampliam a noção de sistema familiar e agregam novas possibilidades de configurações e estruturas da família. A qual subsistema irão pertencer? Como irão adequar-se às regras familiares? Estes são alguns dos desafios da família contemporânea com que nos deparamos a cada dia.

Outros elementos importantes na compreensão da estrutura familiar são os papéis, regras e fronteiras, os quais passamos a definir a seguir.

PAPÉIS, REGRAS E FRONTEIRAS

Os *papéis* em termos de sistema familiar referem-se à forma como cada membro do sistema irá desempenhar a função que lhe compete naquele momento. Segundo Ríos-González (2003), os *papéis familiares* se originam de funções e se baseiam nas relações familiares ou nas atribuições que a própria família dá a cada membro do sistema. Por este motivo, eles nem sempre correspondem aos indivíduos que convencionalmente assumiriam o papel designado a si. A irmã mais velha, por exemplo, pode assumir o papel da mãe quando esta não está presente (Osório, 2002). No entanto, para que seja possível que um único membro da família desempenhe diferentes papéis, como um pai que pode ser irmão, marido, filho e neto, é fundamental que exista *flexibilidade*. O mesmo ocorre na configuração dos subsistemas. Por exemplo, pode ocorrer que, em função do sexo dos integrantes do subsistema fraterno, dois irmãos homens estabeleçam um subsistema independente, no qual são excluídas as irmãs.

As *regras* são consideradas características comuns que definem quem participa de cada subsistema e de que maneira o fazem (Minuchin, 1982; Minuchin et al., 1999; Ríos-González, 2003, 2009). Essas regras não são conhecidas e amplamente discutidas na família. Muitas vezes elas são ocultas, implícitas. A exemplo disso, é comum encontrarmos famílias com um discurso de que os filhos são "livres" para fazerem seus programas de fim-de-semana, desde que suas escolhas ocorram depois do almoço na casa da avó. É comum observarmos que deixar de ir nesses almoços familiares não é tarefa fácil ao adulto jovem, por exemplo, mesmo que ele já tenha outros interesses que atendam suas necessidades de privacidade e construção de outros vínculos que não sejam os familiares.

Já as *fronteiras* são barreiras invisíveis que demarcam os indivíduos, os subsistemas e todo o sistema familiar (Nichols e Schwartz, 2007). As famílias criam fronteiras com a função de delimitação emocional, estabelecendo ou não barreiras que regulam a permeabilidade das emoções entre os membros do sistema familiar (Ríos-González, 2003, 2009). As duas principais funções das fronteiras são as de **proteção** e **diferenciação** dos indivíduos frente ao sistema (Miermont, 1994; Minuchin, 1982).

A função de **proteção** está relacionada à capacidade de definir uma fronteira permeável ou semipermeável frente às trocas estabelecidas entre os subsistemas. Por isso a importância da função de **diferenciação**. Assim, com a possibilidade de promover a diferenciação entre os subsistemas, as fronteiras acabam selecionando quem participa (e quem não deve participar) de um determinado subsistema e, além disso, também definem como deve acontecer esta participação. Por exemplo, a fronteira que estabelece limites entre o subsistema conjugal e parental define os assuntos das conversas que devem ocorrer somente entre o casal, sem a presença dos filhos.

Existem três tipos de fronteiras: *nítidas*, *difusas* e *rígidas*. Para uma família manter um funcionamento com melhores níveis de saúde, as fronteiras entre os seus subsistemas devem ser **nítidas**. Deste modo, é permitido que cada membro do sistema exerça suas funções de forma apropriada, evitando as interferências indevidas, ao mesmo tempo em que é permitido o contato entre os membros de um subsistema e de outro (Minuchin, 1982; Minuchin et al., 1999). A exemplo disso, sabe-se que, ainda que as relações entre pais e filhos tenham se aproximado muito nas últimas décadas, determinados temas, como a sexualidade do casal, devem ser claramente definidos como exclusivos dos cônjuges, isto é, sem que transborde ao conhecimento dos filhos. As fronteiras nítidas, nesse caso, não sobrecarregam os filhos com problemas os quais não são capazes de opinar e resolver, assim como asseguram o espaço da conjugalidade sem interferências.

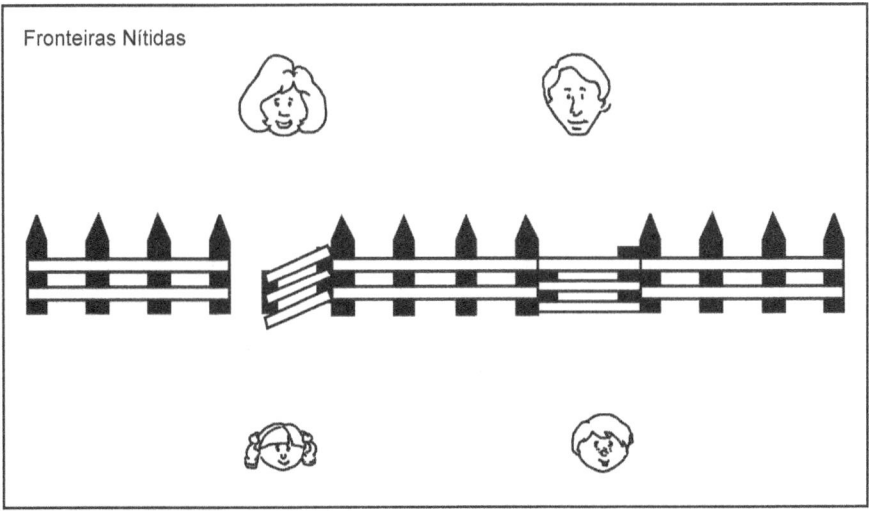

As fronteiras **difusas** se caracterizam por serem frágeis e de fácil atravessamento. As famílias que possuem fronteiras difusas podem ser chamadas de famílias *emaranhadas* (Minuchin, 1982) ou famílias *aglutinadas* (Calil, 1987). Nestas famílias, ocorre uma indiferenciação entre os subsistemas e a distância entre seus membros é quase inexistente. Este aspecto acaba por desencorajar a autonomia e a procura de recursos para resolver e lidar com os problemas.

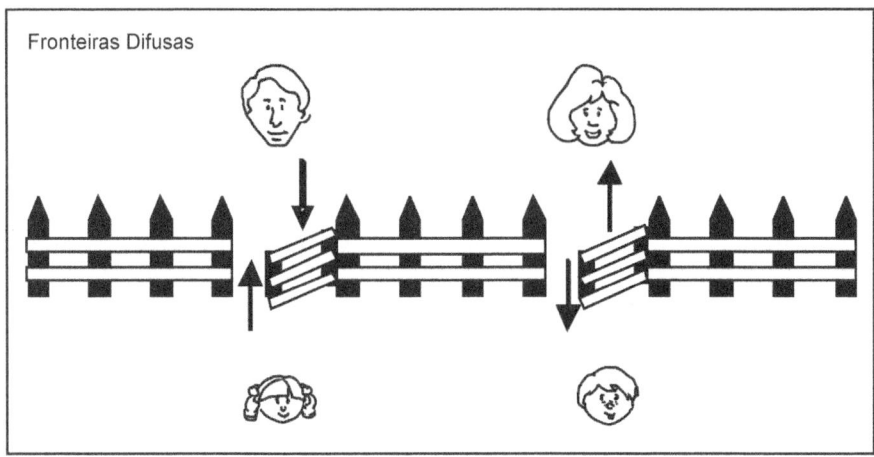

Em uma família emaranhada, quando ocorre uma mudança em um dos membros, os outros reagem de forma exagerada e intrusiva, criando um sentimento de amplo apoio mútuo. Entretanto, a contrapartida de tal movimento aparece na pouca independência e autonomia daquele membro em questão (Nichols e Scwhartz, 2007). Por exemplo, em uma família com fronteiras difusas, a mãe pode se considerar como melhor amiga de sua filha. Elas conversam sobre todos os assuntos, usam as roupas uma da outra e opinam nas questões pessoais de cada uma. Neste caso, é possível que a mãe envolva a filha nas suas questões conjugais, aliando-se a ela durante os conflitos ou desabafando sobre suas insatisfações. Dessa forma, a filha sobrecarrega-se com aspectos emocionais dos seus progenitores, o que, muitas vezes, dificulta o seu próprio desenvolvimento emocional. Nesse sentido, o problema em um dos subsistemas acaba se expandindo aos outros subsistemas, tornando-se um problema de toda a família.

Em outro extremo encontram-se as famílias *desligadas* (Minuchin, 1982) ou *desengajadas* (Calil, 1987), nas quais as fronteiras entre os subsistemas são extremamente **rígidas**. Deste modo, a comunicação entre os subsistemas é dificultada e a função protetora da família fica comprometida. Neste tipo de família, a relação é marcada pelo distanciamento emocional, apresentando vínculos frágeis entre os membros, o que prejudica a formação de sentimentos de lealdade e pertencimento para com a família.

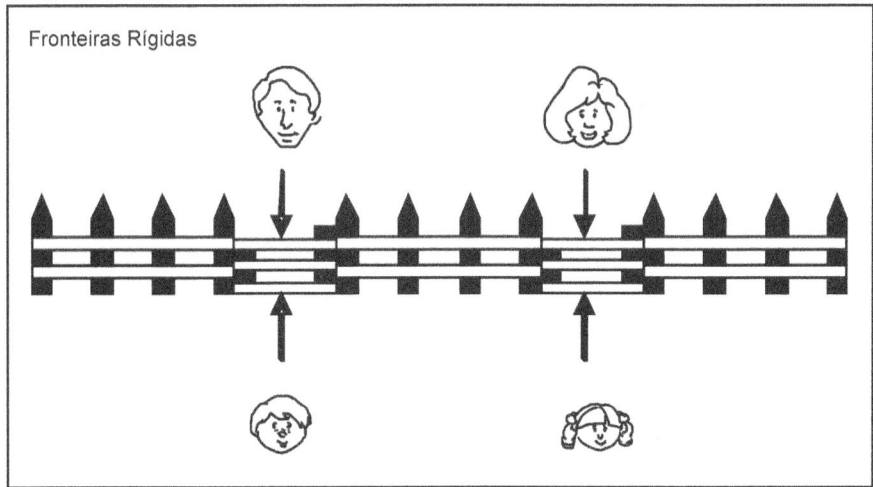

As famílias emaranhadas lidam com situações individuais de seus membros como se fossem de todos, negando as diferenças entre si, enquanto as famílias desligadas evitam lidar com os estressores aos quais são expostas, minimizando o contato entre seus membros (Nichols e Scwhartz, 2007). Isso significa que, quando falamos em união familiar e promoção de independência e autonomia entres os membros de uma família, sempre devemos estar atentos à forma como cada um se movimenta para promovê-las. Nesse sentido, é fundamental o reconhecimento dos papéis e funções de cada indivíduo na família e das fronteiras que estabelecem entre si.

Cabe destacar que o fato da família apresentar condições de responder às mudanças internas e externas de seu contexto, sendo flexível a fim de atender às novas circunstâncias, indica bons níveis de saúde. Sendo assim, faz-se importante resgatar aspectos essenciais do grupo familiar como, por exemplo, aqueles que definem a saúde da família.

SAÚDE FAMILIAR

Assim como o conceito de família é plural, conceituar saúde requer a superação da dicotomia entre *doente* e *saudável* para uma relação dinâmica que oscila entre melhores ou piores níveis de saúde.

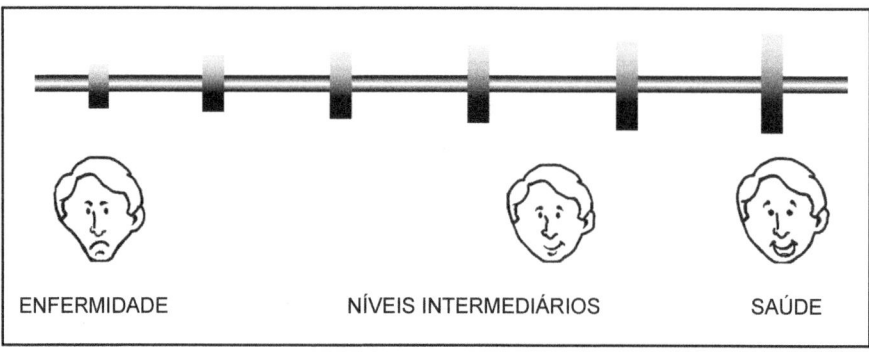

Nesse caso, existem dois aspectos reguladores que devem ser considerados na avaliação dos níveis de saúde familiar: a *capacidade de flexibilidade* e a *delimitação de fronteiras*.

A **flexibilização** refere-se à habilidade da família em modificar sua estrutura, suas regras e relações em resposta a algum tipo de necessidade ou estímulo ao qual é exposta em diferentes situações (Minuchin, 1982; Ríos-González, 2003). Nesse caso, é inerente ao movimento do ciclo evolutivo vital a necessidade de que a família seja maleável. Assim, por exemplo, aqueles pais que seguem utilizando as mesmas estratégias de proteção e ajuda ao filho adolescente que exerciam com ele na infância, são pais que, provavelmente, se encontrarão com maiores níveis de conflito na relação com o filho jovem. A capacidade de flexibilização, nesse exemplo, está relacionada à habilidade parental de promover a autonomia nos filhos, conceito melhor explorado no capítulo 5. No entanto, em situações de risco, em que algum membro da família apresenta ideação suicida, abuso de substâncias ou qualquer outro tipo de comportamento que coloca sua própria vida ou a de terceiros em perigo, a noção de flexibilidade deve ser revista. Nesses casos, a vigilância e o controle devem ganhar força frente à flexibilidade e a noção de privacidade também deve ser repensada, pois muitas vezes não ultrapassar as fronteiras de um quarto fechado pode levar ao limiar que faz a diferença entre a vida e a morte.

Pode-se perceber, então, que trabalhar com famílias não é uma tarefa simples. Promover a saúde familiar envolve a análise de diversos conceitos que estão em constante movimento e que devem ser conhecidos e avaliados em sua origem e contexto. Somente com essa perspectiva pode-se colaborar no enfrentamento das constantes mudanças que ocorrem com as famílias e nos diversos fenômenos com os quais elas se deparam. Alguns destes, tais como o exercício da parentalidade após o divórcio (Capítulo 7), a violência na educação (Capítulo 10), os jovens em conflitos com a lei (Capítulo 11), a relação família-escola (Capítulo 12) e a dinâmica sucessória em empresas familiares (Capítulo 13) serão abordados nesta obra.

CONSIDERAÇÕES FINAIS

Quando nos propomos a revisitar conceitos, somos constantemente desafiados a rever o quanto eles ainda dão conta de explicar fenômenos da realidade atual. Esse é um processo complicado, que muitas vezes exige um exercício de reconstrução ou até mesmo desconstrução daquilo que está descrito.

Por isso, quando nos deparamos com questionamentos do tipo: *Como irei chamar o filho do padrasto que vai morar comigo? E a namorada do meu avô? Ela é da família?...* somos convocados a reavaliar nossos parâmetros e a pensar de onde partir, pois novos elementos ampliam o conceito de família e desafiam o nosso olhar sobre o fenômeno.

Fica evidente que ainda são deficientes algumas definições e conceitos disponíveis para contemplar os fenômenos atuais das relações familiares, desde a nomenclatura até a descrição de seu funcionamento e função. Provavelmente, a busca de novas definições que deem conta de tal diversidade e complexidade seja um dos nossos desafios mais emergentes no trabalho com as famílias.

Relembrando...

- ✓ O **conceito** de família se diversificou nos últimos anos, sendo difícil traçar um perfil único da família brasileira. Entretanto, algumas tendências se destacam, como: diminuição do número de pessoas na família, aumento de divórcios e recasamentos, maior participação da mulher na manutenção econômica do lar, casais de dupla carreira, diferentes maneiras de compartilhar papéis nas funções parentais, entre outros.
- ✓ **Configuração familiar:** conjunto de elementos/personagens que compõem o núcleo familiar.
- ✓ **Estrutura familiar:** é a forma como a família funciona. Um conjunto invisível de regras que organiza a interação familiar. É através dela que são estabelecidos padrões, papéis e instaurada a previsibilidade.
- ✓ **Sistema familiar:** grupo de pessoas que interagem a partir de vínculos afetivos, consanguíneos, políticos, entre outros, que estabelecem uma rede de comunicação e mútua influência. A família é um sistema dinâmico, que estabelece regras e busca acordos entre seus membros.
- ✓ **Subsistema familiar:** reagrupamento de membros do sistema geral, no qual é estabelecida uma intercomunicação diferente daquela utilizada no sistema principal. Organiza-se segundo distintas variáveis, tais como geração, sexo, papel ou função, interesses comuns, entre outros. Alguns exemplos de subsistemas familiares são: conjugal, parental e fraterno.
- ✓ **Papel familiar:** forma como cada membro do sistema irá desempenhar a função que lhe compete naquele momento. Os papéis familiares se originam de funções e se baseiam nas relações familiares ou nas atribuições que a própria família dá a cada membro do sistema.
- ✓ **Regras:** características comuns que definem quem participa de cada subsistema e de que maneira o fazem. Muitas vezes são ocultas, implícitas, e na maioria dos casos não são conhecidas ou discutidas na família.
- ✓ **Fronteiras:** barreiras invisíveis que demarcam os indivíduos, os subsistemas e todo o sistema familiar. As duas principais funções das fronteiras são as de proteção e diferenciação dos membros frente ao sistema. Existem três tipos de fronteiras: nítidas, difusas e rígidas.
- ✓ **Saúde familiar:** conceito baseado em uma relação dinâmica que oscila entre melhores ou piores níveis de saúde. Na avaliação dos níveis de saúde familiar, dois aspectos reguladores devem ser considerados: a capacidade de flexibilidade e a delimitação de fronteiras.

Questões para reflexão:

1. É possível que famílias com diferentes configurações familiares possuam estruturas familiares semelhantes? Explique.
2. Qual a importância da flexibilidade para a manutenção da saúde familiar? Exemplifique.
3. De que maneira as funções de proteção e diferenciação das fronteiras interferem na estrutura familiar?
4. Por que atualmente se fala em familia"S", no plural? Faça uma reflexão relacionando com o contexto atual.

Filmes:

O TANGO DE RASHEVSKI

Sinopse: Matriarca de família de judeus novos da Bélgica falece e, com ela, morrem suas tradições. Perdidos dentro dos rituais judaicos, que desconhecem, os Rashevski se veem em uma luta para definir sua religião e sua união. O surgimento de uma família não judia no enterro complica as coisas, enquanto romances florescem e segredos do passado são desenterrados.

Aspectos a serem discutidos/trabalhados: O filme é muito rico em apresentar as idiossincrasias de cada membro da família Rashevski. É válido discutir como essas características pessoais refletem no convívio e vão dando forma à estrutura familiar.

O PONTO DE MUTAÇÃO

Sinopse: Sonia Hoffmann (Liv Ullmann) é uma física desiludida com os rumos tomados pela ciência. Após descobrir que suas pesquisas com *microlasers* estavam sendo utilizadas no projeto americano Guerra nas Estrelas, ela decidiu isolar-se em um vilarejo francês para repensar a vida. Embora tendo a chance de conviver um pouco mais com a única filha, enfrenta um processo difícil desta convivência e o atrito entre as duas acaba sendo acentuado porque suas percepções do mundo divergem completamente.

Aspectos a serem discutidos: Este filme ilustra diversos aspectos da teoria sistêmica, ajudando na compreensão da inter-relação que se estabelece entre as pessoas e o mundo. Vale ser trabalhada a visão de homem que o filme aborda, transportando seu conteúdo para analisar o funcionamento das famílias na atualidade.

Filmes:

O CASAMENTO DE RACHEL

Sinopse: Kym (Anne Hathaway) é uma jovem mulher que há 10 anos passa por uma clínica de reabilitação. Quando ela retorna para a casa da família Buchman para o casamento de sua irmã Rachel (Rosemarie DeWitt), ela traz consigo uma longa história de crises pessoais e conflitos familiares. A festa do casamento é cheia de amigos que se reuniram para um final de semana com muita diversão, música e amor.

Aspectos a serem discutidos/trabalhados: O filme demonstra como uma tragédia familiar reverbera em todos os membros da família de forma particular e ao mesmo tempo inter-relacionada. Evidencia-se a importância das funções inerentes a cada papel dentro do sistema e as possíveis consequências, no caso os conflitos no subsistema fraterno, quando os progenitores não assumem suas funções no desempenho da parentalidade.

REFERÊNCIAS

Calil, V. L. L. (1987). *Terapia de família e casal: introdução às abordagens sistêmica e psicanalítica*, 1. São Paulo: Summus.

Cerveny, C. M. O. (2002). *Visitando a família ao longo do ciclo vital*. São Paulo: Casa do Psicólogo.

Cicirelli, V. G. (1995). *Sibling relationships across the life span*. New York: Plenum Press.

Colapinto, J. (1991). Structural family therapy. In Gurman, A.S.; Kniskern, D.P. *Handbook of family therapy*, 1(2). New York: Brunner/Mazel.

Diniz, G. (2009). O casamento contemporâneo em revista. In Féres-Carneiro, T. (Org.). *Casal e Família: permanências e rupturas*. São Paulo: Casa do Psicólogo.

Esteves de Vasconcelos, M. J. (2006). Epistemologia sistêmica: pensamento sistêmico novo-paradigmático. In Aun, J. G.; Esteves de Vasconcelos, M. J.; Coelho, S. V. (Org.). *Atendimento Sistêmico de Famílias e Redes Sociais*, 1. Fundamentos teóricos e epistemológicos. Belo Horizonte: Ophicina Arte & Prosa.

Fleck, A. C.; Wagner, A. (2003). A mulher como a principal provedora do sustento econômico familiar. *Revista Psicologia em Estudo*, 8, 31-38.

Goldani, A. M. (1994). As famílias brasileiras: mudanças e perspectivas. *Cadernos de Pesquisa (São Paulo)*, 91, 7-22.

Grzybowski, L. S. (2007). *Parentalidade em tempo de mudanças: desvelando o envolvimento parental após o fim do casamento*. Tese de Doutorado, Psicologia Social, Pontifícia Universidade Católica do Rio Grande do Sul, Porto Alegre.

IBGE. (2007). Acesso em 15 de junho de 2007, em http://www.ibge.gov.br/home/.

Miermont, J. (1994). *Dicionário de terapias familiares: teorias e práticas*. Porto Alegre: ARTMED.

Minuchin, S. (1982). *Famílias: funcionamento e tratamento*, 1. Porto Alegre: ARTMED.

Minuchin, P.; Colapinto, J.; Minuchin, S. (1999). *Trabalhando com famílias pobres*. Porto Alegre: ARTMED.

Mosmann, C. (2007). *A qualidade conjugal e os estilos educativos parentais*. Tese de Doutorado. Psicologia Social, Pontifícia Universidade Católica do Rio Grande do Sul, Porto Alegre.

Mosmann, C.; Wagner, A. (2008). Dimensiones de la conyugalidad y de la parentalidad: un modelo correlacional. *Revista intercontinental de psicología y educación*, 10, 79-103.

Musitu, G.; Cava, M. J. (2001). *La família y la educación*. Barcelona: Octaedro.

Nichols, M. P.; Minuchin, S. (1999). Short-term structural family therapy with couples. In Donovad, J. M. (Org.). *Short-term couple therapy*. New York: Guilford Press.

Nichols, M. P.; Schwartz, R. C. (2007). *Terapia familiar: conceitos e métodos*, 7. Porto Alegre: ARTMED.

Osório, L. C. (2002). *Casais e famílias: uma visão contemporânea*. Porto Alegre: ARTMED.

Ríos-González, J. A. (1994). *Manual de orientación y terapia familiar*. Madrid: Fundación de Ciencias del Hombre.

Ríos-González, J. A. (Coord.) (2003). *Vocabulario básico de orientación y terapia familiar*. Madrid: Editorial CCS.

Ríos-González, J. A. (Coord.) (2005). *Los ciclos vitales de la familia y la pareja*. Madrid: Editorial CCS.

Ríos-González, J. A. (Coord.) (2009). *Personalidad, madurez humana y contexto familiar*. Madrid: Editorial CCS.

Sanchotene-Souza, N. H.; Wagner, A.; Branco, B. M.; Reichert, C. B. Famílias com casais de dupla carreira e filhos em idade escolar: estudo de casos. *Alethéia* (no prelo).

Silveira, L. M. O. B. (2002). O relacionamento fraterno e suas características ao longo do ciclo vital da família. In Wagner, A. (Coord). *Família em Cena: tramas, dramas e transformações*. Petrópolis: Vozes.

Wagner, A.; Sarriera, J. C.; Falcke, D.; Silva, C. (1997). La relación de los adolescentes con sus familias: un estudio comparativo entre familias originales y reconstituidas. *Cuadernos de Terapia Familiar*, 11 (35-36), 119-127.

Wagner, A.; Féres-Carneiro, T. (1998). La familia en Brasil: estructura y aspectos peculiares en familias de nivel medio. *Cuadernos de Terapia Familiar*, 12 (38), 107-114.

Wagner, A.; Halpern, S. C.; Bornholdt, E. A. (1999). Configuração e estrutura familiar: um estudo comparativo entre famílias originais e reconstituídas. *Psico*, 30 (2), 63-73.

Wagner, A.; Féres-Carneiro, T. (2000). O recasamento e a representação gráfica da família. *temas em psicologia da SBP*, 8 (1), 11-19.

Wagner, A. (2002). Possibilidades e potencialidades da família: a construção de novos arranjos a partir do recasamento. In Wagner, A. (Coord). *Família em Cena: tramas, dramas e transformações*. Petrópolis: Vozes.

Wagner, A.; Falcke, D.; Silveira, L. M. B.; Mosmann, C. P. A. (2002). Comunicação em famílias com filhos adolescentes. *Psicologia em Estudo*, 7 (1), 75-80.

Wagner, A.; Predebon, J.; Mosmann, C.; Verza, F. (2005). Compartilhar tarefas? Papéis e funções de pai e mãe na família contemporânea. *Psicologia: Teoria e Pesquisa*, 21 (2), 181-186.

Parte I
CONJUGALIDADE

2
SOBRE AS MOTIVAÇÕES PARA A CONJUGALIDADE

João Alves da Silva Neto
Marlene Neves Strey
Andrea Seixas Magalhães

O número de formalizações de uniões consensuais vem aumentando desde 2003 e tem mantido essa tendência como mostram os dados do IBGE (2007). Porém, em contrapartida, também cresceram as taxas de divórcios de 2004 a 2007, assim como as de separações de 2004 a 2005, sendo que estas últimas têm mantido índices estáveis de 2005 a 2007 (IBGE, 2007). Ainda assim, ser "pedida(o)" em casamento ou "pedir a mão" de alguém ainda hoje é o sonho de muitas pessoas.

O casamento não é uma instituição falida como se acreditou, mas sim uma instituição que tem sofrido abalos nos modelos predominantemente praticados, construídos a partir da ideologia do amor romântico e de outras ideias que não levam em consideração as demandas relacionais de um mundo em constante transformação. Repetimos padrões relacionais reconhecidos e valorizados socialmente, muitas vezes perpetuados através da educação. Contudo, uma análise sobre a educação para a conjugalidade aponta um paradoxo. Os fatores vistos como desejáveis na relação conjugal podem ser os mesmos que a dificultam.

Neste capítulo, com base em estudos sobre as relações de gênero e família, focalizamos as motivações para a construção da relação conjugal. Os fatores que motivam o estabelecimento de uma relação conjugal são esboçados muito precocemente e se transformam por toda a vida, de acordo com as experiências pessoais dos indivíduos. Esses fatores compõem o arsenal educacional oferecido, formal e informalmente, e transformado conforme as necessidades materiais e históricas do momento vivido. Porém, muitas vezes, as transformações educacionais ficam aquém das necessidades sociais.

Na sociedade contemporânea, o convívio social permanece basicamente calcado nas identidades de gênero e nas suas regulações. Desde a infância, meninos e meninas são educados de maneira a fortalecer tais identidades, que reforçam a hegemonia masculina e a heterossexualidade aparentemente inabalável. Com isso, ocorre a permanência da valorização de modelos relacionais tradicionais e a consequente inibição de outros possíveis modelos, os quais são refutados e desqualificados. Esse processo centra-se na tendência das instituições familiares, de ensino e sociais em repetir interações regulares e previsíveis.

Conhecer os fatores que motivam o estabelecimento e a construção da conjugalidade possibilita a formulação de estratégias educacionais mais amplas para a vida conjugal, o desenvolvimento da consciência acerca das escolhas e favorece a obtenção de maior satisfação nas relações.

Nos Estados Unidos, existe a preocupação nas políticas públicas em desenvolver programas de educação para a conjugalidade; isso ajuda a diminuir os custos dos problemas relacionados a sofrimentos emocionais individuais, familiares e sociais (DeMaria, 2005; Goddard e Olsen, 2004; Halford et al, 2004). Portanto, cabe perguntar: o que motiva a opção pela relação conjugal na atualidade? Quais são as suas características? De que forma as motivações para o casamento facilitam ou dificultam o desenvolvimento de relações mais satisfatórias? Que aspectos estão sendo socialmente levados em consideração para a construção da relação conjugal no tocante a necessidades de satisfação de desejos e anseios pessoais?

Responder essas questões exige discutir uma série de aspectos que tornam as *relações conjugais* bastante complexas. Em épocas passadas, as tradições culturais exerciam uma influência muito mais direta sobre comportamentos individuais e coletivos no que se refere aos padrões de relações familiares. Por exemplo, no final do século XIX até meados do século XX, esperava-se que os homens sustentassem a família e as mulheres se dedicassem ao cuidado do lar, dos filhos e do marido. E era muito raro conseguir escapar desses ditames. Os sujeitos que fugiam aos padrões tradicionais permaneciam estigmatizados.

A contemporaneidade abriga famílias monoparentais, homoafetivas, recasadas e tantas outras possíveis configurações, com menor resistência social. Contudo, ainda não temos distância histórica suficiente para poder afirmar se isso decorre de uma maior aceitação da diversidade, de uma crítica compulsiva a valores tradicionais ou se tudo muda com tanta velocidade que não existe tempo e/ou disponibilidade para escolhas mais reflexivas, mais condizentes com as necessidades individuais e coletivas em relação à convivência afetiva e/ou familiar. Assim, tudo parece possível, mas não necessariamente aceito. Por outro lado, os modelos socialmente oferecidos não mostram muita variação em relação a modelos do passado e isso torna o fenômeno da conjugalidade bastante complexo.

Com o objetivo de abordar a motivação para o estabelecimento da relação conjugal, neste capítulo, discutimos os resultados de uma pesquisa concluída em 2008. Participaram desse estudo homens e mulheres pertencentes a camadas médias e baixas da sociedade nas cidades de Porto Alegre e Viamão, no estado do Rio Grande do Sul. Foram constituídos cinco grupos focais de discussão. Participaram no total 50 pessoas distribuídas em grupos, 36 mulheres e 14 homens, sendo que os dois sexos estiveram presentes em todos os grupos. Para formar esses grupos, contatamos a população em duas escolas da rede pública, em uma clínica interdisciplinar, em uma academia de ginástica e na comunidade em geral, que compuseram uma amostragem por conveniência. Os dados demográficos das pessoas participantes dos grupos variaram muito. O grau de escolaridade abarcou desde adultos em alfabetização a professor universitário com mestrado. A idade se estendeu de adulto jovem até a terceira idade. Os grupos foram muito heterogêneos, porém cada um se caracterizou pela sua homogeneidade em relação aos dados demográficos de escolaridade e estrato socioeconômico das pessoas participantes, sendo que as idades estiveram de uma maneira geral distribuídas em todos os grupos, com exceção de um que concentrou predominantemente pessoas na terceira idade. A partir dos registros discursivos dos grupos focais, desenvolvemos a presente análise.

FORÇAS PROPULSORAS DA CONJUGALIDADE

Assim como existem famílias muito distintas entre si, também as razões pelas quais as pessoas decidem estabelecer relações conjugais podem ser muito diversas. Estudos sobre conjugalidades contemporâneas apontam para a convivência de padrões tradicionais e modernos (Féres-Carneiro e Ziviani, 2009; Jablonski, 2007; Silva Neto e Strey, 2008). A coexistência de valores e padrões tradicionais e atuais se desdobra em mudanças na maneira como as pessoas se relacionam. E isso pode levar a mudanças nas motivações subjacentes aos novos modos de relacionamento amoroso na contemporaneidade. Nas discussões dos grupos focais, na pesquisa em questão, sobre o que era importante na opção pela vida conjugal, foram ressaltados a busca da satisfação de desejos individuais em termos de atração, a sexualidade, o amor, a maternidade e a consolidação da identidade como fatores motivacionais para o estabelecimento da conjugalidade. Além disso, também foi considerado importante que a qualidade das relações conjugais seja satisfatória para ambos os parceiros e não apenas para um deles, apontando a tendência igualitária nas relações amorosas. Outros estudos na área confirmam essas evidências (Cordova, Gee e Warren, 2005; Falcke, Diehl e Wagner, 2002; Rosen-Grandon, Myers e Hattie, 2004).

A satisfação conjugal, nos relatos dos sujeitos, nos grupos de discussão, foi relacionada sobretudo à satisfação das necessidades individuais. Os mandados sociais ou familiares, que tradicionalmente eram centrais nas escolhas conjugais, parecem estar perdendo força como fator motivacional. No entanto, considera-se que as famílias de origem continuam influenciando, na maioria das vezes de forma indireta, por meio dos processos de socialização de valores tradicionais, que são transmitidos geracionalmente. Isso nos leva a refletir que, se as necessidades sociais e relacionais mudam conforme o contexto sócio-histórico, os modos de estabelecer os relacionamentos conjugais também devem se transformar.

Quando os sujeitos dos grupos focais discutiram as mudanças que seriam necessárias para obter maior satisfação conjugal nos dias de hoje, emergiu a ideia de que direitos e deveres individuais deveriam ser mais bem equilibrados no relacionamento conjugal. Considerou-se que deveria existir mais igualdade entre os sexos. As mulheres explicitaram mais claramente essa noção, referindo-se a uma distribuição equitativa de direitos e de responsabilidades entre os sexos dentro e fora do ambiente doméstico. No entanto, alguns homens posicionaram-se contrariamente a isso. Para alguns deles, o que asseguraria a satisfação conjugal seria exatamente a manutenção do modelo tradicional, baseado na complementaridade entre os sexos, em que homens e mulheres tivessem papéis bem diferenciados; ressaltaram o papel do homem no espaço público e a importância da mulher no espaço privado. Giddens (1992) apontou que os homens são retardatários nas transições que afetaram o casamento e a vida pessoal na modernidade, excluindo-se do domínio da intimidade e apresentando uma visão de família mais tradicional.

As diferenças entre os posicionamentos de homens e mulheres conduzem a alguns impasses frequentemente estabelecidos nas relações conjugais contemporâneas. As negociações conjugais requerem o reconhecimento da autonomia e da independência dos parceiros, considerando a satisfação das necessidades individuais, sem deixar de levar em conta a complementaridade conjugal. O mito da busca da "cara metade", da "alma gêmea" ou da "metade da laranja", que tem suporte num modelo absolutamente complementar, supondo a existência de seres incompletos e dependentes que encontrariam no parceiro amoroso a completude plena, tende a se revelar cada vez mais inoperante. Na sociedade contemporânea, os ideais individualistas entram em conflito com os ideais de complementaridade que embasam a dependência conjugal, tornando cada vez mais complexo o convívio entre individualidade e conjugalidade.

As discussões nos grupos focais também tornaram evidente a influência de alguns preconceitos sobre a combinação de amor, casamento e satisfação individual. O relacionamento conjugal é visto como "muito difícil". A busca pela felicidade conjugal envolve a busca pela manutenção do sentimento amoroso. Essas ideias são transmitidas muito precocemente, tornando-se parte da visão de mundo. Os sujeitos acreditam que buscar a felicidade distante da conjugalidade pode levar a uma vida solitária e isolada. Nesse sentido, uma participante relatou que a solução é alternar, ora satisfazer-se como indivíduo, ora como casal, como par. A busca de construção de uma satisfação conjunta, individual e conjugal, é vista com pouca esperança.

Se a construção de uma parceria que leve em consideração tanto as individualidades quanto as necessidades conjugais não é possível, corre--se o risco de retornar aos modelos tradicionais de conjugalidade. Esses modelos tradicionais eram regidos pela ideologia do amor romântico e o relacionamento conjugal era estruturado de acordo com as relações de poder que submetiam, sobretudo, as mulheres de acordo com os papéis culturais tradicionais.

Os grupos focais apontaram na direção desse desequilíbrio entre homens e mulheres em relação ao tema da satisfação conjugal. Os homens, mesmo insatisfeitos, não querem romper o laço conjugal e, por vezes, buscam a satisfação em relações extraconjugais. As mulheres, que dizem buscar relações mais cooperativas, não as encontram e revelam-se também insatisfeitas. Alguns estudos (Magalhães, 1993b; Féres-Carneiro, 1995 e 1997) evidenciam que os homens definem casamento como "constituição de família", enquanto as mulheres concebem o casamento como "relação amorosa". Concepções distintas podem também conduzir a expectativas díspares. Esse desequilíbrio contribui para uma roda-viva de insatisfações nos relacionamentos, que ou se romperão quando o limiar de tolerância à frustração for ultrapassado, provavelmente pelas mulheres, como nos mostram as estatísticas atuais (IBGE, 2007), ou, então, conduzirão a relacionamentos insatisfatórios e aprisionantes.

Considerando as transformações nas motivações para o estabelecimento da conjugalidade e a crescente valorização da busca de satisfação nas relações conjugais, passamos à análise dos principais fatores associados à questão da satisfação conjugal.

A atração física

Nas discussões desdobradas nos grupos focais, a atração foi referida como desejável e, ao mesmo tempo, temida nos relacionamentos conjugais. Os sujeitos relatam que a atração física contribui para a aproximação inicial do casal. No entanto, ressalvam que se a relação for edificada prioritariamente com base nisso, ela tende a ser superficial e fugaz. Os sujeitos pontuaram que, nesses casos, à medida que a atração diminui, esgota-se o desejo. Relações pautadas na atração física podem comprometer o desenvolvimento da intimidade conjunta. Para o desenvolvimento da intimidade, é necessário construir afinidade emocional com o outro, além da intimidade corporal.

Nos grupos em que a atração física foi valorizada, embora não tenha sido considerada um fator essencial para que a conjugalidade ocorra, ela foi destacada como um ingrediente importante para estimular o relacionamento.

A fala de uma das participantes dos grupos ilustra a discussão: *"Ah, não sou a favor da química, porque a química não necessariamente chega na relação conjugal. Em havendo a química, nossa! Falando a gente chega suar, né?"*. A atração física é considerada um fator importante quando associada a outros fatores que influenciam no estabelecimento da conjugalidade.

Ainda nas discussões grupais, homens e mulheres concluíram que a atração física é importante para o estabelecimento e para a manutenção da conjugalidade. Contudo, os homens demonstraram valorizar mais a escolha de parceiras atraentes fisicamente do que as mulheres. Em seus relatos, eles revelaram a expectativa de que suas parceiras permaneçam atraentes e se dediquem ao cuidado com a aparência física, apesar das sobrecargas geradas por afazeres domésticos, pelo nascimento e pelo cuidado dos filhos, assim como pelas características do processo de envelhecimento. A importância dada pelos homens a atributos físicos como beleza e jovialidade na escolha amorosa também foi ressaltada nas pesquisas de Féres-Carneiro (1997) e Thompson (1989).

As mulheres nos grupos focais revelaram-se conscientes das expectativas masculinas de que permaneçam belas e joviais para garantir a satisfação conjugal, embora homens e mulheres também tenham consciência acerca das dificuldades em atingir o cumprimento de tais expectativas. Ressalta-se que os veículos de massa também são responsáveis pela estimulação do culto à beleza e à juventude eterna, ideais de consumo que influenciam os modelos de relacionamento conjugal contemporâneo. Como esse é um objetivo inalcançável, reforça-se a insatisfação, potencializando sucessivas trocas de par conjugal. Nos grupos focais, contudo, as mulheres demonstraram valorizar a relação "para sempre", baseada em prerrogativas do "amor romântico".

De acordo com o relato das mulheres participantes desse estudo, a combinação de fatores como "atração física" e o "durar para sempre" aumentam a responsabilidade feminina na manutenção da relação conjugal. Mesmo em tempos de maior igualdade de direitos entre os homens e mulheres, essa situação revela a permanência de mecanismos tradicionais patriarcais, colocando sobre os ombros das mulheres a responsabilidade pela manutenção da relação, o que dificulta a desnaturalização de padrões relacionais que são sócio-históricos, além de dificultar o estabelecimento da corresponsabilidade pela conjugalidade.

Associado à busca de uma parceira atraente, nos discursos dos homens, emergiu também o desejo de que as mulheres se ocupem e zelem pela casa e por eles. Quando as mulheres estão mais envolvidas com seus próprios objetivos, os homens parecem correr o risco de terem suas vidas precariamente zeladas, considerando que muitos não desenvolveram as habilidades necessárias para o autocuidado. Tais dificuldades podem ser mais um fator que reforça a menor expectativa de vida dos homens quando comparados às mulheres (IBGE, 2008).

O amor

Na maioria das vezes, os grupos perceberam o amor como elemento fundamental para o estabelecimento de uma relação conjugal, assim como para sua manutenção. Isso foi ressaltado tanto por homens quanto por mulheres. No entanto, também surgiram ideias contrárias a isso. Observou-se, por meio das falas de alguns sujeitos da pesquisa, uma desconfiança sobre a solidez do amor conjugal. Discutiu-se sobre a fragilidade desse sentimento, que conduz a uniões baseadas em atos impulsivos, levando a sucessivos casamentos e posteriores rompimentos. A fragilidade dos laços humanos tem sido discutida por muitos autores contemporâneos. Bauman (2004) denomina esse sentimento fugaz de "amor líquido", que inspira o conflitante desejo de tornar os laços intensos e frouxos, simultaneamente.

A valorização do amor na conjugalidade está relacionada à esperança de solidificar a confiança e a amizade no casal. Os parceiros buscam, por meio do investimento afetivo, alcançar o sentimento de pertencimento e de solidariedade. A solidariedade conjugal é necessária para a elaboração de um projeto de vida conjunto. Além disso, busca-se o reasseguramento do eu a partir do outro e, assim, a valorização da identidade individual e conjugal.

A maternidade

Para muitas mulheres, a conjugalidade está associada à maternidade. Embora na atualidade tenha aumentado o número de famílias monoparentais, formadas na maioria das vezes por mães e filhos e/ou filhas (IBGE, 2008), provenientes de separações ou não, os grupos focais evidenciaram que preferencialmente associa-se a conjugalidade com a maternidade. Discutiu-se também que o desejo de ter filhos dentro de uma relação conjugal implica compatibilizar o casamento com o ciclo de fertilidade feminina, pois com o aumento da idade a fertilidade feminina diminui e os riscos de problemas na gravidez aumentam.

Ser mãe continua sendo um dos aspectos centrais da feminilidade; algumas teorias psicológicas postulam que a maternidade é um fator importante para o desenvolvimento da identidade feminina. Ainda que as mulheres tenham passado a investir cada vez mais fortemente na formação educacional e na carreira profissional, inúmeros estudos apontam que ser mãe faz parte do "sentir--se" mulher (Barbosa e Rocha-Coutinho, 2007; Meyer, 2003; Moura e Araújo, 2004; Vargas, 1999). Embora na contemporaneidade não seja essencial ter um parceiro fixo para ser mãe, ainda persiste a representação da associação entre maternidade e conjugalidade para muitas mulheres. As pressões para que isso aconteça vêm do interesse da sociedade em normatizar a família e o desenvolvimento infantil, com reflexos na vida das mulheres.

As estudiosas feministas atribuem essa associação entre mulher e necessidade de ser mãe à naturalização da capacidade biológica de conceber, gestar e parir. Essa naturalização leva ao mito de que as mulheres são portadoras de um instinto materno iludível, embora o clássico estudo de Badinter (1985) tenha questionado fortemente sua existência. Nesse sentido, ainda que muitos caminhos e objetivos de vida sejam possíveis hoje para as mulheres, a vinculação de feminilidade e maternidade, assim como a pressão do "relógio biológico" para conceber uma criança pode ser visto como um pesadelo para muitas delas. Por outro lado, a conjugalidade também é pressionada pelo desejo/mandato de conceber filhos. Os filhos são vistos como produtos "naturais" da conjugalidade, sendo, na maioria das vezes, colocados no centro do projeto conjugal.

Consolidação da identidade

Nessa pesquisa, observamos que as diversas forças motivadoras da escolha conjugal estão associadas à busca de consolidação da identidade individual. O estabelecimento da conjugalidade e a satisfação conjugal se associam a fatores subjetivos que fortalecem identidades valorizadas socialmente. A própria condição de casado é promovida na maioria dos grupos sociais. E, nessa pesquisa, essa condição foi percebida como importante na construção das subjetividades nos moldes socialmente esboçados.

Ao analisarmos a associação entre conjugalidade e a consolidação da identidade individual, a partir dos discursos emergentes nos grupos focais, ressaltou-se a importância das influências sociais e familiares sobre as pessoas quando pensam na escolha conjugal. Observamos que, mesmo quando não têm influência direta na escolha do(a) parceiro(a), as famílias permanecem importantes, exercendo pressão através dos aspectos transmitidos geracionalmente na educação. Mas como se caracteriza a transmissão dessas forças na escolha conjugal nas falas dos sujeitos investigados?

A carga transmitida geracionalmente nas motivações para a conjugalidade

A transgeracionalidade, entendida como o conjunto de aspectos nas histórias das famílias que se repete através das gerações, interfere em diversos fatores que promovem ou desqualificam os modos de relacionamento conjugal. Nos grupos focais, a força da transgeracionalidade na escolha conjugal apareceu na descrição das expectativas de homens e mulheres quanto a seus parceiros. No discurso dos homens, a escolha conjugal foi relacionada à esperança de reencontrar as características da mãe na companheira e, assim, poder reviver o modelo da sua família de origem. Em contrapartida, as mulheres afirmaram que buscam parceiros que fortaleçam e respeitem o valor de suas carreiras profissionais.

As características que homens e mulheres relataram buscar na escolha do parceiro podem criar impasses para o relacionamento conjugal. Emergiram necessidades femininas de suporte e de valorização, por um lado, e necessidades masculinas de cuidado, por outro. Essas necessidades são semelhantes e simétricas, gerando dificuldades de conciliação. Emergiram impasses, considerando que tanto para os homens quanto para as mulheres o desenvolvimento individual é o principal foco de interesse na contemporaneidade. A partir do reconhecimento dessas dificuldades, nos grupos de discussão, as mulheres apontaram a alternativa de permanecer solteira, afirmando que os preconceitos em relação ao celibato diminuíram.

A necessidade que os homens apresentam de serem cuidados por mulheres foi expressa de forma indireta nas falas analisadas. Eles consideraram que há uma necessidade complementar feminina de cuidar, transmitida geracionalmente. Um exemplo disso pode ser ilustrado com a fala de um participante, o qual disse acreditar que as mulheres entram na relação já sabendo que sua vida é naturalmente atrelada aos cuidados da casa e da família, repetindo o que lhes foi ensinado: *"[...] a mulher já tem toda uma ideia do que ela quer. Ela já entra sabendo o que ela quer. Tem também, talvez, o espelho do pai e da mãe. Mas, ela já entra com uma ideia de família, quer ter a própria casa, quer ter um marido de quem ela vai cuidar, as coisas que ela gostaria de ter, que é dela e não da mãe dela"* (sic). Observam-se aqui os mecanismos ideológicos subjacentes, propiciando uma aparente impossibilidade de descolar mulher e vida doméstica. O funcionamento familiar como fator importante na sobrevivência dos indivíduos, incluindo a transmissão do capital cultural e econômico, a proteção e a socialização de seus membros e a solidariedade entre gerações, permanece como responsabilidade depositada principalmente sobre as mulheres.

Ressalta-se que, para buscar o desenvolvimento pessoal de acordo com o que vem sendo socialmente valorizado na contemporaneidade – autonomia e independência – é necessário haver igualdade de direitos. Para analisar as relações entre homens e mulheres, torna-se importante explicitar nossa concepção de poder. Partindo da compreensão de que o poder é exercido em sistemas abertos, ou seja, de que o poder é relacional e multidirecional, é possível entendermos suas formas contextualizadas de exercício. Ainda nos dias de hoje, são desenvolvidas socialmente algumas estratégias familiares, como a disciplina, que reforçam as características do poder no modelo patriarcal. A disciplina se constitui como uma forma de exercício de poder nos diversos níveis. As famílias podem assegurar tal reforço pela importância que têm na vida das pessoas, e assim perpetuam esse modelo através das gerações.

A disciplina reforça a necessidade de repetição de padrões relacionais penosos, como foi percebido por uma participante ao ressaltar o sofrimento que passou para cumprir incumbências recebidas na sua educação: *"A gente já vinha de casa com essa carga, tem que ser esposa, tem que cuidar da casa, tem que cuidar do marido, tem que cuidar dos filhos, a gente já vinha de casa com essa carga"*. No entanto, o padrão aparentemente imutável, reforçado pela disciplina, não se sustenta no atual contexto sócio-histórico. Na atualidade, novas necessidades surgiram com as modificações sociais, como foi verbalizado nos grupos, sobretudo pelas mulheres. *"A mulher hoje é mais independente, então ela tem outras ideias de procura"*, opinou uma participante. Tais mudanças apontam o aspecto dinâmico e transformativo da transgeracionalidade. Outra participante contou que educou sua filha, atualmente adulta, considerando as mudanças sociais, reforçando mais seu desenvolvimento profissional do que o preparo para a vida doméstica e, até mesmo, do que os projetos de ter uma vida conjugal. Considerou-se que com a possibilidade de construção da autonomia econômico-financeira, as mulheres estariam menos vulneráveis, não necessitando submeter-se a relações de dependência.

Ressalvamos que, por outro lado, a transformação social deve ser pensada em termos parciais. Há uma concomitância de padrões tradicionais e outros indicativos de mudanças, inclusive nas relações conjugais contemporâneas. A convivência de códigos e valores conflitantes propicia a emergência de sentimentos ambivalentes, gerando dúvidas e desconfortos em relação às mudanças no relacionamento entre homens e mulheres. Além disso, há uma necessidade premente de alívio dessa tensão. Tal alívio pode ocorrer através da repetição de modelos já conhecidos. Isso se reflete na fala de um participante, que relatou seu saudosismo do modelo patriarcal na educação das mulheres: *"Era melhor nesse tempo que já vinha com a esposa preparada de casa"*.

A ambivalência está vinculada também às crises de lealdade, que muitas vezes dificultam a mudança. Crises de lealdade na relação conjugal se manifestam por meio das dificuldades que surgem ante a possibilidade de construção emocional de um novo modelo relacional, que possui tanto aspectos das relações vivenciadas nas famílias de origem quanto outros que serão construídos na nova relação conjugal. A construção do modelo relacional do novo casal possui grande importância para a qualidade conjugal. Porém, para que consigam desenvolver esse modelo, é necessário que as pessoas envolvidas atinjam certo distanciamento afetivo do modelo praticado nas suas famílias de origem, sem que se sintam traidoras.

AS EXPECTATIVAS E A PERCEPÇÃO DA VIVÊNCIA DA CONJUGALIDADE ENTRE OS SEXOS

Os grupos discutiram aspectos relacionados às expectativas que homens e mulheres possuem quanto à relação conjugal, evidenciando as características construídas socialmente na educação recebida, que edifica papéis de gênero e seus reflexos no casamento. Ainda que tanto homens quanto mulheres, nos dias de hoje, estejam voltados para o desenvolvimento pessoal no âmbito profissional, existem perspectivas diferentes quanto ao que se acredita serem características predominantes de um sexo ou de outro. Foi destacado pelos participantes que, de forma ampla, dois aspectos são relevantes quando se fala em papéis de gênero na atualidade. Dos homens, é esperado que adquiram maturidade na relação conjugal; das mulheres, espera-se a concomitância do desenvolvimento profissional e da manutenção dos cuidados domésticos.

Tais fatores parecem estar estreitamente vinculados. Quando se falou na possibilidade de amadurecimento dos homens na relação conjugal, predominou a expectativa de que isso aconteça através dos cuidados recebidos das mulheres. O amadurecimento masculino foi relacionado à capacidade de desenvolver tolerância com as diferenças e autocuidado. As dificuldades dos homens, nesse sentido, foram atribuídas a falhas na educação recebida na infância. Os participantes homens relataram que é difícil tolerar e respeitar as diferenças nas suas relações, pois foram educados predominantemente para a conquista do sucesso na carreira profissional. Este sucesso está ligado a comportamentos de liderança, frequentemente confundidos com autoritarismo. Flexibilidade e tolerância nos relacionamentos não são temas recorrentes na educação dos meninos. Os homens adultos de hoje possuem pouco preparo para a construção de relações de intimidade que requerem tais capacidades, assim como para o envolvimento no autocuidado e nas tarefas domésticas. Já as mulheres ressaltaram que a educação que receberam também incorporava a conquista da carreira profissional, porém precisavam continuar responsáveis pelo cuidado dos outros e de si mesmas. As mudanças evidentes referentes à profissionalização feminina convivem com padrões e valores educativos de responsabilidade pelos cuidados com a vida familiar e com a conjugalidade. As dificuldades se apresentam na confluência do auto e do heterocuidado, algumas vezes resultando no comprometimento de um destes aspectos.

Nas discussões dos grupos focais, os participantes ressaltaram a competência dos homens em manter relações que não envolvem intimidade e a competência das mulheres em desenvolver relações de intimidade. Os valores passados na educação continuam a direcionar homens predominantemente para a vida pública e as mulheres para a vida privada. A aquisição do espaço público pelas mulheres e a crescente necessidade de conquista de direitos reforçam a esperança de que os homens consigam desenvolver a capacidade de se corresponsabilizar pela vida doméstica, no casamento. No entanto, existem resistências a essas mudanças, na medida em que é difícil mudar papéis de gênero tradicionais, que são naturalizados. Alguns participantes desse estudo argumentaram que tais comportamentos são biologicamente determinados.

Na busca de relações cooperativas para o incremento do desenvolvimento social, é necessário que a educação seja sensibilizada para a concepção dos seres humanos para além dos estereótipos de gênero, pois eles induzem a percepções simplistas e rígidas sobre qualquer fenômeno humano, principalmente no que se refere aos relacionamentos entre homens e mulheres. Os estereótipos de gênero se manifestaram no discurso dos participantes dessa pesquisa por meio de jargões como "homens são todos iguais" ou "mulheres são assim mesmo". Superar as questões de gênero exige olhar e compreender o comportamento de ambos os sexos como comportamentos humanos e não necessariamente comportamentos exclusivos de homens ou de mulheres.

As mudanças na educação para a conjugalidade abrem possibilidades, mas também geram incertezas associadas aos medos e inseguranças quanto à convivência na relação conjugal. Ao mesmo tempo em que mudanças são buscadas socialmente, também são esperados indicadores para o desenvolvimento de uma boa relação. A convivência com a incerteza do futuro das relações gera ansiedade. Os sujeitos buscam segurança através da construção de referenciais racionais lógicos e aplicáveis. No entanto, a busca de fatores universais que de alguma forma orientem a relação para a conquista da satisfação conjugal é frustrante, uma vez que a própria satisfação é fortemente vulnerável quanto à sua caracterização, pois possui muitas variáveis contextuais.

AFINAL, COMO PREVER A QUALIDADE DA RELAÇÃO CONJUGAL?

Nos grupos de discussão, os participantes enfatizaram que existe um equívoco em considerar a relação de namoro como fator de previsão para a relação conjugal. O contexto do namoro parece diferir bastante do contexto da vida conjugal. Uma participante jovem relatou: "*[...] Porque enquanto tu é namorado [...] tu transa todo o dia, [...], o namorado quer sexo, ele quer que tu saia bonitinha, gostosa pra ele te mostrar pros amigos dele, e isso tu faz enquanto é namorado. Depois que casa, ela vira a chata, a louca, a mal arrumada e a doméstica, que é o que ele não quer*" (sic). Durante o namoro, o clima de romance parece ajudar a contornar possíveis insatisfações. Com o casamento, o romance dificilmente consegue se manter compatível com a rotina doméstica. No dia a dia da relação conjugal, os estereótipos de gênero revelam-se em sua plenitude, causando insatisfação tanto em quem deseja escapar deles quanto em quem pretende se adequar a eles. A vida conjugal exige muitas adaptações nas relações entre os cônjuges. Embora atualmente o namoro e o noivado tenham algumas similitudes com o casamento, somente no cotidiano da vida conjugal aparecem situações que estiveram ausentes nos estágio anteriores.

Os participantes, durante as discussões, levantaram outros indícios que pudessem assinalar a qualidade da relação. O sentimento de pertencimento, relacionado com a vontade de construção de um projeto conjugal e com a manutenção da relação, foi enfatizado como indicador de boa qualidade da relação conjugal. O sentimento de estranheza, por outro lado, foi considerado um fator indicativo de má qualidade da relação conjugal. A fala de uma das participantes ilustra bem essa oposição pertencimento/estranheza: *"Eu acho que o desejo de casar é o desejo de pertencer, e acho que o desejo de descasar é o estranhamento"*. O sentimento de pertencimento está associado tanto ao sentimento amoroso quanto à segurança dos parceiros na relação conjugal. A permanência em uma relação conjugal foi relacionada ao amor correspondido, à satisfação mútua e à participação dos parceiros nas realizações de cada um. A busca da segurança parece ser uma tentativa de minimizar a ansiedade causada pela ambivalência característica dos laços humanos na contemporaneidade, laços estreitos e frouxos. A intensidade e a velocidade das mudanças na sociedade contemporânea abrem possibilidade para relacionamentos mais fugazes, baseados na grande oferta de momentos prazerosos e na necessidade de satisfação urgente, ao mesmo tempo em que as relações profundas e estáveis ainda são valorizadas.

Ao discutir e analisar escolha, manutenção e término da relação conjugal, os participantes demonstraram insegurança. Consideraram que não há indicadores seguros de que uma relação deva ser iniciada, mantida ou finalizada. Nas falas, os sujeitos ressaltaram que deve haver cuidado com a relação, que ela deve permanecer dinâmica, com movimentos de aproximação e distanciamento. Foi referido que existem movimentos de *"casamento e descasamento na mesma relação"*. Podemos afirmar que há uma exigência de que o dinamismo característico das transformações das relações contemporâneas deve ser assimilado pela relação conjugal, tornando-a múltipla e multifacetada, abrigando o novo e o antigo, liberando-a de definições aprisionadoras.

CONSIDERAÇÕES FINAIS

O estudo das relações conjugais exige que levemos em consideração que as definições e as representações sociais com as quais trabalhamos são parciais e relativizadas. A partir das contribuições dos estudos de campo e da diversidade de modelos de relação encontrados, pode-se reformular os construtos teóricos da literatura da área de família e casal. No entanto, as famílias e a sociedade, como um todo, evitam discutir abertamente essa diversidade. De modo geral, quando se pergunta sobre conjugalidade, a descrição se refere ao modelo tradicional, mesmo que existam outras necessidades sociais não mais satisfeitas por tal modelo. Dessa forma, o pensamento crítico acerca dos modos de estabelecimento das relações conjugais e das motivações a elas subjacentes é limitado. Os modelos estabelecidos parecem ser modelos compulsórios.

Porém, mesmo considerando os modelos compulsórios de conjugalidade, existem mudanças subliminares em curso nas relações, que dizem respeito aos motivos que levam as pessoas ao relacionamento. As motivações para a conjugalidade são muitas vezes contraditórias e ambivalentes, caracterizando-se tanto pelo desejo de construir novos padrões relacionais quanto pelo retorno aos sólidos padrões tradicionais. Além disso, as motivações são muito diversificadas e, a cada novo casal que se forma, a síntese de motivações deve dar origem a algo inédito. Dessa forma, por um lado, elas podem possibilitar mudanças; por outro, podem também reforçar a manutenção de modelos tradicionais. Percebendo que as famílias e a escola, na condição de instituições educadoras, são capazes de influenciar tanto as mudanças quanto a perpetuação dos modelos relacionais, elas necessitam estar atentas para não construir mecanismos de inferiorização e formas de subalternidade.

A manutenção dos modelos tradicionais é reforçada, dentre outros fatores, pela transgeracionalidade. Mudanças nas características relacionais podem fazer surgir sentimentos de deslealdade com as famílias de origem. Além disso, a repetição dos padrões relacionais mais conhecidos é entendida por muitos como um indicativo de garantia da satisfação conjugal. No entanto, a transgeracionalidade não é imutável; pelo contrário, ela é dinâmica e, assim, passível de transformação. E a busca de um modelo único que garanta a satisfação conjugal através de padrões relacionais pré-estabelecidos não mais encontra ressonância na atualidade.

Na tentativa de satisfazer as novas demandas nos relacionamentos são buscados novos parâmetros. No entanto, as dificuldades se instalam quando são utilizadas velhas formas de pensar para entender novas necessidades sociais. Diante dessas dificuldades, emerge uma diversidade de modelos existentes, antes mantidos na invisibilidade. Nesse sentido, se faz necessário ampliar o âmbito e a profundidade das discussões sobre o tema, enfrentando toda sua complexidade e diversidade. Os processos educacionais, ao incluir a análise das necessidades individuais dos sujeitos, deveriam levar em consideração as indefinições e as ambiguidades inerentes aos fenômenos subjetivos. Para isso, é preciso atingir a conscientização de que a conjugalidade é um fenômeno social e subjetivo. Assim, poderiam ser abertas vias de transformação dos modelos relacionais, levando a maiores possibilidades de satisfação individual e de convivência com a diversidade na sociedade.

Em nosso estudo, a percepção da necessidade de mudanças no modelo relacional conjugal apareceu predominantemente no discurso das mulheres. Os homens mostraram algum engajamento na busca de maior igualdade entre os sexos, mas muitos deles, contraditoriamente, reforçaram os moldes patriarcais de convivência. Esses achados apontam que as mudanças sociais nas relações entre homens e mulheres, sobretudo no que diz respeito à conjugalidade, são bastante parciais, associando-se a dois fatores:

1. a distorção das análises sobre os seres humanos baseadas no sexo, por meio da naturalização de comportamentos que são construídos e sustentados pela cultura e pela ideologia;
2. a manutenção da heteronormatividade, que coloca o homem heterossexual como figura central de direito sobre os demais.

As mulheres, impulsionadas pelo aumento em seu nível educacional, assim como pela profissionalização, que aumenta a possibilidade de exercer a liberdade de escolhas, se sobressaem na busca pelo reconhecimento da diversidade, mobilizadas pela luta por direitos há muito abafados pelo machismo. Uma vez que aderem mais prontamente aos valores que enaltecem a individualidade, e estando mais conscientes sobre seus posicionamentos na relação conjugal, elas exercem mais intensamente o poder de escolha e diversificam mais os motivos que as fazem escolher. As mulheres parecem estar cada vez mais questionadoras, na medida em que têm investido no autoconhecimento e na autonomia. Com isso passaram também a questionar a naturalização do ciclo evolutivo vital, que preconiza a seguinte ordem: nascer, crescer, casar e multiplicar-se.

A noção de relação conjugal baseada nas afinidades entre os parceiros, como resultante do encontro de individualidades, da cooperação entre elas e das transformações daí decorrentes, pode favorecer a ampliação da compreensão das motivações para a conjugalidade. A afinidade fomenta a coconstrução e, assim, a corresponsabilização pela relação, possibilitando mudanças e formas alternativas relacionais.

Relembrando...

✓ As motivações para o estabelecimento de relações conjugais são baseadas na satisfação de necessidades individuais, familiares e sociais.

✓ A ideologia do amor romântico contribui para o engajamento amoroso nas relações conjugais, mas também para a idealização excessiva dessas relações.

✓ A educação familiar e a transmissão geracional interferem no modo como as pessoas se relacionam conjugalmente.

✓ O que satisfaz os cônjuges numa época inicial do relacionamento não garante permanentemente a satisfação conjugal. As necessidades e as motivações relacionais se transformam ao longo do ciclo evolutivo.

✓ Modelos de relacionamento conjugal tradicionais não são mais suficientes para a satisfação de necessidades relacionais contemporâneas.

✓ As relações de gênero tradicionais satisfazem mais aos homens do que às mulheres.

✓ A atração física e o amor são motivos importantes na busca do relacionamento conjugal, mas se transformam ao longo do tempo.

✓ A maternidade é um elemento importante da identidade feminina e motiva as relações conjugais.

✓ Homens e mulheres costumam se frustrar em razão de expectativas muito idealizadas com respeito às relações conjugais.

✓ Apesar de todas as transformações, as relações conjugais continuam sendo importantes na vida e na construção das identidades contemporâneas.

Questões para reflexão:

1. O que leva as pessoas a quererem se relacionar conjugalmente?
2. É possível que os objetivos de vida de homens e de mulheres possam se encontrar nas relações conjugais?
3. Como compatibilizar os encontros e os desencontros entre as relações conjugais tradicionais e as novas possibilidades emergentes?
4. Qual a relação entre a persistência da ideologia do amor romântico e o aumento das separações e divórcios?

Filmes:

MAMMA MIA

Sinopse: 1999, na ilha grega de Kalokairi. Sophie (Amanda Seyfried) está prestes a se casar e, sem saber quem é seu pai, envia convites para Sam Carmichael (Pierce Brosnan), Harry Bright (Colin Firth) e Bill Anderson (Stellan Skarsgard). Eles vêm de diferentes partes do mundo, dispostos a reencontrar a mulher de suas vidas: Donna (Meryl Streep), mãe de Sophie. Ao chegarem, Donna é surpreendida, tendo que inventar desculpas para não revelar quem é o pai de Sophie.

Aspectos a serem discutidos/trabalhados: O filme ilustra como os segredos familiares podem interferir na formação de um novo casal e suas reverberações em todos os membros da família.

DANÇA COMIGO?

Sinopse: Há vários anos o advogado John Clark (Richard Gere), especialista em testamentos, leva uma vida rotineira do trabalho para casa e de casa para o trabalho. Apesar de amar sua mulher, Beverly (Susan Sarandon), e seus filhos, John sente que algo está faltando em sua vida. Por acaso vê, na janela de uma academia, Paulina (Jennifer Lopez), uma bela professora de dança. Esperando se aproximar dela, John se matricula na academia. No entanto, Paulina rapidamente elimina qualquer possibilidade de envolvimento com John, mas isso não o faz deixar de frequentar o local, pois ele acha cada vez mais relaxante e divertido dançar. Entretanto, John não se sente à vontade para contar isso para Beverly, que, ao ver mudanças no comportamento do marido, contrata um detetive, pois suspeita que ele esteja envolvido com alguém.

Aspectos a serem discutidos/trabalhados: O filme evidencia as transformações nas aspirações iniciais de um ou ambos os cônjuges no decorrer da vida conjugal e demonstra que uma longa vida em conjunto pode não ser necessariamente uma vida de intimidade e confiança.

REFERÊNCIAS

Bandinter, E. (1985). *Um amor conquistado: o mito do amor materno.* Rio de Janeiro: Nova Fronteira.

Barbosa, P. Z.; Rocha-Coutinho, M. L. (2007). Maternidade: novas possibilidades, antigas visões. *Psicologia Clínica,* 19(1), 163-185.

Bauman, Z. (2004). *Amor líquido: sobre a fragilidade dos laços humanos.* Rio de Janeiro: Zahar Editor.

Cordova, J. V.; Gee, C. B.; Warren, L. Z. (2005). Emotional skillfulness in marriage: intimacy as a mediator of the relationship between emocional skillfulness and marital satisfaction. *Journal of Social and Clinical Psychology*, 24(2) 218-235.

DeMaria, R. M. (2005). Distressed Couples and Marriage Education. *Family Relations*, 54(2), 242-253.

Falcke, D., Diehl, J. A., & Wagner, A. (2002). Satisfação conjugal na atualidade. In: Wagner, A. (org) (2002). *Família em Cena: tramas, dramas, e transformações*. Petrópolis: Vozes.

Féres-Carneiro, T. (1995). Casais em terapia: um estudo sobre a manutenção e a ruptura do casamento. *Jornal Brasileiro de Psiquiatria*, 44(2),67-70.

Féres-Carneiro, T. (1997). A escolha amorosa e a interação conjugal na heterossexualidade e na homossexualidade. *Psicologia: Reflexão e Crítica*, 10(2), 351-368.

Féres-Carneiro, T.; Ziviani, C. (2009). Conjugalidades contemporâneas: um estudo sobre os múltiplos arranjos amorosos da atualidade. In: Féres-Carneiro, T. (Org.) *Casal e família: permanências e rupturas*. São Paulo: Casa do Psicólogo, p. 83-107.

Giddens, A. (1992). *A transformação da intimidade: sexualidade, amor e erotismo nas sociedades modernas*. São Paulo: UNESP.

Goddard, H. W.; Olsen, C. S. (2004). Cooperative Extension Initiatives in Marriage and Couples Education. *Family Relations*, 53(5) 433-439.

Halford, W. K. et al. (2004). Benefits of flexible delivery relationship education: an evaluation of the couple care program. *Family Relations*, 53(5), 469-476.

IBGE. (2007). *Estatísticas do Registro Civil*. Rio de Janeiro, v. 34.

IBGE. (2008). *Síntese de indicadores sociais: uma análise das condições de vida da população brasileira*. Rio de Janeiro.

Jablonski, B. O cotidiano do casamento contemporâneo: a difícil e conflitiva divisão de tarefas e responsabilidades entre homens e mulheres. In: Féres-Carneiro, T. (Org.). (2007). *Família e casal: saúde, trabalho e modos de vinculação*. São Paulo: Casa do Psicólogo, p. 203-228.

Magalhães, A. S. (1993). *Individualismo e conjugalidade: um estudo sobre o casamento contemporâneo*. Dissertação de Mestrado. PUC-Rio.

Meyer, D. (2003). Educação, saúde e modos de inscrever uma forma de maternidade nos corpos femininos. *Movimento*, 9(3), 33-58.

Moura, S. M. S. R.; Araújo, M. F. (2004). A maternidade na história e a história dos cuidados maternos. *Psicologia, Ciência e Profissão*, 24(1), 44-55.

Rosen-Grandon, J. R.; Myers, J. E.; Hattie, J. A. (2004). The relationship between marital characteristics, marital interaction processes, and marital satisfaction. *Journal of Counseling and Development*, 82(1), 58-68.

Silva Neto, J. A.; Strey, M. N. (2008). La representación social del lazo conyugal y género: desafios de la contemporaneida. *Cuadernos de terapia familiar*, 21(2), 147-168.

Thompson, S. (1989). Search for tomorrow: or feminsm and the reconstruction of teen romance. In: Vance, C. S. (Ed.) *Pleasure and danger. Exploring Female Sexuality*. Londres: Pandora.

Vargas, E. P. (1999). A figueira do inferno: os reveses da identidade feminina. *Estudos Feministas*, 7(1/2), 89-108.

REFERÊNCIAS COMPLEMENTARES

Silva Neto, J.; Strey, M. N. (2008). Gênero e conjugalidade: encontros e desencontros na representação social da relação conjugal. In: Strey, M. N.; Silva Neto, J. A., Horta, R. L. (Org..). *Família e gênero*. Porto Alegre: EDIPUCRS, pp. 210-237.

Silva Neto, J.; Strey, M. N. (2008). La representación social del lazo conyugal y género: desafios de la contemporaneida. *Cuadernos de terapia familiar*, 21(2), 147-168.

Silva Neto, J.; Strey, M. N. (2008). Mudanças e não mudanças na conjugalidade. In: Macedo, R. M. (Org.). *Terapia familiar no Brasil na última década*. São Paulo: Roca, pp. 435-448.

Strey, M. N.; Silva Neto, J.; Kohn, K. C.; Fasolo, L. R.; Teixeira, M. A. (2008). Violência e vida conjugal: recursos para os momentos críticos. In: Strey, M. N.; Silva Neto, J. A., Horta, R. L. (Org.). *Família e gênero*. Porto Alegre: EDIPUCRS, pp. 259-286.

3
A QUALIDADE CONJUGAL COMO FATOR DE PROTEÇÃO DO AMBIENTE FAMILIAR

Clarisse Pereira Mosmann
Eliana Piccoli Zordan
Adriana Wagner

A qualidade dos relacionamentos afetivos é um dos temas mais discutidos em diversos contextos, desde revistas de grande circulação a programas de televisão; nas conversas entre amigos, colegas de trabalho, e tem sido objeto de pesquisas científicas. Podemos dizer que a conjugalidade está na moda. Mas por que esse assunto provoca tantas polêmicas? Por que, em última análise, todos desejam e buscam um relacionamento duradouro e feliz? O que, então, é necessário para viver uma união amorosa satisfatória? Essas são questões difíceis de serem respondidas; entretanto, as pesquisas a respeito do tema têm comprovado que o casal ao vivenciar um relacionamento satisfatório apresenta maiores níveis de saúde física e emocional, mais estabilidade econômica e seus filhos também gozam de melhores níveis de saúde mental. Por outro lado, já foram comprovados os efeitos deletérios para os filhos das interações conjugais conflituosas intensas, frequentes e preponderantes na vida do casal. Quer dizer, a qualidade do relacionamento conjugal é um fator de proteção do ambiente familiar e da saúde de seus membros. Frente a tais evidências, torna-se ainda mais importante descobrir e entender o segredo do "sucesso" das relações conjugais.

Mas, afinal, o que é qualidade conjugal? Os estudos sobre esse tema têm se multiplicado, principalmente aqueles que se dedicam a definir o seu conceito. Isso se deve, especialmente, à subjetividade implicada em tal definição, ou seja, a avaliação daquilo que pode ser considerado satisfação. Estar satisfeito em uma relação certamente não significa a mesma coisa; tampouco configura o mesmo tipo de relacionamento para todas as pessoas. Este é um dos fatores que torna essa compreensão e definição tão complexa.

Já na década de 1990, os pesquisadores norte-americanos Karney e Bradbury (1995) apontaram que o relacionamento conjugal envolve dois seres humanos que carregam a diversidade de suas vidas prévias, de suas personalidades, de seus projetos, os quais vão estabelecer uma vida nova. Isso nos dá uma ideia do imenso número de fatores que se inter-relacionam na construção e na vivência da conjugalidade. Essa variedade de aspectos também se expressa na dificuldade de descrever teoricamente o conceito de qualidade conjugal e explicitar as variáveis que o compõem.

DEFININDO A QUALIDADE CONJUGAL

Ao revisarmos na literatura internacional as pesquisas realizadas desde a década de 1990 acerca da conjugalidade, constatamos que elas estão centradas em três conceitos básicos da relação a dois: a satisfação, o ajustamento e a qualidade conjugal (O'Leary e Smith, 1991; Glenn, 1998; Gottman e Notarius, 2002). Evidencia-se, nesta revisão, a dificuldade de estudo desse fenômeno, já que muitas vezes essas terminologias são utilizadas como sinônimos, sem que exista um conceito único aceito e reconhecido pelos pesquisadores da área.

Corroborando esta ideia, no final da década de 1980, foi proposto que a qualidade conjugal seria a avaliação subjetiva dos cônjuges sobre o seu casamento. Assim, esse conceito trataria da percepção geral de um sujeito, sem focar nenhum aspecto específico, uma vez que seria impossível descrever todos os elementos presentes numa relação conjugal.

No intuito de mapear as variáveis que compõem o conceito de qualidade conjugal, a revisão teórica desenvolvida por Mosmann, Wagner e Féres-Carneiro (2006) abordou as sete principais teorias que embasaram as pesquisas da área. São elas: a teoria da Troca Social (Levinger, 1965, 1976), a Comportamental (Gottman, 1982), a do Apego (Bowlby, 1984), a da Crise (Hill, 1949), a do Interacionismo Simbólico (Burr, 1979), a dos Sistemas Familiares (Olson, 1979, 2000) e a da Adaptação da Vulnerabilidade ao Estresse (Karney e Bradbury, 1995), concluindo que a qualidade conjugal é resultado do processo dinâmico e interativo do casal.

Segundo as autoras, o conceito é multidimensional e está definido por três grupos temáticos fundamentais: *recursos pessoais dos cônjuges, contexto de inserção do casal* e *processos adaptativos*. No entanto, essas três dimensões reúnem um número infinito de variáveis, tais como: as experiências na família de origem, o nível educacional, as características de personalidade, a fase do ciclo vital em que se encontra o casal, etc. Nesse sentido, é importante que se possa fazer um mapeamento das relações considerando tais variáveis com o objetivo de conhecer como elas se relacionam entre si.

Dentro do grupo temático dos *recursos pessoais dos cônjuges*, sabe-se que a coesão conjugal, ou seja, o elo afetivo que une o casal mostra-se associado à satisfação que os cônjuges experimentam na relação. Além disso, evidencia-se que casais com bons níveis de coesão apresentam maiores índices de satisfação conjugal ao longo do ciclo vital.

Especificamente no grupo temático dos *processos adaptativos*, a importância do conceito de adaptabilidade para a qualidade conjugal é consenso entre os pesquisadores. A questão-chave em relação à adaptabilidade é a dinâmica que se estabelece entre estabilidade e mudança. Ou seja, a capacidade dos cônjuges de enfrentarem e adaptarem-se a um grande número de eventos que se seguem no decorrer da vida a dois.

A intersecção entre essas variáveis irá expressar-se na forma como se relacionam os casais e como lidam com suas dificuldades. Nesse sentido, o conflito conjugal é uma variável do grupo dos *processos adaptativos* extremamente estudada devido às consequências que pode ter no relacionamento conjugal e familiar. Atualmente, o conflito é aceito como uma dimensão presente nos relacionamentos afetivos, ele pode ser um processo construtivo ou destrutivo. Essas características são determinadas pela frequência em que ocorrem, pela intensidade das interações conflituosas, pela presença de agressões físicas ou verbais e, principalmente, pela forma de resolução do conflito. Nessa perspectiva, casais com consistente vínculo afetivo, capacidade de adaptar-se aos problemas da vida a dois e habilidade de resolver de forma construtiva seus conflitos tendem a apresentar maiores níveis de satisfação conjugal.

Independentemente das controvérsias na delimitação do conceito de qualidade conjugal, das abordagens teóricas que o sustentam e das metodologias utilizadas para a investigação desse construto, há consenso de que a qualidade conjugal é multidimensional e que há variabilidade na importância de como cada uma delas participa na definição dos níveis de satisfação da vida conjugal de cada casal. No que se refere especificamente à vida familiar, alguns desses aspectos, como o conflito conjugal, têm grande relevância e seus desdobramentos são impactantes para o desenvolvimento dos filhos, conforme veremos a seguir.

RELAÇÕES ENTRE A CONJUGALIDADE E A PARENTALIDADE

Não é incomum encontrarmos casais com baixos níveis de satisfação em sua vida conjugal, que justificam a manutenção do seu casamento *pelo bem das crianças*. Essa ideia está alicerçada no desconhecimento das repercussões entre a qualidade da vida conjugal e a forma como o casal exerce a parentalidade. As evidências da relação entre essas duas dimensões, entretanto, estão comprovadas empiricamente na literatura científica sobre o assunto.

Em meados de 1990, estudiosos do tema introduziram o conceito teórico *Spillover*[1] (Erel e Burman, 1995), que sustenta a existência de uma relação de

---

[1] *Spillover*: pode ser traduzido como transbordar.

influência positiva entre a qualidade da relação conjugal e o relacionamento pais-filhos. Dessa forma, se as relações conjugais apresentam características negativas, seus efeitos transbordam, inundando o sistema familiar e influenciando negativamente os filhos.

O conceito *Spillover* é derivado de distintas orientações teóricas, como a teoria do Estresse (Conger et al. 1992, 1993) a da Aprendizagem Social (Patterson, 1989), a Ecológico-Sistêmica (Brofrenbrenner, 1996) e a dos Sistemas Familiares (Minuchin, 1982). A importância do conceito *Spillover* baseia-se na ideia de que um relacionamento conjugal com altos níveis de conflito e baixos índices de satisfação conjugal levaria os pais a assumirem uma postura mais agressiva com os filhos, adotando práticas educativas mais punitivas e tendo menos proximidade afetiva.

Essa hipótese sustenta-se na teoria da aprendizagem social, a qual considera que cônjuges com inabilidade interpessoal – ou seja, que têm pouca tolerância e paciência no contato com o outro – terão dificuldades em lidar com questões tanto conjugais quanto parentais. Dessa forma, casais muito envolvidos em seus embates conjugais podem não ter disponibilidade para as necessidades dos filhos, criando um ambiente familiar pouco saudável.

Assim, quando o conflito conjugal se torna preponderante no relacionamento do casal, passa a marcar também a interação entre os subsistemas conjugal e parental. Entretanto, é consenso entre os pesquisadores que a dificuldade central não é a existência ou não de conflito, mas sim a forma de resolvê-lo. Nesse sentido, pesquisas norte-americanas comprovam que as crianças são altamente sensíveis às características do conflito conjugal e às formas como os pais o resolvem. Os dados indicam que os filhos conseguem perceber se o conflito está relacionado diretamente a eles ou ao exercício da coparentalidade. Por outro lado, a capacidade de resolver os conflitos de forma produtiva, que inclui fazê-lo na ausência do filho e a explicação dos pais sobre o modo de resolução do mesmo, tem reflexos positivos para a prole. Somado a isso, já está comprovado que as crianças são sensíveis aos conteúdos emocionais do conflito e respondem positivamente quando os pais mostram-se otimistas sobre a resolução do mesmo.

Nessa perspectiva, torna-se relevante então, assumir a qualidade conjugal como um fator de proteção para o funcionamento do sistema familiar e analisar quais dimensões desse relacionamento deveriam ser potencializadas, no sentido de promover padrões de interação conjugal e, consequentemente, parental, mais equilibrados e funcionais. No intuito de entender melhor essas inter-relações, realizamos uma pesquisa com 149 casais de nível socioeconômico médio, que tinham no mínimo um filho adolescente desta união, residentes na capital e no interior do Rio Grande do Sul. Esses casais responderam a um questionário composto por três escalas para avaliar quatro dimensões da qualidade de seu relacionamento conjugal (adaptabilidade, coesão, satisfação e conflito conjugal, subdividido aqui em conflito-desentendimentos e conflito-agressão) e uma escala para avaliar duas dimensões da parentalidade: responsividade e exigência (Mosmann, 2007). Nessa pesquisa, esses conceitos foram assim considerados:

QUADRO 3.1
Na avaliação da conjugalidade:

1. **Adaptabilidade:** refere-se à capacidade de mudança e adaptação do casal em questões de liderança (controle e disciplina), de papéis e regras do sistema conjugal e familiar. Na prática, se expressa na capacidade do casal de fazer frente aos desafios da vida cotidiana equilibrando as necessidades entre a estabilidade e a mudança.
2. **Coesão:** teoricamente, a coesão é definida como a força que leva à unidade conjugal e familiar. Concretamente, diz respeito ao nível de proximidade afetiva que existe entre os membros do casal e da família.
3. **Satisfação:** resultado da interação dinâmica entre a comunicação que estabelece o casal e os interesses que compartilham o nível de confiança e respeito que experimentam.
4. **Conflito Conjugal:**
   O conceito de conflito subdivide-se em dois:
   a) *Conflito-desentendimento: referem-se a questões específicas às quais os casais discordam, tais como tarefas domésticas, educação dos filhos, administração do dinheiro, questões legais, tempo que passam juntos, sexo, etc.*
   b) *Conflito-agressão: refere-se à maneira como os casais resolvem seus desentendimentos, entre elas, o diálogo, as brigas, as discussões intensas e as agressões.*

QUADRO 3.2
Para avaliar a parentalidade:

1. **Responsividade:** é uma tradução do inglês para *responsiveness*; refere-se àquelas atitudes compreensivas que os pais têm para com os filhos e que visam, através do apoio emocional e da comunicação, favorecer o desenvolvimento da autonomia e da autoestima deles.
2. **Exigência:** é uma tradução do inglês para *demandingness*; compreende todas as atitudes dos pais que buscam de alguma forma monitorar e controlar o comportamento dos filhos, impondo-lhes limites e estabelecendo regras.

Através de uma análise estatística dos dados coletados, todos os aspectos da conjugalidade que estudamos nos casais participantes da pesquisa, mostraram-se associadas de alguma forma a parentalidade, no caso, aspectos relativos à responsividade e à exigência. Essas associações apresentaram-se de forma tanto positiva quanto negativa. Por exemplo, uma associação positiva mostrou-se entre a coesão e a satisfação conjugal, isso significa que quanto maior o nível de coesão, de proximidade afetiva entre o casal, maior era o nível de satisfação conjugal que eles informaram vivenciar na relação. Por outro lado, a capacidade de adaptação frente aos problemas apresentou uma associação negativa ao conflito-agressão, quer dizer, quanto maior a propensão do casal a adaptar-se às dificuldades, menor a frequência de interações conflituosas intensas eles informaram ter.

A variável exigência, entretanto, não apresentou essas associações; ela se relacionou apenas à responsividade e à dimensão conflito-desentendimentos. Isto é, quanto mais conflitos desse tipo existem entre os membros do casal, menos responsivos às necessidades de seus filhos e mais exigentes eles tendem a ser.

Esses resultados comprovam a hipótese *Spillover* que propõe o transbordamento da conjugalidade para a parentalidade. Uma vez confirmada essa relação e voltando nosso olhar para a importância da qualidade conjugal no funcionamento familiar, visualizamos a relevância em analisarmos de forma mais precisa as associações entre as variáveis sociodemográficas dessa amostra e as dimensões que compõem a qualidade conjugal.

Corroborando tal análise, dados de pesquisas nacionais e internacionais já indicam que o contexto em que está inserido o casal mostra-se associado ao nível de qualidade conjugal que experimentam. Especificamente em relação ao microssistema conjugal, ressalta-se a importância do nível socioeconômico, da escolaridade dos cônjuges, do número de filhos e da rede social de apoio que possuem (Mosmann, Wagner e Sarriera, 2008).

Buscando entender melhor essas relações, analisamos as possíveis associações entre as dimensões da qualidade conjugal (adaptabilidade, coesão, satisfação e conflito) e as variáveis sociodemográficas de nossa amostra. São elas: o nível de escolaridade, a renda pessoal, o número de filhos, a situação conjugal e o tempo de união. Dentre essas variáveis, apenas renda pessoal e nível de escolaridade mostraram-se associados.

Os resultados evidenciaram que os casais, na menor faixa de renda pessoal (até três salários mínimos), apresentaram média significativamente maior nas duas variáveis de conflito (agressão e desentendimento) que os demais. Especificamente no conflito-agressão, a diferença foi observada entre os casais com renda mais baixa (até dois salários mínimos), comparativamente aos demais sujeitos da amostra estudada. Ou seja, nessa amostra, os casais que apresentavam menores ingressos, tendiam a resolver seus conflitos com menos diálogo, havendo mais discussões e agressões entre eles.

Quanto à variável conflito-desentendimentos, encontramos diferenças entre os cônjuges que tinham ingressos na faixa de dois a três salários mínimos e aqueles que referiram ter renda acima de treze salários mínimos. De modo geral, observou-se entre os casais pesquisados que aqueles com menores ingressos econômicos apresentavam mais interações conflituosas do que os que ganham mais de treze salários mínimos.

Esses dados corroboram os achados da literatura internacional sobre o conflito conjugal, os quais apontam que menores ingressos econômicos mostram-se associados a maiores índices de conflito conjugal. De acordo com os pesquisadores, essa realidade não deve ser entendida de forma isolada. Observa-se que a renda pessoal mais baixa é mais frequente em níveis socioeconômico-culturais também mais baixos. Por sua vez, essa população tende a apresentar menor repertório de habilidades de resolução de conflitos. Ademais, o contexto menos favorecido em que está inserida essa população apresenta muitos aspectos de ordem macrossocial que se relacionam ao conflito conjugal tais como o desemprego, a violência, a dificuldade de acesso a condições de infraestrutura, etc; isso torna mais complexo o entendimento dessas relações.

Além da variável conflito, a satisfação conjugal também se mostrou associada significativamente à renda pessoal dos membros do casal. Seguindo a mesma tendência, os casais do grupo que possuía ingressos de até três salários mínimos apresentaram menores níveis de satisfação que os casais com renda acima de treze salários mínimos. Esse resultado é coerente com o exposto anteriormente, uma vez que está documentado que casais vivendo em contextos menos favorecidos apresentam altos índices de conflito e, em consequência, experimentam menores níveis de satisfação conjugal (Gerard, Krishnakumar e Buheler, 2006).

Ainda em relação aos ingressos econômicos, nossa pesquisa, ao buscar as relações entre a qualidade conjugal e os estilos educativos parentais, constatou que a renda pessoal dos cônjuges é a variável mais fortemente relacionada à baixa responsividade e à alta exigência parental. Nesse caso, os casais estudados com menor poder econômico tendiam a interagir mais frequentemente com seus filhos de forma mais rígida, isto é, apresentavam menos proximidade afetiva e utilizavam formas punitivas e coercitivas de controlar e monitor os filhos.

Frente a tais resultados e considerando que normalmente os ingressos econômicos se associam a mais anos de escolaridade, buscamos compreender como o nível de escolaridade se expressava nos casais investigados em termos da qualidade conjugal que vivenciavam. Dividimos a amostra da seguinte forma: Ensino Fundamental, Ensino Médio, Ensino Superior, Pós-graduação.

Os resultados mostraram diferenças significativas entre os casais com Ensino Médio e os que possuíam Pós-graduação em duas dimensões da qualidade conjugal: adaptabilidade e conflito-agressão. Especificamente aqueles que possuíam Ensino Médio, apresentaram menor capacidade de adaptabilidade conjugal que os cônjuges com Pós-graduação. Em relação a conflito--agressão, apareceu o contrário: os casais com Ensino Médio mostraram ter maiores níveis de conflito-agressão que os outros. Esses resultados corroboram os achados na literatura internacional no que se refere ao exercício parental, os quais indicam que pais com menor renda e níveis mais baixos de escolaridade tendem a apresentar menores níveis de adaptabilidade conjugal e a utilizar mais estratégias punitivas e coercitivas para com seus filhos (Mupinga, Garrison e Pierce, 2002).

Aceitando a hipótese *Spillover* da relação entre a conjugalidade e a parentalidade, identificamos que as características sociodemográficas associadas à qualidade do relacionamento conjugal se expressam consequentemente no nível de conflito conjugal experimentado por esses cônjuges e nas estratégias educativas utilizadas com seus filhos. Nesse sentido, tais resultados reforçam a necessidade de um olhar mais abrangente e completo para esse processo dinâmico do casal e para o contexto no qual este se insere.

FATORES DE PROTEÇÃO DO AMBIENTE FAMILIAR

Considerando que o conflito é inerente às relações interpessoais, sua forma de resolução é indicador de níveis de saúde individual, do casal e da família. Nesse sentido, identifica-se um esforço dos pesquisadores e terapeutas em apontar estratégias de resolução das interações conflituosas voltadas a otimizar os índices de saúde familiar.

Já existem evidências que comprovam a existência de padrões típicos de interação entre os casais que, ao invés de enfrentar o problema e buscar uma solução, tendem a aumentá-lo. Nessas interações, identifica-se a dificuldade em considerar o problema como sendo "do casal", e por isso colocam a responsabilidade, tanto da origem quanto da solução, no outro. Esse aspecto é fundamental, uma vez que, ao se considerar que o problema é de ambos, o esforço para solucioná-lo também será do casal como unidade. Dessa forma, podemos apontar algumas direções na tentativa de resolver os conflitos, como, por exemplo, buscar momento e local adequados e ter tempo suficiente para fazê-lo. Os casais muitas vezes iniciam conflitos que terminam não solucionados porque o fazem em situações e momentos inadequados.

Além disso, pesquisas transculturais, realizadas em países da Europa, América do Norte e América do Sul sobre a estabilidade dos casamentos, demonstraram que a única variável capaz de predizer tanto a estabilidade quanto a satisfação conjugal é a grande quantidade de afetos positivos na hora de resolver os conflitos. Nos casais felizes e estáveis ficou evidente que os afetos positivos estavam associados à capacidade de estagnação do processo de sucessão contínua dos afetos negativos no momento do conflito. Sendo assim, observou-se que entre os casais com grande quantidade de afetos positivos na relação uma divergência de opinião não evoluía para uma briga com troca de agressões verbais e físicas. O casal, nesse caso, era capaz de estancar a discussão ou resolver o conflito. Nesse processo, é importante que ao menos um dos cônjuges possa desviar a atenção para outro assunto com estratégias afetivas e bem-humoradas.

Somado a isso, a comunicação mostra-se como uma variável extremamente relevante que se associa aos afetos positivos. Muitas vezes, os casais emitem juízos de valor em meio a uma discussão e dizem frases como *"Você faz isso para humilhar-me"* quando na realidade o melhor a dizer seria *"Isso que você está fazendo me humilha"*, retirando do outro a intenção de causar dano. Entre as diversas formas de esclarecer a comunicação a fim de evitar o conflito, e que podem vir a ser eficazes durante uma discussão, está a estratégia de repetir literalmente o que diz o outro. Por exemplo, quando um diz algo como *"Tu sempre fazes com que eu me sinta culpado"*, o outro pode traduzir a ideia dizendo *"Tu estás dizendo que eu sempre te faço sentir culpado"*. Dessa forma, gera-se a possibilidade de que aquele que comunicou possa escutar o que disse e possa avaliar se é isso mesmo que está tentando dizer.

De forma geral, um grande obstáculo para que os casais resolvam seus conflitos são os pontos de vista e os sentimentos individuais, que podem diferir muito entre si. Há pessoas que, numa relação conjugal, tendem a fantasiar que o outro, por amá-lo, deve adivinhar seus pensamentos e desejos; na realidade, o fundamental é reconhecer a necessidade de expressar seus sentimentos e aspirações, assim como buscar entender as do outro, para que se estabeleça o princípio básico das relações interpessoais: a reciprocidade.

Ao analisar as formas de resolução de conflitos, identifica-se claramente o papel da adaptabilidade nesses processos, o que ficou evidenciado nos resultados de nossa pesquisa. Esses dados estão de acordo com o que diz a terapeuta de casais norte-americana Froma Walsh (2002) sobre o processo de resolução de problemas que ocorre de forma gradual e progressiva desde a identificação partilhada de uma dificuldade até a sua resolução. Para a adequada execução dessa tarefa, são importantes, principalmente, a confiança e a reciprocidade entre os cônjuges.

De fato, é evidente a interconexão entre a capacidade de flexibilização frente às dificuldades, a forma de resolver os conflitos e o desenvolvimento de processos comunicativos eficazes. Cabe salientar que todas essas variáveis devem ser estimuladas simultaneamente com o objetivo de otimizar os recursos individuais dos parceiros, na tentativa de criar um ambiente favorável para a construção de uma relação conjugal e familiar satisfatória.

Além disso, salienta-se a necessidade de oferecer informações aos casais no sentido de desenvolver interações positivas entre os mesmos, deve-se mostrar a eles a necessidade de que passem mais tempo juntos, que sejam capazes de expressar seus sentimentos um ao outro – tanto os positivos quanto os negativos – e, especialmente, enriquecer o senso de "time/equipe" do casal. Em muitas intervenções conjugais, é fundamental esclarecer a importância de que o casal perceba que ambos estão "no mesmo barco", reforçando, assim, a união amorosa.

Todas as interações entre o casal irão se refletir na forma como eles educam seus filhos e, nesse sentido, é fundamental promover o entendimento dos cônjuges, que também são pais, a respeito de tais influencias mútuas e recíprocas entre a relação conjugal e a parentalidade. Sendo assim, problemas e conflitos, assim como soluções e êxitos, são compartilhados por todos os membros da família, em maior ou menor grau.

O esclarecimento dos casais quanto à dinâmica implicada nesse processo e sobre as consequências para seus filhos e para o ambiente familiar deve ser realizado da forma mais acessível possível, considerando as idiossincrasias do meio no qual o casal está inserido e buscando, dentre seus próprios recursos, quais podem ser incrementados e quais necessitam ser desenvolvidos. Nosso foco volta-se, então, para a necessidade de desenvolver estratégias que busquem potencializar as dimensões da qualidade conjugal, em distintos contextos socioeconômicos, na intenção de proteger as relações parentais e todo o ambiente familiar. Dessa forma, a capacidade de adaptar-se aos problemas inerentes à vida conjugal e familiar, assim como a maneira de resolver conflitos, através da utilização de técnicas simples, por exemplo, potencializam e desenvolvem recursos capazes de promover melhores níveis de qualidade conjugal e, consequentemente, um ambiente familiar mais saudável.

Relembrando...

- ✓ O casamento como instituição está em transformação; entretanto, um fator segue permeando as relações: o desejo de vivenciar uma união feliz e duradoura.
- ✓ O conceito de qualidade conjugal pode ser entendido à luz de sete teorias: a teoria da Troca Social, a Comportamental, a do Apego, a da Crise, a do Interacionismo Simbólico, a dos Sistemas Familiares e a da Adaptação e Vulnerabilidade ao Estresse. Em síntese, ao compilar-se estas perspectivas, identifica-se que a qualidade conjugal é entendida como resultado do processo dinâmico e interativo do casal.
- ✓ De acordo com a teoria da Adaptação e Vulnerabilidade ao Estresse, a qualidade conjugal é definida por três grupos temáticos fundamentais: *recursos pessoais dos cônjuges, contexto de inserção do casal* e *processos adaptativos.* Essas três dimensões abrangem inúmeras variáveis – as experiências na família de origem, o nível educacional, as características de personalidade, a fase do ciclo vital em que está o casal.
- ✓ O conceito teórico *Spillover* sustenta a existência de uma relação de influência positiva entre a qualidade da relação conjugal e o relacionamento pais-filhos. Desta forma, se as relações conjugais apresentam características negativas, seus efeitos transbordam, inundando o sistema familiar e influenciando negativamente os filhos.
- ✓ Quando o conflito conjugal é preponderante no relacionamento do casal, passa a matizar também a interação entre os subsistemas conjugal e parental. Há consenso entre os pesquisadores de que a dificuldade central não é a existência ou não de conflito, mas sim a forma de resolvê-lo.
- ✓ A vivência de uma relação conjugal satisfatória depende da forma como o casal resolve seus conflitos, da capacidade de flexibilizar-se frente às dificuldades e do desenvolvimento dos processos comunicativos.

Questões para reflexão:

1. A qualidade conjugal é definida por três grupos temáticos fundamentais: *recursos pessoais dos cônjuges, contexto de inserção do casal* e *processos adaptativos.* Caracterize cada um desses grupos.
2. Como se define o conceito teórico *Spillover?*
3. O que indicam as pesquisas sobre a relação entre a conjugalidade e a parentalidade?
4. Quais fatores podem atuar como protetores do ambiente familiar, pensando na dinâmica da conjugalidade e da parentalidade?

Filmes:

SE EU FOSSE VOCÊ
Sinopse: Cláudio (Tony Ramos), 50 anos, publicitário bem-sucedido, dono da própria agência, e Helena (Glória Pires), 40 anos, professora de música, coordenadora de um coral infantil, são casados há muitos anos e já caíram na rotina. É indiscutível que se amam, mas que casal não tem uma briguinha de vez em quando? Um dia, porém, uma dessas briguinhas vira um conflito maior, e percebem em pânico que foram atingidos por um fenômeno inexplicável: eles trocam, literalmente, de corpos. Logo eles percebem que a única maneira de sobreviver a tantos desafios é se unirem para tentar sair desta situação. À medida que vão suplantando os obstáculos, vão aprendendo mais sobre o outro e sobre si próprios.

Aspectos a serem discutidos/trabalhados: A metáfora de que um cônjuge literalmente esteja "na pele" do outro coloca claramente a importância da empatia, na resolução dos conflitos conjugais. Poder entender como pensa e sente o outro é fundamental para que um casal consiga fazer frente aos desafios do dia a dia.

SEPARADOS PELO CASAMENTO
Sinopse: Depois que Brooke (Jennifer Aniston) termina o namoro com Gary (Vince Vaughn), nenhum dos dois pretende mudar-se do apartamento onde viviam. Ouvindo os conselhos dos amigos mais chegados, outros nem tanto, o ex-casal resolve deixar de lado os problemas para que aconteça uma convivência pacífica entre os dois, já que estão sob o mesmo teto. No entanto, os dois acabam convencendo-se que o melhor é tornar a vida do outro insuportável para ficar com o apartamento.

Aspectos a serem discutidos/trabalhados: O filme apresenta diversas maneiras pelas quais os casais entram em conflito, explicitando de forma cômica o quanto os cônjuges podem provocar-se mutuamente e não resolver seus desacordos produtivamente.

A HISTÓRIA DE NÓS DOIS
Sinopse: Após 15 anos, o casamento de Ben (Bruce Willis) e Katie Jordan (Michelle Pfeiffer) entra em crise. Assim, eles se separam na mesma época em que seus filhos Josh (Jake Sandvig), 12 anos, e Erin (Colleen Rennison), 10, estão em um acampamento de verão. Separados, cada um tenta recomeçar sua vida em cantos neutros, aproveitando o período para avaliar e refletir sobre a vida que tiveram juntos, com seus altos e baixos, e tentam concluir se ainda há algo de sólido nesta relação que permita uma reaproximação.

Aspectos a serem discutidos/trabalhados: O filme mostra o desenvolvimento do ciclo de vida do casal, explicitando as crises esperadas em cada momento e a capacidade do casal em fazer frente aos desafios de cada momento. Também apresenta as repercussões nos filhos da crise vivida pelo casal e da importância de o casal conseguir lidar com a conjugalidade protegendo a parentalidade.

REFERÊNCIAS

Bowlby, J. (1984). *Apego e Perda*. São Paulo: Martins Fontes.

Bronfenbrenner, U. (1996). *A ecologia do desenvolvimento humano: experimentos naturais e planejados*. Porto Alegre: ARTMED.

Burr, W. R., Hill, R., Nye, F. I. & Reiss, I. (1979). *Contemporary theories about the family*. vol. 2. New York: Free Press.

Conger, R. D., Conger, K. J., Elder, G. H., Jr., Lorenz, F. O., Simons, R. L., & Whitbeck, L. B. (1993). Family economic stress and adjustment of early adolescent girls. *Developmental Psychology, 29(2)*, 206-219.

Conger, R. D., Conger, K. J., Elder, G. H., Jr., Lorenz, F. O., Simons, R. L., & Whitbeck, L.B. (1992). A family process model of economic hardship and adjustment of early adolescent boys. *Child Development, 63*, 526-541.

Erel, O., & Burman, B. (1995). Interrelatedness of marital relations and parent-child relations: a meta-analytic review. *Psychological Bulletin, 118* (1), 108-132.

Gerard, J. M., Krishnakumar, A., & Buheler, C. (2006). Marital Conflict, Parent-Child Relations, and Youth Maladjustment A Longitudinal Investigation of Spillover Effects. *Journal of Family Issues, 27* (7), 951-975.

Glenn, N. D. (1998). The Course of Marital Success and Failure in Five American 10- Year Marriage Cohorts. *Journal of Marriage and the Family, 60*, 569-576.

Gottman, J. M. (1982). Temporal form: Toward a new language for describing relationships. *Journal of Marriage and the Family, 44*, 943-962.

Gottman, J. M., & Notarius, C. I. (2002). Marital Research in the 20th Century and a Research Agenda for the 21st Century. *Family Process, 41*, 159-197.

Hill, R. (1949). *Families under stress*. New York: Harper.

Karney, B. R., & Bradbury, T. N. (1995). Assessing longitudinal change in marriage: An introduction to the analysis of growth curves. *Journal of Marriage and the family, 57*, 1091-1108.

Levinger, G. (1965). Marital cohesiveness and dissolution: An intregrative review. *Journal of Marriage and the Family, 27*, 19-28.

Levinger, G. (1976). A social psychological perspective on marital dissolution. *Journal of Social Issues, 32*, 21-47.

Minuchin, S. (1982). *Famílias: funcionamento e tratamento*. Porto Alegre: ARTMED.

Mosmann, C. (2007). A Qualidade Conjugal e os Estilos Educativos Parentais. *Tese de Doutorado*. Psicologia. PUCRS. Porto Alegre, 112 f.

Mosmann, C., Wagner, A., & Féres-Carneiro, T. (2006). Qualidade Conjugal: mapeando conceitos. *Paideia, 16* (35), 315-329.

Mosmann, C., Wagner. A., & Sarriera, J. (2008). A Qualidade Conjugal como Preditora dos Estilos Educativos Parentais: O Perfil Discriminante de Casais com Filhos Adolescentes. *Psicologia (Lisboa)*, 22 (2), 182-201.

Mupinga, E. E., Garrison, M. E. B., & Pierce, S. H. (2002). An Exploratory Study of the Relationships between Family Functioning and Parenting Styles: The Perceptions of Mothers of Young Grade School Children. *Family and Consumer Sciences Research Journal, 31* (1), 112-129.

Olson, D., Sprenkle, D. H., & Russel, C. S. (1979). Circumplex model of marital and family systems: I – Cohesion and adaptability dimensions, family types and clinical applications. *Family Process, 18*, 3-28.

Olson, D. (2000). Circumplex Model of Marital and Family Systems. *Journal of Family Therapy, 22*, 144-167.

O'Leary, K. D., & Smith, D. A. (1991). Marital Interactions. *Annual Review of Psychology, 42*, 191-212.

Patterson, G. R., Debaryshe, B. D., & Ramsey, E. (1989). A developmental perspective on antisocial behavior. *American Psychologist, 44* (2), 329-335.

Walsh, F. (2002). Casais Saudáveis e Casais Disfuncionais: Qual a Diferença? In Andolfi, M (Coord.). *A crise do casal*. Porto Alegre: ARTMED.

4

REFLEXÕES SOBRE A VIOLÊNCIA CONJUGAL

Diferentes contextos, múltiplas expressões

Denise Falcke
Terezinha Féres-Carneiro

Qual foi o primeiro casal com o qual você teve contato na vida? A resposta da maioria das pessoas provavelmente seja: meus pais. Isso mesmo, nossos pais não são somente modelos de pai e de mãe, mas também nos ensinaram, ainda que não intencionalmente, como ser marido e mulher. Desde muito cedo, os filhos observam a relação dos pais e o tipo de vínculo amoroso que cultivam. Este é um fenômeno que ocorre independentemente da configuração familiar, pois os vínculos estabelecidos entre os adultos, por exemplo, pai e madrasta, mãe e padrasto, dois pais ou duas mães, servem como modelos para as futuras relações afetivas dos filhos.

Mesmo que, muitas vezes, os filhos percebam os progenitores essencialmente como figuras parentais, eles também constituem um outro subsistema na família, que diz respeito à relação de ambos como casal, ou seja, o subsistema conjugal. No capítulo introdutório deste livro, estão descritos os subsistemas conjugal e parental, ambos compostos pelo casal, sendo o subsistema parental derivado do conjugal, após o nascimento do primeiro filho e pela assunção dos papéis de pai e mãe. Os filhos, evidentemente, mantêm relação direta com o subsistema parental e não fazem parte do subsistema conjugal; mas, através da convivência, são expectadores e testemunhas de muitas situações vivenciadas pelos pais como marido e mulher. Nesse sentido, as pessoas levam para suas relações futuras tanto um modelo de interação aprendido quanto expectativas baseadas no que observaram na relação de casal de seus pais.

Infelizmente, até que os filhos estejam suficientemente crescidos para perceberem a relação conjugal dos pais, muito das trocas afetivas e dos carinhos já ficou no passado. Com o tempo, os casais diminuem as demonstrações afetivas e, na maioria das vezes, os filhos só conseguem se lembrar do relacionamento dos pais quando este já carece de manifestações de afeto, justificando-se, na maioria das vezes, como resultado da rotina que distanciou afetivamente um do outro.

Em casos mais graves, a relação conjugal dos pais tem como elemento característico a presença da violência. A violência conjugal é muito mais comum do que se imagina. Agressões físicas entre maridos e esposas fazem parte do dia a dia de um grande número de famílias, apesar de, em muitos casos, permanecerem encobertas pelo silêncio e pelo segredo familiar. Uma pesquisa da Organização Mundial de Saúde (apud Soares, 2006) demonstra que, no Brasil, 29% das mulheres relata ter sofrido violência física ou sexual de seus companheiros pelo menos uma vez na vida, sendo que 16% classificou a agressão como violência severa – ser chutada, arrastada pelo chão, ameaçada ou ferida com qualquer tipo de objeto ou arma. Apesar disso, 25% não contou a ninguém sobre o ocorrido e escondeu os ferimentos. A pesquisa também indicou que, em média, a mulher leva dez anos para pedir socorro, tempo no qual a dinâmica da violência fica restrita ao ambiente privado.

Corroborando esses dados, os índices divulgados por Dias (2008) revelam uma realidade assustadora, por exemplo, ao notificar que, no Brasil, a cada 15 segundos uma mulher é espancada. Do total da população feminina, 25% é vítima da violência doméstica. Esse tipo de violência é a principal causa de lesões em mulheres entre 15 e 44 anos, e as lesões sofridas fazem com que quatro em cada cinco faltas ao trabalho seja por causa da violência doméstica. O perfil das vítimas revela que 17% das mulheres está grávida na ocasião da agressão. A maioria (76%) tem pelo menos um filho com o agressor, sendo que, em 30% dos casos, os filhos também são agredidos. Como consequência da violência sofrida, 76% apresenta lesões corporais (40% com lesões corporais graves). Do total dos casos, em 17% há utilização de objetos como instrumentos de tortura. Além da agressão física, 24% das vítimas sofre agressão moral. Somente 7% revela um único episódio de agressão, enquanto 75% sofre agressão seguidamente, o que revela uma dinâmica conjugal na qual a violência torna-se um fenômeno recorrente. Mesmo assim, apenas 50% busca auxílio policial por conta própria.

Nos relatos das mulheres vítimas de violência, é possível perceber que elas compreendem a vivência da violência conjugal como marcas que não estão visíveis e que não são facilmente diagnosticadas, mas que são de caráter tão intenso e duradouro que parecem modificar todo o seu jeito de ser. As vítimas ouvidas no estudo realizado por Monteiro e Souza (2007) falam em sofrimento, tristeza e medo. A compreensão vaga que possuem acerca da dinâmica da violência revela um aprisionamento em si mesmas. São mulheres que, de certa forma, deixam-se aprisionar. Elas revelam perda do interesse social e da convivência com os outros, ficando restritas à convivência no espaço do lar, com os filhos, com o marido, com a violência. Fator que dificulta ainda mais que revelem a violência que sofrem. Algumas vinhetas de atendimentos psicológicos serão apresentadas ao longo do capítulo como forma de ilustrar os conteúdos discutidos:

> **VINHETA CLÍNICA**
>
> Alice procurou atendimento psicológico sentindo-se deprimida e sem vontade de sair de casa. Refere a perda de interesse em ir para o trabalho e até mesmo em conversar com as amigas: *"se eu pudesse ficar fechada no meu quarto, sem ter que falar com ninguém, seria o paraíso, mas eu sei que isso não está certo"*. Após algum tempo, conta dos episódios de violência conjugal, nos quais é agredida pelo marido. *"Quando ele chega brabo em casa, começa a me perguntar o que eu fiquei fazendo durante todo o dia e se eu saí com alguém. Ele é muito ciumento e mesmo que eu negue, diz não acreditar em mim e, às vezes, acaba me batendo, perde o controle. Nunca falei isso pra ninguém. Sempre consigo esconder quando fica alguma marca. Digo que escorreguei, me machuquei. Mas talvez isso também faça com que eu não tenha vontade de falar com ninguém. Parece que todo mundo vai adivinhar o que está acontecendo lá em casa. Fico me sentindo a pior das criaturas"*. Além das marcas físicas, que muitas vezes aparecem no corpo de Alice, são evidentes as marcas emocionais.

Estas são algumas das consequências de uma dinâmica conjugal permeada pelo fenômeno da violência. Dinâmica que atinge tanto o casal quanto, com certeza, os filhos que fazem parte desse contexto, seja por também serem vítimas diretas da violência, sofrendo agressões físicas concomitantes, seja por estarem indiretamente aprendendo, mesmo que equivocadamente, que a violência é intrínseca aos relacionamentos.

O estudo realizado por Brancalhone, Fogo e Williams (2004), com filhos de mulheres que denunciaram a violência sofrida na Delegacia de Defesa da Mulher de São Carlos (SP), constatou que 93% das crianças havia presenciado as situações de violência física sofridas pelas mães. Tais crianças, inseridas em um contexto permeado pela violência, desde uma etapa tão precoce de suas vidas, tendem a naturalizá-la, considerando que fazem parte de todo e qualquer relacionamento, mesmo daqueles que deveriam ser protetivos.

> **VINHETA CLÍNICA**
>
> Fernando é um menino de 7 anos, ativo e falante. Quando contrariado, por qualquer motivo, fica bastante irritado e agressivo, já tendo se envolvido em vários episódios de agressão na escola. Quando chamados os pais, sua mãe comparece na escola e refere não saber mais o que fazer para lidar com o menino. Resolve levá-lo para uma psicoterapia. Ele chega ao tratamento dizendo que quem precisa estar lá não é ele, mas os pais. Conta que eles também vivem brigando e não entende porque só ele precisa de terapia. A mãe, em sua entrevista individual, revela as constantes agressões entre ela e o marido, muitas vezes

presenciadas pelo menino. "*A gente começa a discutir por algum motivo e, quando vê, um parte pra cima do outro. Confesso que muitas vezes sou eu quem puxa os cabelos dele primeiro, porque sei que ele está aprontando, mas aí ele também me agride. Não tinha me dado conta de que o Fernando está aprendendo com a gente a resolver tudo na pancadaria*". Além disso, a mãe revela que, às vezes, o menino pede para eles pararem de brigar, mas "*eu digo pra ele que isso é briga de casal e ele não tem que se meter*".

PERMISSIVIDADE SOCIAL

Apesar da gravidade das situações de violência, evidenciada nas estatísticas, em certo sentido observa-se, em nosso contexto social, uma permissividade em relação à agressão, principalmente, do marido contra a esposa. Durante muito tempo, as atitudes violentas e até mesmo os crimes passionais, quando considerados como tendo ocorrido em "legítima defesa da honra", tinham suas consequências bastante minimizadas ou até mesmo anuladas. Em nosso contexto, somente com a criação da Lei 11.340, conhecida como Lei Maria da Penha, foram criados mecanismos para coibir a violência doméstica e familiar contra a mulher.

A Lei Maria da Penha (2006) considera como violência doméstica e familiar contra a mulher qualquer ação ou omissão baseada no gênero que lhe cause morte, lesão, sofrimento físico, sexual ou psicológico e dano moral ou patrimonial. Explicitando cada uma das formas de violência, descreve os seguintes tipos:

1. a violência física, entendida como qualquer conduta que ofenda sua integridade ou saúde corporal;
2. a violência psicológica, entendida como qualquer conduta que lhe cause dano emocional, que lhe prejudique o pleno desenvolvimento ou que vise degradar ou controlar suas ações, seus comportamentos, suas crenças e suas decisões mediante ameaça, humilhação, isolamento, perseguição contumaz, chantagem ou qualquer outro meio que lhe cause prejuízo à saúde psicológica e à autodeterminação;
3. a violência sexual, entendida como qualquer conduta que a constranja a presenciar, manter ou participar de relação sexual não desejada; que a induza a comercializar ou a utilizar, de qualquer modo, a sua sexualidade; que a impeça de usar qualquer método contraceptivo ou que a force ao matrimônio, à gravidez, ao aborto ou à prostituição; que limite ou anule o exercício de seus direitos sexuais e reprodutivos;
4. a violência patrimonial, entendida como qualquer conduta que configure retenção, subtração, destruição parcial ou total de seus

objetos, instrumentos de trabalho, documentos pessoais, bens, valores e direitos ou recursos econômicos;
5. a violência moral, entendida como qualquer conduta que configure calúnia, difamação ou injúria.

Mesmo com a nova legislação, no imaginário social, ainda são comuns ditados populares ou expressões de apoio à violência contra a mulher. Por exemplo, uma ideia comumente pronunciada, muitas vezes em forma de piada, mas que demonstra o incentivo à violência do marido é a que apregoa: "todo homem deve bater na sua mulher. Se ele não sabe por que está batendo, com certeza ela sabe por que está apanhando". Além de permitir e incentivar a violência, a coloca como um merecimento por algo errado que a mulher teria feito.

De forma mais sutil, desde pequenos ouvimos canções que, só quando paramos para pensar, nos damos conta dos conteúdos que sugerem. Por mais que soem como canções de ninar ou tenham uma melodia alegre e suave, tratam de conteúdos com teor violento, em total contradição com a sutileza da sonoridade. Um exemplo de canção infantil clássica que revela a dinâmica conjugal violenta é O Cravo e a Rosa:

> "O cravo brigou com a rosa,
> Debaixo de uma sacada,
> O cravo saiu ferido e
> A rosa despedaçada
>
> O cravo ficou doente
> A rosa foi visitar
> O cravo deu dois suspiros
> A rosa pôs-se a chorar"
> (O Cravo e a Rosa – Canção Infantil,
> http://www.letras.com.br/musicas-infantis/o-cravo-e-a-rosa.)

Esta é uma canção que pode ser facilmente interpretada como violência conjugal, uma vez que "cravo" e "rosa" sempre foram representativos de figuras complementares e, simbolicamente, do universo masculino e feminino. Além da situação de violência descrita claramente no primeiro verso, ainda fica evidente a conduta de aceitação e submissão que é esperada da mulher, uma vez que, frente à doença do Cravo, a Rosa chora, ou seja, possivelmente esteja demonstrando o temor de perdê-lo.

VINHETA CLÍNICA

Márcia procurou terapia após um episódio agudo de agressão que ela sofreu do marido, tendo inclusive necessitado de internação hospitalar. Ela refere que sempre existiram

> agressões na relação deles, desde a época do namoro, mas "não era nada grave, sabe? Coisa de quem se gosta e tem ciúme um do outro". Relata que até se sentia valorizada pelo ciúme do companheiro e que não achava tão séria a situação, até que a violência começou a aumentar. "No início, eu ficava pensando o que foi que eu fiz pra isso estar acontecendo e sempre tentava achar uma justificativa para a atitude dele. Só agora não deu mais pra aceitar."

Tais implicações do contexto social dificultam sobremaneira a elaboração de programas eficientes que deem conta de amenizar os danos causados pela violência conjugal (Lettiere, Nakano e Rodrigues, 2008). Dificuldade esta já sentida por Cabral, em 1999, ao constatar que tanto nos países desenvolvidos quanto no Brasil há enormes barreiras para pôr em prática medidas preventivas no combate à violência contra a mulher. A autora revelou que, em países como Canadá, França, Inglaterra e Estados Unidos, apesar da melhor estruturação dos serviços e dos programas de apoio, as dificuldades têm suas raízes na complexidade do fenômeno e, essencialmente, nas pessoas envolvidas nos conflitos.

As barreiras culturais, os fatores educacionais, a banalização dos comportamentos violentos têm sido apontados como ligados às dificuldades em prevenir, e mesmo assistir, terapeuticamente, as vítimas de comportamentos violentos no lar, assim como os seus agressores. Em países em vias de desenvolvimento, como é o caso do Brasil, esses fatores se mostram agravados pela crise econômica, tornando praticamente impossível a implantação de medidas eficazes no combate a tipos cruéis de agressão contra a mulher. Nesse sentido, a maior compreensão do fenômeno da violência conjugal propiciará o desenvolvimento de estratégias para amenizar este quadro com implicações para a saúde pública brasileira.

Observa-se também que a maioria dos estudos, assim como a própria Lei Maria da Penha, refere-se à violência contra mulher ou à violência de gênero. Esta concepção define, *a priori*, os papéis do homem/marido como agressor e da mulher/esposa como vítima. Será que efetivamente pode-se pensar em vítimas e algozes em situações de relacionamentos conjugais, entre adultos, que convivem durante anos em relações violentas? Será que essa visão da mulher como vítima não acaba por fortalecer o estereótipo do sexo feminino como frágil e incapaz de se assegurar do seu próprio bem-estar? A partir de uma visão sistêmica e evitando a concepção dualista limitada à dicotomia homem que bate e mulher que apanha, propõe-se o entendimento da violência conjugal como um fenômeno interacional, intrínseco à dinâmica estabelecida pelo casal na definição do seu relacionamento. Em consonância com essa perspectiva, Oliveira e Souza (2006) assinalam que o modelo dualista dificulta averiguar os múltiplos fatores que compõem as conjugalidades violentas, pois acaba por silenciar os homens que se sentem frágeis ou machucados, legitimando a cultura dos estereótipos. Em contrapartida, uma perspectiva relacional, mesmo que sem desconsiderar as diferenças de gênero, favorece o entendimento de que os homens e as mulheres envolvidos em relacionamentos conjugais violentos devem ser considerados responsáveis igualmente por suas vidas e seus relacionamentos. Como se constitui então a dinâmica relacional dos casais violentos?

DINÂMICA DA VIOLÊNCIA CONJUGAL

A dinâmica da violência conjugal geralmente revela um processo cíclico, relacional e progressivo. O ciclo da violência proposto por Walker, ainda em 1979, compreende três fases, conforme figura abaixo:

1. **Construção da Tensão:** início de pequenos incidentes, ainda considerados sob controle e aceitos racionalmente.
2. **Tensão Máxima:** perda do controle sobre a situação e agressões levadas ao extremo.
3. **Lua de Mel:** fase de reestruturação do relacionamento, na qual ficam evidentes o arrependimento, o desejo de mudança, a promessa de que nunca mais se repetirá o ato violento e o restabelecimento da relação conjugal. As três fases do ciclo da violência podem ser representadas graficamente da seguinte forma:

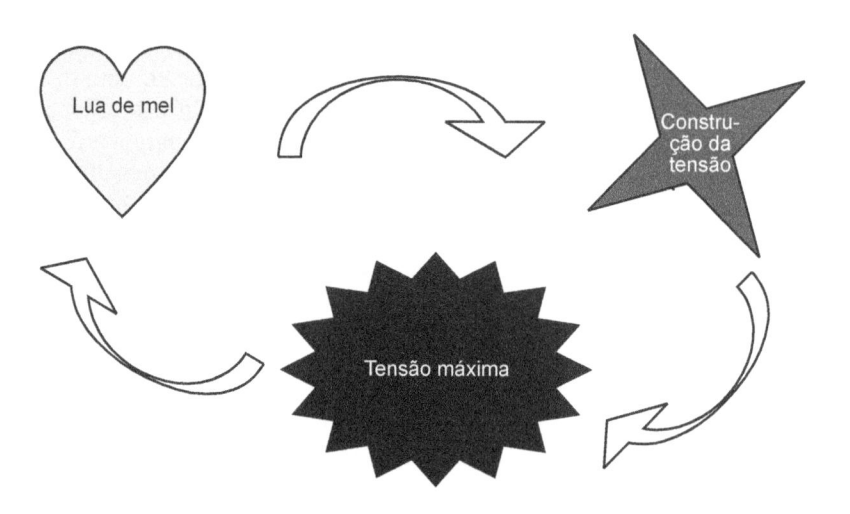

FIGURA 4.1

Ciclo da violência conjugal.

Também investigando a dinâmica da violência, Perrone e Nannini (1995) reforçam a existência desse processo cíclico: acúmulo de tensão → episódio agudo → calma amante/lua-de-mel. Além disso, eles falam de um processo no qual o agressor "enfeitiça" a vítima e, assim, a convida para entrar na dança da situação abusiva. Agressor e vítima se envolvem de tal forma que, no início do período de acúmulo da tensão, já se sabe onde tudo terminará.

Para entender a perpetuação do ciclo de violência, Ravazzola (1998) defende que ocorre uma anestesia ou "duplo cego". A pessoa tira do seu campo de consciência uma parte da experiência e fica incapaz de sequer perceber essa falta, o que, por um lado assegura sua sobrevivência, mas por outro, a mantém presa ao ciclo relacional abusivo. O agressor se sente vítima do comportamento do cônjuge ou dos filhos, teme a independência deles, não percebe o sentimento dos outros e nem consegue nomear sua insegurança. Por isso, utiliza-se da força física para controlar a ação dos mesmos, ao mesmo tempo em que evita a intervenção de terceiros na dinâmica de sua família. A vítima se sente inferior e destituída de poder sobre sua própria vida, acredita que deve cuidar dos outros, em detrimento de si mesma, possui baixa auto-estima, desconhecimento de seus recursos pessoais e seus direitos. Chega a acreditar, em muitos momentos, que há algo errado com ela mesma e alimenta sentimento de culpa pela violência que sofre.

VINHETA CLÍNICA

Carlos e Andreia procuram atendimento psicoterápico de casal como uma única alternativa antes da separação. *"A gente se ama, mas tem sido impossível viver junto"*. Estão casados há três anos *"entre tapas e beijos"*, ou seja, entre várias uniões e separações. Segundo Carlos, *"a gente tenta ficar junto, mas chega um dia em que várias coisinhas vão se acumulando e não dá pra aguentar. Eu digo que vou ir embora e ela começa a me chamar de frouxo, sem personalidade, diz que nunca ia dar certo mesmo, porque no primeiro problema eu quero fugir, fala que precisa arrumar outro homem mesmo. Aí eu exploda, é como se eu saísse de mim, e parto pra cima dela. Depois eu me arrependo e fico só pensando 'o que foi que eu fiz? O que foi que eu fiz'. Peço mil desculpas e juro que nunca mais isso vai voltar a acontecer. A gente até se afasta por um tempo, mas sentimos falta um do outro e voltamos a nos falar. A gente sente uma atração muito grande um pelo outro, não consegue ficar longe"*. Andreia diz que está muito confusa e que *"chego a pensar que a gente gosta de sofrer"*. Conta que, logo após as brigas, pensa como seria melhor que ele fosse embora pra sempre da vida dela, mas uma semana depois se sente triste. *"Começo a pensar que nunca ninguém mais vai querer saber de mim, que não presto pra nada, nem pra conseguir manter perto a pessoa que eu amo. Normalmente é quando eu volto a procurá-lo, pois, nessa hora, tenho certeza de que a culpa foi minha por tudo o que aconteceu."*

Analisando especificamente a autoculpabilização de mulheres vítimas de violência, o estudo realizado por Usaola, Gironés, Zarco, Nafs, Vega e Liria (2006), com 134 mulheres que estavam em atendimento psicológico em três Centros de Saúde de Madrid/Espanha, revelou que, entre as mulheres que sofriam maus-tratos físicos, 37,3% pensava que fundamentalmente havia sido responsável pela violência, 47% considerava ser responsabilidade do parceiro e 15,1% acreditava ser responsabilidade de ambos. Maior frequência de autoculpabilização foi detectada em mulheres que haviam presenciado violência conjugal entre seus pais na infância (46%) do que entre aquelas não haviam presenciado (27,5%). Além disso, entre as mulheres que se culpam, 41,3% diz saber que o parceiro sofreu abuso físico na infância, comparado a 25% das mulheres que não se culpam. Tais dados são indicativos, além do processo de autoculpabilização das vítimas, da repercussão das experiências vividas na infância.

Considerando a ideia de que os filhos observam o relacionamento dos pais e o tomam como referência em seus relacionamentos futuros, o que esperar das relações afetivas de crianças que testemunharam a violência no relacionamento de seus cuidadores? Que modelo de vínculo afetivo elas levam para suas vidas adultas?

TRANSGERACIONALIDADE

A transmissão psíquica da violência conjugal através das gerações ocorre, pois a trajetória da família de origem constitui-se em um legado que a pessoa recebe ao inserir-se na história de um determinado grupo familiar. Ninguém cria completamente uma nova história, mas sim se insere naquela vem sendo traçada pelas antigas gerações. Sendo assim, as experiências na família de origem são tidas como a base das relações futuras, influenciando desde a escolha conjugal até o tipo de relacionamento que os casais constroem.

Tanto sofrer agressão dos pais quanto testemunhar agressão entre eles são os maiores precursores da agressão conjugal. Uma pesquisa realizada por Julian, McKenry, Gavazzi e Law (1999) revelou que, no caso das mulheres, o alto grau de violência física entre os pais e a violência física infligida diretamente a elas durante a infância estiveram associadas a desajustes psicológicos na vida adulta. Farnsworth (1988) também estudou mulheres oriundas de famílias disfuncionais (por exemplo, famílias marcadas pela violência conjugal) e notou que crescer nesses tipos de famílias aumentava o risco de elas vivenciarem problemas no estabelecimento e na manutenção de relacionamentos íntimos. Dados que são confirmados por pesquisas mais atuais, destinadas a estudar como a dinâmica conjugal violenta repercute sobre a vida dos filhos e é transmitida transgeracionalmente (Gomes, 2005; Guimarães, Silva e Maciel, 2007; Santos e Costa, 2004).

Com relação às dificuldades que as crianças enfrentam em se desenvolver adequadamente quando presenciam cenas de violência na família de origem, estudos (Delfino, 2003; Iturralde, 2003) demonstram que elas podem se tornar crianças inseguras e desconfiadas dos adultos, além de poderem apresentar sintomas como depressão e ansiedade e de ficarem divididas afetivamente entre seus pais. Na mesma direção, Santos e Costa (2004) destacam que as crianças demonstram uma clara divisão afetiva e de lealdade entre seus pais, e a participação delas, na tentativa de evitar a violência entre eles, faz com que funcionem, muitas vezes, como mediadoras dos conflitos conjugais, evidenciando a presença de uma relação triangulada entre o casal e os filhos.

VINHETA CLÍNICA

Samanta é uma menina de 9 anos que vive com os pais e dois irmãos menores. Ela está sempre preocupada com o bem-estar de todos, especialmente dos irmãos. É sempre cuidadosa e muito dedicada. Só foi encaminhada para tratamento porque a professora tem percebido que ela anda muito triste e preocupada ultimamente. Em terapia, ela tenta dizer que está tudo bem. Aparenta um nível de maturidade elevado para a sua idade, mas tem traços depressivos. Após algumas sessões, revela que acha muito ruim quando os pais brigam, pois ela nunca sabe o que vai acontecer. Diz que vai pra cama, mas tenta ficar prestando atenção no que os pais ficam falando, porque, se eles começam a brigar, "só param quando eu chego chorando e peço pro meu pai não bater na minha mãe. Digo que eles estão falando muito alto e vão acordar os meninos. Fico desesperada e aí eles vêm cuidar de mim e param de brigar".

A partir de um estudo realizado em três maternidades de grande porte da cidade do Rio de Janeiro, Reichenheim, Dias e Moraes (2006) constaram que boa parte das situações conflituosas do casal, resolvidas por meios violentos, passa a vir acompanhada também de violência cometida contra filhos, ampliando a co-ocorrência conforme o agravamento dos casos. Sendo assim, além de observar a violência entre os pais, muitos filhos tornam-se vítimas diretas de violência, ampliando as possibilidades de que a violência seja transmitida entre as gerações.

Analisando a transmissão transgeracional da violência, através de um estudo de caso, Gomes (2005) constatou que a história de vida do agressor demonstra o determinismo causal das situações traumáticas ocorridas na infância, das repetições como fixações desses traumas ou como tentativas pouco elaboradas de soluções do problema, dos não ditos transmitidos pela herança familiar e das relações de poder que surgem no interior da família.

Considerando questões de gênero, Gomes (2005) sugere que, ao presenciar situações de violência familiar durante a infância e a adolescência, os homens incorporam o modelo de masculinidade presente no seu cotidiano, a partir do qual construíram sua identidade. Uma infância carregada de tensão e violência, em que a prática e o uso de poder sobre o outro é uma constante, favorecerá o desenvolvimento de formas de contato com o mundo compatíveis com essas vivências. Assim, ao vivenciar a violência na relação familiar, o homem a reproduziria em outras formas de relações sociais, inclusive nas relações com suas companheiras.

> **VINHETA CLÍNICA**
>
> Roberto e Camila fazem terapia de casal em função da violência conjugal. Ambos vêm de famílias nas quais episódios de violência sempre existiram. O pai de Roberto era alcoolista e ele se lembra de inúmeras vezes ter ido buscar o pai no bar, quando tinha apenas 8 anos. Quando o pai chegava em casa alcoolizado, era violento e batia tanto na esposa quanto nos filhos. Roberto fala que sentia muita raiva do pai e *"nem mesmo o considerava como um pai, pois ele não era exemplo pra nada. Tudo o que eu queria ser era o oposto dele"*. Camila, por sua vez, também se lembra de muitos episódios de violência na infância. Recorda do pai chegando em casa enciumado e agredindo a mãe. Diz que havia uma época na vida em que dizia que nunca iria se casar. Como Camila e Roberto se conheciam desde a infância, acharam que podiam construir uma vida diferente da que tiveram. *"No início, foi maravilhoso, nos dávamos muito bem. Era tudo perfeito. Foi depois que eu engravidei que tudo mudou. Não entendi o que aconteceu, mas passamos a agir como nossos pais. Quando paro pra pensar, não acredito no que estamos fazendo."*

A busca por uniões semelhantes ao matrimônio dos pais geralmente ocorre por obedecer a um padrão familiar, mesmo que os filhos não desejem fazê-lo. Parece ser o efeito da repetição de um modelo aprendido. Sendo assim, pode-se pensar que a violência não é uma problemática exclusiva da geração atual, mas que faz parte do processo de constituição do sujeito, o que torna mais complicado o rompimento do ciclo de repetição transgeracional da violência doméstica.

CONSIDERAÇÕES FINAIS

O número de pesquisas em Psicologia sobre atendimentos ao casal que vivência a violência conjugal é muito pequeno em vista da dimensão da problemática apresentada. A premência de maior atenção a esse fenômeno é reforçada pelo caráter transgeracional da perpetuação de relações interpessoais violentas que mantém essa engrenagem em constante funcionamento e matiza as relações conjugais e parentais, atingindo todo o ambiente familiar.

Sendo assim, entende-se que a intervenção junto a casais em situações de violência deve contemplar um olhar amplo acerca dos múltiplos fatores que envolvem as características individuais e a história de vida dos sujeitos envolvidos nesse fenômeno, as características da interação entre eles e as características do contexto em que estão inseridos; isso contribui para a manutenção do padrão relacional abusivo.

Mesmo compreendendo que existe toda uma perspectiva cultural que define o que se espera de esposas e maridos e que as pessoas carregam uma bagagem com a concepção de relacionamento conjugal, vivenciada pelos pais ou cuidadores na família de origem, a violência, expressa no relacionamento atual, deve ser analisada sob a ótica da responsabilização dos cônjuges pelas suas próprias vidas e pelo tipo de relacionamento que construíram conjuntamente. Evitando apontar vítimas ou culpados, fugindo das ideias pré-concebidas sobre os papéis de marido e esposa e entendendo a violência conjugal como um fenômeno interacional, multideterminado e contextual, tem-se a possibilidade de compreender a singularidade das relações e os múltiplos papéis e as funções que homens e mulheres podem desempenhar conjugalmente.

Relembrando...

✓ **Subsistema conjugal e parental**: na família, os adultos desempenham os papéis de pais ou de casal, servindo como modelo aos filhos nos dois níveis de interação.

✓ **Violência contra a mulher, violência de gênero ou violência conjugal:** a violência conjugal refere-se a um fenômeno interacional complexo. Enquanto a violência contra mulher ou violência de gênero situa a mulher como vítima e o homem como agressor, nossa proposta de compreensão da violência conjugal entende que existe uma dinâmica de interação entre o casal na qual a violência está presente.

✓ **Transmissão transgeracional da violência conjugal**: conceito que aponta para a dificuldade em modificar o padrão de conduta aprendido na família de origem, seja testemunhando a agressão entre os pais ou sendo vítima direta dela, que resulta na repetição do abuso nas relações futuras, perpetuando o ciclo da violência.

Questões para reflexão:

1. Como o contexto social pode tornar-se permissivo com relação à violência conjugal?
2. Como ocorre o processo de transmissão transgeracional da violência conjugal?
3. Que estratégias e intervenções podem ser elaboradas com o objetivo de promover o rompimento do ciclo de violência conjugal?

Filmes:

SEMENTES DE ROMÃ DOURADA
Sinopse: Essa bela e dolorosa obra intercala entrevistas de jovens mulheres que contam seu calvário nas mãos de um pai libidinoso e de uma mãe que finge não ver, com a apresentação de um conto folclórico sob forma de desenho animado.
Aspectos a serem discutidos/trabalhados: A dinâmica da família incestuosa e a transmissão transgeracional da violência familiar.

O AMOR E A FÚRIA
Sinopse: A família Heke vive em uma região pobre e desolada. Depois que o patriarca perde o emprego e passa a gastar o dinheiro da assistência social com pileques homéricos com os amigos, a estabilidade domiciliar só é conquistada com muito custo pela nobre e corajosa mulher e por sua filha mais velha, de 16 anos. Quando esta é estuprada por um dos amigos do pai, desencadeia-se uma tragédia.
Aspectos a serem discutidos/trabalhados: O relacionamento conjugal e parental em situação de violência e uso abusivo de álcool e os papéis de gênero.

REFERÊNCIAS

Brancalhone, P. G., Fogo, J. C., & Williams, L. C. A. (2004). Crianças Expostas à Violência Conjugal: avaliação do desempenho acadêmica. *Psicologia: Teoria e Pesquisa, 20* (2), 113-117.

Cabral, M. A. A. (1999). Prevenção da violência conjugal contra a mulher. *Ciência e Saúde Coletiva, 4*, 1, 183-191.

Delfino, V. (2003). El modelo ecológico de Brofenbrenner aplicado a un caso de maltrato infantil. La perspectiva ecológica desde la mirada de una niña víctima de abuso y abandono. In: J. Corsi (Org.) *Maltrato y abuso en el ámbito doméstico*. Buenos Aires: Paidós.

Dias, M. B. (2008). *Falando sobre violência doméstica*. Disponível em: www.mariaberenicedias.com.br. Acesso em: 16 de maio de 2008.

Farnsworth, B. J. (1988) *Intimacy capacity of female adults from functional and dysfunctional families*. Dissertação de Mestrado. Georgia State U, Coll of Education, US

Gomes, I. C. (2005). Transmissão psíquica transgeracional e violência conjugal: um relato de caso. *Boletim de Psicologia, 55*, 123, 177-188.

Gomes, N. B. (2005). Vivência de Violência Familiar: homens que violentam suas companheiras. *Revista Brasileira de Enfermagem, 58* (2), 176-179.

Guimarães, F., Silva, E. C., & Maciel, S. A. B. (2007). Resenha: "mas ele diz que me ama": cegueira relacional e violência conjugal. *Psicologia: Teoria e Pesquisa, 23*, 4, 481-482.

Iturralde, C. (2003). Familia y pareja: comunicación, conflicto y violencia. In: J. Corsi (Org.) *Maltrato y abuso en el ámbito doméstico*. Buenos Aires: Paidós.

Julian, T. W., McKenry, P. C., Gavazzi, S. M, & Law, J. C. (1999). Test of family origin structural models of male verbal and physical aggression. *Journal of Family Issues, 20* (3), 397-423.

Lei Maria da Penha (2006). *Lei no 11.340*, de 7 de agosto de 2006.

Lettiere, A., Nakano, A. M. S., & Rodrigues, D. T. (2008). Violência contra a mulher: a visibilidade do problema para um grupo de profissionais de saúde. *Revista da escola de Enfermagem da USP, 42* (3), 467-473.

Melchert, T. (1998a). A review of instruments for assenssing family history. *Clinical Psychology Review, 18* (2), 163-187.

Melchert, T. (1998b). Testing the validity of an instrument for assessing family of origin history. *Journal of Clinical Osychology, 54*(7), 863-875.

Monteiro, C. F. S., & Souza, I. E. O. (2007) Vivência da Violência Conjugal: fatos do cotidiano. *Texto & Contexto, 16*, 1, 26-31.

O Cravo e a Rosa (s.d.) Canção Infantil. Disponível em: http://www.letras.com.br/ musicas-infantis/o-cravo-e-a-rosa. Acesso em: 23 de junho de 2009.

Oliveira, D. C., & Souza, L. (2006). Gênero e violência conjugal concepções de psicólogos. *Estudos e Pesquisas em Psicologia, 6,* 34-50.

Olson, D. H., & Stewart, K. L. (1991). Family Systems and Health Behavior. In: H. E. Schroeder (org.). *New directions in health psychology assessment* (pp.27-64). Nova York: Hemisphere.

Padovani, R. C., & Williams, L. C. A. (2002). Intervenção Psicoterapêutica com Agressor Conjugal: um estudo de caso. *Psicologia em Estudo, 7,* 2, 13.

Perrone, R., & Nannini, M. (1995). *Violência e Abusos Sexuales en la Familia.* Paidos.

Ravazzola, M. C. (1997). "Doble Ciego" o "No Vemos que No Vemos". Em M. C. Ravazzola (Org.). *Histórias Infames: los Maltratos en las Relaciones* (pp. 89-105). Buenos Aires: Ed. Paidos.

Reichnheim, M. E., Dias, A. S., & Moraes, C. L. (2006). Co-ocorrência de violência física conjugal e contra filhos em serviços de saúde. *Revista de Saúde Pública,40* (4), 595-603.

Santos, L. V., & Costa, L. F. (2004) Avaliação da dinâmica conjugal violenta e suas repercussões sobre os filhos. *Psicologia Teoria e Prática, 6,* 1, 59-72.

Soares, Lucila (2006). O fim do silêncio. *Revista Veja,* Edição 1947, 15 de março de 2006.

Spanier, G. B. (1976). Measuring dyadic adjustment: new scales for assessing the quality of marriage and similar dyads. *Journal of Marriage and The Family, 38* (1), 15-26.

Walker, L. (1979). *The Battered Woman.* New York: Harper and Row.

Usaola, C. P., Gironés, M. L., Zarco, D. O., Nafs, A. E., Vega, B. R., & Liria, A. F.(2006). Autoinculpación en mujeres que sufren maltrato por parte de su pareja: fatores implicados. *Revista da Asociación Española de Neuropsiquiatría, 26* (1), 71-86.

Parte II
PARENTALIDADE

5

EDUCAR PARA A AUTONOMIA
Desafios e perspectivas

Claudete Bonatto Reichert

Um dos grandes desafios da contemporaneidade, no que tange à educação dos filhos, é a necessidade da família adaptar-se às novas exigências que invadem a intimidade do cotidiano familiar. A sensação de "certo" ou "errado" que balizava atitudes e estratégias utilizadas pelos pais há décadas atrás já não os acompanha na atualidade. Dar autonomia aos filhos, oferecendo-lhes um ambiente de independência familiar e guiando-os ao exercício da responsabilidade, tem sido uma tarefa complexa num contexto de incertezas cada vez mais adverso e violento.

Em consequência, temos nos deparado com pais perdidos e angustiados ante a diversidade de tais demandas. A avalanche de informações de "como deve ser" tende a exacerbar as expectativas desses pais em conseguir, entre tantas coisas, assegurar a sobrevivência dos filhos e garantir seu sadio crescimento e sua socialização. Paralelamente a tais tarefas, os progenitores devem promover a comunicação e o diálogo criando um clima de afeto e apoio, além de estimular seus filhos a tomar decisões. Frente a isso, perguntamo-nos: como educar nossos filhos para a autonomia?

Embora ao longo da vida dos filhos os pais sejam os principais agentes do desenvolvimento humano, é inegável a força de outras influências, como, por exemplo, a que o grupo de iguais desempenha na fase da adolescência. Já na década de 1990, Bronfenbrenner (1996) enfatizou que os ambientes mais próximos da pessoa, como a escola, os amigos, os vizinhos e os avós, exercem um papel importante no desenvolvimento do indivíduo e na aquisição da autonomia. Da mesma forma, a relação com a escola e os profissionais que lidam com o sujeito nesse momento evolutivo, além dos fatores demográficos e contextuais, são elementos que também exercem influência sobre o seu desenvolvimento.

Nesse sentido, a literatura descreve a adolescência como um período em que se evidenciam rupturas e mudanças. No processo de formação da identidade, o jovem necessita abandonar e, muitas vezes, contrapor determinados ensinamentos e valores que lhes foram transmitidos pelos pais e pela sociedade, ao mesmo tempo em que deverá tomar para si aquilo com o que se identifica, que deseja manter. Isso requer uma revisão crítica das normas e dos limites que lhe foram impostos. Dessa forma, esse é um processo doloroso e que poderá vir acompanhado de uma sensação de impotência ante a polaridade dependência-independência (Ríos-González, 2005).

Nesse período, se faz necessário introduzir mudanças na vida familiar, o que supõe acordos entre os pais e os filhos. Essas mudanças estão relacionadas a autoridade, disciplina, estilo de vida e estilos de educação e de comunicação. Esse é um momento de adaptação de toda a família.

Adaptação aqui entendida, segundo Ríos-González (2005), a partir de duas perspectivas: sob o olhar do adolescente, saber se localizar, enfrentar os novos desafios e as demandas do período; sob o olhar dos pais, permitir que os jovens assumam seus novos papéis, sua autonomia. Isso será possível à medida que os pais aprenderem a escutar seus filhos de forma atenta, respeitando os limites dos jovens e compreendendo suas reações de forma empática. Espera-se, então, que os pais respeitem a individualidade dos filhos, para que estes possam conseguir expressar sua afetividade, seus desejos e seus medos. Assim, estarão fomentando a sua autonomia.

Entretanto, não é incomum que pais e mães apresentem sentimentos ambivalentes e tenham atitudes contraditórias nesse processo de socialização dos filhos para a autonomia. Se, por um lado, desejam e favorecem que o jovem conquiste suas metas, realize seus sonhos; por outro, temem o contexto que tem se mostrado cada vez mais competitivo e, por vezes, violento. Nesse caso, tendem a superproteger seus filhos e, em determinadas ocasiões, tomam atitudes que não promovem a vivencia da realidade.

Frente a isso, pergunta-se: o que é autonomia, afinal?

A autonomia é aqui entendida como a capacidade do sujeito de decidir e agir por si mesmo. Pressupõe-se que o desenvolvimento e a aquisição dessa habilidade sofre as influências do contexto em que o jovem se desenvolve. Embora existam muitos estudos a respeito desse construto, o seu conceito é elástico e dá margem a diversos significados e diferentes aplicações.

Semanticamente, a palavra "autonomia" vem do grego, formada pelo adjetivo *autos* – que significa "o mesmo", "ele mesmo" e "por si mesmo" – e pela palavra *nomos* – que significa "compartilhamento", "lei do compartilhar". Nesse sentido, autonomia significa a competência humana em "dar-se suas próprias leis" (Segre, Silva e Schranm, 2005).

Filosoficamente, autonomia indica a condição de uma pessoa ser capaz de determinar, por ela mesma, a qual lei irá se submeter. No enfoque da bioética, considera-se uma propriedade constitutiva da pessoa, na medida em que o indivíduo escolhe suas normas e seus valores, faz projetos, toma decisões e age em consequência dessas escolhas. Já no senso comum, a autonomia pode ser definida como uma condição de ser independente ou autogovernar-se.

Numa perspectiva desenvolvimental, a autonomia é conceituada de várias formas, porém relaciona-se sempre ao domínio psicossocial, visto que adquirir autonomia em relação aos pais e adquirir capacidade para decidir e agir por conta própria são as principais tarefas evolutivas durante o período da adolescência (Oliva e Parra, 2001; Noom, Dekovic e Meeus, 2001; Spear e Kulbok, 2004; Fleming, 2005). O conceito de autonomia nessa perspectiva indica que esse é um processo ativo, orientado pelos pais e que ocorre de forma gradual, iniciando nos primórdios da existência do indivíduo.

O desafio desse processo envolve o desejo de ser independente e, ao mesmo tempo, o de preservar a ligação com a família e a sociedade. Esse processo sofre influências de variáveis internas, tais como autoestima, percepção do ambiente, relações com autoridade e desejo para a independência, bem como de variáveis externas, como a estrutura e o ambiente emocional familiar, a comunicação familiar e a presença ou a ausência de controle parental (Bronfenbrenner, 1996; Fuentes, 2001; Noom, Dekovic e Meeus, 2001; Oliva e Parra, 2001).

Na literatura especializada, a autonomia está definida como a habilidade para pensar, sentir, tomar decisões e agir por conta própria. Nesse sentido, o desenvolvimento da independência é um componente crucial para adquirir autonomia. Porém, cabe reforçar que autonomia e independência não podem ser consideradas como sinônimos. Na visão popular, independente é o indivíduo que possui a capacidade de agir por conta própria. Nesse caso, uma alta independência é realmente necessária para tornar-se autônomo. Contudo, a autonomia é mais do que ter comportamentos independentes.

A autonomia também prevê pensamentos, sentimentos e tomadas de decisões que envolvem não apenas o próprio indivíduo, mas também as relações que se estabelecem com outros membros da família, seus pares ou pessoas fora do ambiente familiar. O indivíduo autônomo é aquele que busca o seu espaço, se preocupa com seus iguais e com seus familiares, sem desmerecer ou descuidar do outro.

Sendo assim, observa-se que a realidade social, política, econômica e cultural influencia a maneira como as famílias propiciam e/ou impedem o desenvolvimento da autonomia de seus filhos. Constata-se, portanto, que em culturas que valorizam a autonomia e a independência, como a cultura norte-americana, mais individualista, por exemplo, é provável que um alto índice de autonomia seja desejável, diferentemente de uma cultura mais coletivista, como a cultura latino-americana, por exemplo, que valoriza a coesão familiar, na qual as metas são compartilhadas e os pais tendem a ser mais intrusivos na educação dos filhos (Garcia e Peralbo, 2000).

Nesse sentido, podemos identificar que, em nossa realidade, existe certa confusão quando nos referimos a essa temática. Por vezes, relacionamos a autonomia com a crença do controle da própria vida; outras vezes, com a possibilidade de ser livre. A liberdade, por sua vez, é associada com a possibilidade de fazer o que se quer, independentemente dos desejos e das responsabilidades, como se ela excluísse "o outro", como se fosse necessária a desvinculação dos laços familiares. Já a autonomia, como hoje é entendida, supõe que o jovem sinta-se livre, sem que isso implique na dissolução ou na ruptura dos laços familiares.

Nessa perspectiva, o desenvolvimento da autonomia é parte do processo do desenvolvimento do jovem e envolve, necessariamente, transformações nas relações familiares, com o intuito de preparar o adolescente para o ingresso na vida adulta, mudanças estas que nem sempre os pais estão dispostos e preparados para realizar.

Tanto pais quanto filhos desempenham um papel complementar na relação que estabelecem, e os filhos devem ser concebidos como sujeitos ativos na relação. Embora o jovem seja educável e receptivo às orientações de seus pais, ele deve ser estimulado a conquistar sua liberdade pessoal, sua autonomia, cabendo aos pais, portanto, dar significado a esse processo. Entretanto, é importante considerar que, mesmo que os pais, na maioria das vezes, queiram o melhor para seus filhos e atuem neste sentido, nem sempre o que julgam ser o melhor coincide com a opinião dos filhos (Tornaria, Vandemeulebroucke e Colpin, 2001; Palácios, 2001; Kulik, 2002).

Por outro lado, observa-se que nem a autonomia nem o vínculo por si só garantem o ajustamento psicossocial durante a adolescência. Ambos devem estar presentes na medida em que são duas importantes metas do desenvolvimento e possuem funções adaptativas (Noom, Dekovic e Meeus, 1999). A condição mais apropriada para um resultado desenvolvimental positivo é a combinação da independência com um ambiente familiar continente e acolhedor.

O equilíbrio entre tais dimensões (autonomia e apego) também ocorre a partir do processo de aprendizagem que se estabelece entre pais e filhos. O comportamento dos pais é um importante parâmetro para os jovens no aprendizado de habilidades sociais e individuais. Os pais, normalmente, tendem a mostrar caminhos para estimular aspectos tanto cognitivos quanto afetivos e comportamentais, assim como encorajam o desenvolvimento da autonomia (habilidade para escolher e acreditar em si mesmos e agir) e apego (habilidade para comunicar, acreditar nos outros e colaborar). Pode-se, então, supor que a qualidade das relações pais-adolescentes, que vêm se construindo desde a infância, constitui a chave para determinar o processo vivido na etapa da adolescência.

Em vista disso e com o objetivo de conhecer a relação entre estilos parentais e o desenvolvimento da autonomia, foi realizada uma investigação com 168 jovens, entre 14 e 15 anos, estudantes de uma escola particular da grande Porto Alegre (Reichert e Wagner, 2007). Os resultados encontrados mostraram que os filhos percebem ambos os progenitores utilizando-se de estilos educativos semelhantes; isso é um aspecto promissor no que se refere à necessidade da referência e à consistência familiar que o adolescente tem nesse período de vida. Essa coerência na maneira de educar os filhos pode vir a ser um fator de proteção no desenvolvimento dos jovens.

Outro dado interessante revelado pelos jovens do estudo diz respeito à percepção que os mesmos possuem dos estilos de educação utilizados por seus pais. A maioria dos entrevistados (42%) percebeu seus progenitores como negligentes, isto é, pouco envolvidos com eles, sem a preocupação de estabelecer algum tipo de controle sobre seus comportamentos; 36% dos adolescentes apontou seus pais como autorizantes, ou seja, que monitoram seus comportamentos, mas também são bastante envolvidos emocionalmente com eles. Em um percentual menor, 16% considera seus pais como indulgentes – não controlam seus comportamentos e também são pouco responsivos à suas necessidades. A menor parte da amostra (12%) avaliou seus pais como autoritários, controlando seu comportamento e dispensando pouco afeto. Portanto, este resultado nos faz pensar que os jovens estão denunciando problemas no controle parental. Se por um lado há muito controle desprovido de afeto por outro não há nenhum tipo de controle e monitoramento.

Frente a isso, pode-se perguntar, então, o quanto esse é um contexto familiar favorecedor do desenvolvimento da autonomia dos filhos, já que é um processo que implica, necessariamente, o monitoramento e o controle parental?

Outro aspecto importante a ser pensado nesse processo refere-se ao nível de risco experimentado pelos adolescentes e a possibilidade de negociação da família frente a tais situações. A literatura aponta que, em contexto de alto risco acadêmico (abandono de estudos, reprovação, suspensão escolar) e de alto risco social (localização da residência em zonas sem infraestrutura e renda familiar baixa), o comportamento dos pais normalmente é de enfraquecer a autonomia adolescente, como, por exemplo, levar e buscar o filho na escola e controlar horário. Tal conduta pode levar o jovem a se sentir protegido, promovendo, nesse caso, uma relação mais positiva entre pais e filhos. Portanto, quando o jovem vive em uma situação de risco, os pais devem manter o controle sobre seus filhos e não estimular a autonomia. A consequência dessa interação dependerá do vínculo que foi construído entre eles.

Entretanto, num contexto de baixo risco, esse mesmo comportamento pode ser visto como superproteção ou ser entendido como manipulação. Nesse sentido, o processo de desenvolvimento da autonomia varia em diferentes níveis de risco e de contexto familiar. Os caminhos, então, para alcançar a autonomia adolescente são sistematicamente alterados, dependendo do nível de risco e desafios do contexto social (McElhancy e Allen, 2001).

Em contrapartida, os dados apresentados em um interessante estudo realizado por Oliva e Parra (2001), com 513 jovens de 13 a 19 anos da província de Sevilha, na Espanha, vão de encontro a alguns achados anteriores: em seu estudo não identificaram um aumento da autonomia emocional durante a adolescência, o que já era citado por autores como Steinberg e Silverberg (1986) e Ryan e Lynck (1989).

Identificaram, também, que os jovens que apresentaram maiores níveis de autonomia emocional (definiam suas metas independentemente dos desejos dos pais ou dos pares) viviam num contexto familiar mais conflitivo, possuindo piores relações com seus iguais, menor autoestima e menor satisfação vital, o que estaria indicando um vínculo de apego inseguro com seus pais, refletindo uma falta de apoio e afeto no contexto familiar. Os resultados de seu estudo indicam que uma alta autonomia emocional não prediz um melhor ajustamento psicológico em nenhuma circunstância, nem quando as relações familiares são positivas, nem quando são negativas. Pelo contrário, tende a contribuir ao desajuste.

Tais resultados chamam a atenção na medida em que, por muito tempo, acreditava-se que, para o jovem conseguir ingressar no mundo adulto, era necessário que ele tivesse alcançado autonomia, e agora se verifica que a autonomia emocional, por si só, não garante o sucesso desenvolvimental.

Assim, a ideia simplista de que a autonomia supunha o afastamento do jovem de sua família, hoje, já não é mais aceita totalmente. A ênfase tem sido de que o jovem deve focar-se em direção às suas metas para se manter vinculado e, ao mesmo tempo, desenvolver algum nível de independência. Nesse caso, ainda que a literatura enfatize a necessidade dos adolescentes em desenvolver a autonomia e a independência, o ideal parece ser a dependência mútua.

Nesse enfoque, pergunta-se: como se caracterizaria tal relação? Entende-se aqui, por dependência mútua, a possibilidade de o jovem conseguir agir por conta própria, ter comportamentos independentes, sem necessariamente afastar-se ou romper com sua família. A família, por sua vez, deve aceitar esse movimento, permitir o ir e vir do jovem, sendo um porto seguro e um ponto de apoio nesse processo.

Afinal, quando o jovem se torna autônomo?

Identificamos hoje em dia uma mudança nos modelos de educação familiar, permeados pelas distintas demandas trazidas a través das novas configurações familiares, da flexibilização do exercício de papéis de homem e de mulher, somadas às exigências que foram surgindo nas últimas décadas em termos de segurança, conforto, estabilidade, etc. A partir dessas mudanças, existem ganhos que são inquestionáveis no que se refere à educação dos filhos, como, por exemplo, o acesso à informação, o qual comprometeu os progenitores a tornarem-se mais disponíveis às necessidades de seus filhos, embora passem menos tempo juntos. A amplificação dos recursos tecnológicos e o conhecimento das demandas desenvolvimentais abrem caminho para uma maior possibilidade de comunicação e de envolvimento entre pais e filhos. Entretanto, essas possibilidades não garantem a qualidade das relações que se estabelecem.

Diante disso, podemos dizer que autônomo é aquele indivíduo que tem iniciativa, consegue identificar seus desejos, sabe como fazer para colocá-los em prática e toma para si a responsabilidade de seus atos. É aquele que reconhece suas potencialidades e suas fraquezas, sua fragilidade. Consegue expor suas emoções, pois está seguro de suas atitudes, tem confiança em si e nos outros, podendo mostrar-se sem se desvalorizar.

Assim, não podemos negar que, em grande parte, o sucesso ou o insucesso desta importante tarefa, o desenvolvimento da autonomia, está relacionado com a percepção que o jovem possui do mundo que o rodeia. Se o jovem o percebe de forma negativa, ele terá dificuldade em definir metas, encontrar formas de atingi-las e tomar decisões para alcançá-las.

Sendo assim, em uma sociedade em que os progenitores têm se mostrado inseguros quanto às suas estratégias educativas, na qual os jovens percebem seus pais como pouco exigentes e a comunicação familiar está cada vez mais superficial, é provável que o jovem venha a ter dificuldade em tomar decisões a respeito de sua vida. Em contrapartida, quando a família se mostra receptiva aos desejos e às necessidades do jovem, utilizando estratégias educativas que contemplem o afeto e o controle, favorece o desenvolvimento de melhores níveis de satisfação vital no sujeito e um autoconceito adequado. Nesses casos, é provável que o jovem tenha mais êxito no desenvolvimento de sua autonomia, que é uma das tarefas importantes nesse período evolutivo em direção ao ingresso na vida adulta.

Relembrando...

✓ Conceito de Autonomia: capacidade do sujeito de decidir e agir por si mesmo. Pressupõe-se que o desenvolvimento e a aquisição desta habilidade sofram a influência do contexto em que o jovem se desenvolve.
✓ Portanto, devemos considerar o contexto em que se desenvolve, pois:
   – Culturas individualistas norte-americanas: valorizam a autonomia.
   – Culturas coletivistas latino-americanas: valorizam a coesão familiar, as metas são compartilhadas, os pais são mais intrusivos, controlando mediante interação, orientação e socialização.
✓ Variáveis que se expressam na autonomia:
   – Internas: autoestima, percepção do ambiente, relações com autoridade e desejo de ser independente.
   – Externas: estrutura, comunicação e controle familiar e ambiente emocional.
✓ Processo de aquisição de autonomia: a conquista da autonomia é um processo paulatino e diário, que se inicia desde os primórdios de nossa existência e, apesar de envolver uma dinâmica individual, necessita do favorecimento do ambiente social no qual se desenvolve.
✓ Concluindo: autônomo é aquele indivíduo que tem iniciativa, consegue identificar seus desejos, sabe como fazer para colocá-los em prática e toma para si a responsabilidade de seus atos. Reconhece suas potencialidades, suas fraquezas e sua fragilidade. Consegue expor suas emoções, pois está seguro de suas atitudes, tem confiança em si e nos outros, podendo mostrar-se sem se desvalorizar.

Questões para reflexão:

1. Discuta o binômio: desenvolvimento da autonomia dos filhos *versus* contexto social inseguro e violento. Como os pais podem fomentar, em seus filhos adolescentes, o desenvolvimento da autonomia frente a esse contexto?
2. De que maneira um alto grau de autonomia dos filhos se expressa em conflitos familiares?
3. Como os pais vivenciam o desenvolvimento da autonomia adolescente?

Filmes:

AOS TREZE
Sinopse: *Aos treze* é um olhar corajoso que expõe a vida conturbada dos adolescentes. Para Tracey (Evan Rachel Woods), uma garota com 13 anos e um boletim impecável, tudo muda quando Evie (Nikki Reed), a garota mais popular e bonita da escola, se torna sua amiga e a leva para um mundo de sexo, crime e drogas. Com interpretações fantásticas da vencedora do Oscar Holly Hunter, de Even Rachel Woods e da estreante Nikkei Reed, esta controvertida história sobre a passagem da adolescência é ao mesmo tempo chocante e persuasiva, e ficará em sua mente muito depois do fim do filme.

Aspectos a serem discutidos/trabalhados: O filme mostra a influência do grupo de iguais no processo de construção da identidade do adolescente e, consequentemente, em seus comportamentos, levando-os a atitudes inesperadas. Também apresenta o quanto é complicado para a mãe de Tracey lidar com estas questões.

ESCRITORES DA LIBERDADE
Sinopse: A história trata de adolescentes criados num ambiente hostil, onde há tiroteios e agressividade de toda ordem. Na escola, estes jovens se encontram com a professora Erin Gruwell que realiza um trabalho de combate a um sistema deficiente, lutando para que a sala de aula faça a diferença na vida dos estudantes. Oferece o que eles mais precisam: uma voz própria. Contando suas próprias histórias e ouvindo as dos outros, uma turma de adolescentes supostamente indomáveis vai descobrir o poder da tolerância, recuperar suas vidas desfeitas e mudar seu mundo. Com a participação de Hilary Swank, duaz vezes premiada com o Oscar, incluindo Scott Glenn, Imelda Stauton e Patrick Dempsey, ganhador do Globo de Ouro. Escritores da Liberdade está baseado no aclamado best-seller *O Diário dos Escritores da Liberdade*.

Aspectos a serem discutidos/trabalhados: O filme ilustra aspectos relativos a necessidade de adolescente ser protagonista na busca de sua autonomia e identidade. Nesse sentido, pode ser trabalhado desde a perspectiva da família como da escola na construção de atitudes mais positivas nos jovens, mesmo inseridos num ambiente agressivo e de risco.

BIXO DE SETE CABEÇAS
Sinopse: Como todo adolescente, Neto (Rodrigo Santoro) gosta de desafiar o perigo e comete pequenas rebeldias incompreendidas pelos pais, como pichar os muros da cidade com os amigos, usar brinco e fumar um baseado de vez em quando. Nada demais. Mas seus pais (Othon Bastos e Cássia Kiss) levam as experiências de Neto muito a sério e, sentindo que estão perdendo o controle, resolvem interná-lo num hospital psiquiátrico. Lá, Neto conhece uma realidade desumana e vive emoções e horrores que nunca imaginou existirem. Direção: Lais Bodanzki. Inspirado no livro "Conto dos malditos" de Austregésilo C. Bueno.

Aspectos a serem discutidos/trabalhados: O filme traz as experiências vividas por um adolescente em busca de sua liberdade. Mostra como essa fase pode repercutir no ambiente familiar e como a falta de comunicação entre pais e filhos pode causar prejuízos para toda família.

REFERÊNCIAS

Bronfenbrenner, U. (1996). *A ecologia do desenvolvimento humano: Experimentos naturais e planejados.* Porto Alegre: ARTMED.

Fleming, M. (2005). Adolescent autonomy: Desire, achievement and disobeying pares between early and late adolescence. Australian *Journal of Education and Developmental Psychology,* 5, 1-16.

Fuentes, M. J. (2001). Los grupos, las interacciones entre compañeros y las relaciones de amistad en la infancia y adolescencia (2001). In Lópes, F., Etxebarria, I., Fuentes, M. J., & Ortiz, M. J. (coord.). *Desarrolo afectivo y social* (pp. 151-178). Madrid: Ediciones Pirâmide.

García, M., & Peralbo, M. (2000). Cultura, aculturación y percepción de las relaciones familiares. *Infancia y Aprendizaje, 89,* 81-101.

Kulik, L. (2002). The impact or social background on gender–role ideology: Parent's versus children's attitudes. *Journal of Family Issues, 23* (1), 53-73.

McElhancy, K. B., & Allen, J. P. (2001). Autonomy and adolescent social functioning: the moderating effect of risk. *Child Development,72* (1), 220-235.

Noom, M. J., Dekovic, M., & Meeus, W. H. J. (1999). Autonomy, attachment and psychosocial adjustment during adolescence: A double-edged sword? *Journal of Adolescence, 22* (6), 771-778.

Noom, M. J., Dekovic, M., & Meeus, W. H. J. (2001). Conceptual analysis and measurement of adolescent autonomy. *Journal of Youth and Adolescence, 30* (5), 577-595.

Oliva, A., & Parra, Á. (2001). Autonomía emocional durante la adolescencia. *Infancia y Aprendizaje, 24* (2), 181-196.

Palácios, J. (2001). La familia y su papel en el desarrollo afectivo y social. In: Lópes, F.; Etxebarria, In Fuentes, M. J., & Ortiz, M. J. (Coord.). *Desarrollo Afectivo y Social* (pp. 267-284). Madrid: Ediciones Pirâmide.

Ríos-González, J. A. (2005). *Los ciclos vitales de la família y la pareja:* ?Crisis u oportunidades? Madrid: Editorial CCS.

Ryan, L. M., & Lynch, J. H. (1989). Emotional autonomy versus detachment: Revisiting the vicissitudes of adolescence and young adulthood. *Child Development, 60,* 340-356.

Reichert, C. B., & Wagner, A. (2007). Autonomia na adolescência e sua relação com os estilos parentais. *Psico, 38* (3), 292-299.

Segre, M., Silva, F. L., & Schramn, F. R. (2005). O contexto histórico, semântico e filosófico do princípio de autonomia. *Portal do Médico.* Website: http://www.portaldomedico.org.br/revista/bio1v6/conthistorico.htm.

Spear, H.J.; Kulbok, P. (2004). Autonomy and adolescence: A concept analysis. *Public Health Nursing, 60*(2), 144-152.

Steinberg, L., & Silverberg, S. B. (1986). The vicissitudes of autonomy in early adolescence. *Development, 57,* 841-851.

Tornaría, M. L. G., Vandemeulebroecke, L., & Colpin, H. (2001). *Pedagogia Familiar: aportes desde la teoría y la investigación.* Montevideo: Ediciones Trilce.

6
A VIVÊNCIA DA PATERNIDADE EM TEMPOS DE DIVERSIDADE
Uma visão transcultural

Ana Cristina Pontello Staudt
Adriana Wagner

Quem nunca ouviu falar em expressões como: *"Mãe é mãe!"*; *"mãe é uma só!"*; *"quem pariu Mateus que o embale!"*. Por mais corriqueiras e aparentemente sem maiores repercussões, essas expressões carregam consigo as crenças de um imaginário social construído historicamente e perpetuado nas relações humanas, ainda que muitas pessoas não se deem conta disso. Considerando que a família é parte interdependente da sociedade na qual está inserida, suas interações se veem atravessadas por esses ditames. Frente a tais ideias, passamos a questionar, afinal: *pai é pai? Pai é também um só? Será que aquele que não pariu Mateus, mas tornou, junto com a mãe, sua existência possível, também não deveria embalá-lo?*

Neste capítulo nos propomos a discutir o pai na contemporaneidade, seu lugar e seu papel nesta rede de relações, considerando os diversos aspectos que compõem o contexto sócio-histórico-cultural nos quais esses papéis são vividos e suas transformações no mundo ocidental. Foram muito importantes as diversas mudanças de ordem sociopolítica e de ordem econômica para a transformação das relações no âmbito familiar. Dentre elas, destacamos as desigualdades sociais, o crescimento da participação da mulher na esfera pública, a redefinição das fronteiras nas relações de gênero e o aumento da expectativa de vida, entre tantos outros aspectos.

Em meio às diversas mudanças sociais das últimas décadas, podemos dizer que a pluralidade de arranjos familiares pode ser considerada como uma das características mais marcantes destes novos tempos: divórcios, recasamentos, uniões homoafetivas, adoção, pais e mães solteiros, poliamor, entre tantas outras, são configurações relacionais que têm aparecido e passam a conviver com o modelo tradicional da família nuclear. Esse cenário acaba por demandar uma postura mais flexível, que permita integrar novas formas de ser família. Frente a isso, pergunta-se: como vêm sendo pensados e exercidos os papéis familiares em meio a tais mudanças num contexto no qual convivem configurações e estruturas familiares tão diversificadas?

Se a mãe é uma só... quem é o pai nesses tempos de mudança? Como ele tem desempenhado a paternidade e a tarefa de educar seus filhos? Buscando conhecer como vem sendo vivida e percebida esta experiência em diferentes contextos socio-econômico-culturais, pesquisamos o fenômeno em dois diferentes contextos: Brasil e Espanha.

Comparar dois contextos socioculturais distintos exige conhecê-los e analisá-los de forma crítica. Partimos, então, de uma análise da classe média no Brasil, onde é imprescindível considerar as influências do modelo patriarcal de relação que sempre tiveram bastante força sobre as formas de pensar e sobre os comportamentos das pessoas. É importante lembrar que foram esses princípios que alicerçaram as leis que regulam as relações familiares. Historicamente, dentro desse modelo social, por muitos anos, a mulher foi tida como propriedade do marido, devendo-lhe obediência e subordinação. O adultério era legalmente punido, crimes em defesa da honra eram justificáveis, a exigência da virgindade era premissa básica para a aceitação social e a mulher estava destinada a suportar o que fosse para permanecer casada e não ser mal-vista na sociedade (Lerner, 1999; Priore, 2004).

Realidades como estas foram sendo questionadas, principalmente pelo movimento feminista que, com suas reivindicações, foi conquistando maior espaço e mais liberdade para as mulheres, até então bastante oprimidas. Essas mudanças começaram, aos poucos, a ganhar maior legitimidade, sendo reforçadas, por exemplo, pelo aparecimento das pílulas anticoncepcionais, que propiciaram à mulher maior possibilidade de escolhas em sua vida sexual. Outra conquista de grande importância para as modificações que vêm acontecendo nas últimas décadas foi a aprovação da Lei do Divórcio, em 1977, abrindo novas possibilidades para homens e mulheres. Dados recentes do IBGE – Instituto Brasileiro de Geografia e Estatística (2006) – apontam para o crescente aumento do número de divórcios e recasamentos, tendência que vem refletir a diversidade destes novos tempos.

O contexto espanhol, nesse sentido, possui características semelhantes, sendo também decorrente de um modelo de dominação masculina. A transição política ocorrida a partir de 1975 possibilitou a ampliação dos modelos de família diferentes do tradicional. As configurações familiares diferentes do modelo clássico nuclear passaram a reclamar sua legitimidade social e também sua regulação legal. Impulsionadas também pelos movimentos feministas, como no Brasil, as mulheres espanholas passaram a adquirir maior espaço nas funções extradomésticas, impondo mais equilíbrio de poderes e de divisão de tarefas (Ussel, 2003).

A aprovação da Lei do Divórcio na Constituição Espanhola, no final de 1981, foi um passo importante nessas transformações. No entanto, vale ressaltar que a Espanha, dentre toda a Europa, foi um dos países que mais tardiamente incorporou a ruptura do laço conjugal como algo legitimado, ainda que hoje as mudanças quanto a aceitação e legitimação da diversidade familiar estejam acontecendo em maior profundidade e extensão do que em outros países daquele continente. Sendo assim, as taxas de divórcios e recasamentos (principalmente entre as mulheres), ainda que em crescimento, são as mais baixas dentre os países europeus, refletindo o fato de que, apesar de existir menor marginalização da pluralidade das formas de relação nos dias atuais, a continuidade cultural dos traços básicos do sistema familiar ainda está bastante presente, visto que as orientações tradicionais entre os jovens mantêm-se bastante arraigadas, pois estes creditam enorme importância à família unida como núcleo central da vida do sujeito (Fernández, 2003; Ussel, 2003).

Nos dois países, é possível observar o desenvolvimento de um processo de democratização e ampliação da definição de papéis que coexiste com valores mais tradicionais. Tanto no Brasil quanto na Espanha as desigualdades de gênero, por exemplo, se manifestam em diversos aspectos. Nesse sentido, é importante considerar que os processos de mudança não ocorrem de forma abrupta, mas necessitam de tempo para mudar e se verem consolidados. Por isso, podemos considerar que as desigualdades e as dicotomias nos papéis sociais e familiares ainda mantêm-se presentes na sociedade de uma maneira geral (Jablonsky, 1999; Meler; 2000; Fleck, Falcke e Hackner, 2005; Machado, 2005).

Prova disso são as condições de trabalho oferecidas para as mulheres nesses países. Ainda que, segundo dados do IBGE[1], elas já sejam 45% da população economicamente ativa no Brasil, ocupando cada vez mais espaço nesse universo, os dados também apontam que os salários entre homens e mulheres ainda são desiguais, privilegiando e valorizando o trabalho masculino.

Na Espanha, essa é uma tendência que se repete: mulheres se veem desfavorecidas em relação ao valor que é dado ao trabalho dos homens, os quais tendem a ser mais reconhecidos em suas funções, o que reflete a permanência de uma situação de inferioridade social creditada às mulheres (Escobedo, 2000; Salvá, Calvo e Forteza, 2000; Salanova, Agut e Grau, 2000). Em pesquisa realizada com mulheres da cidade de Girona, na Catalunha, foi verificada em seus relatos a percepção de desigualdades no que se refere ao mundo profissional, como a disparidade salarial entre homens e mulheres em um mesmo emprego, dificuldades em encontrar trabalho quando têm filhos, além

---

[1] Disponível em http://www.ibge.gov.br/home/presidencia/noticias/noticia_vizualiza.php?id_noticia=817&id_pagina=1, acessado em 20 de dezembro de 2007.

de identificarem uma atitude da sociedade em geral no sentido de que cumpram o papel tradicional que lhes é determinado (Saurina, Muñoz, Cabruja e Casas, 2000). Vale, porém, ressaltar a criação de importantes leis que buscam tornar as relações de direitos entre homens e mulheres mais equivalentes, como a Lei Orgânica de 2007[2] (*Ley Orgánica 3/2007, de 22 de marzo, para la igualdad efectiva de mujeres y hombres*). Esta lei, dentre outras propostas, busca uma maior igualdade de salários entre homens e mulheres e uma série de políticas ativas para fazer efetivo o princípio de igualdade de gênero.

Dessa forma, podemos observar que há um paradoxo que se expressa na coexistência de uma atitude de abertura para a liberdade e direitos femininos com uma estrutura social ainda desigual entre homens e mulheres. Isso provavelmente relaciona-se a um processo bastante característico de um momento de transição e resignificação, no qual se observam continuidades e descontinuidades de comportamentos e ideologias, havendo uma interação entre valores antigos e novas referências (Aun, Vasconcellos e Coelho, 2006).

No que se refere aos direitos paternos, há ainda bastantes contradições entre aquilo que a sociedade contemporânea demanda deste sujeito no exercício de seu papel e as condições que oferecem a eles para que possam dar conta dessas tarefas. A exemplo disso, no Brasil, é concedido ao pai somente cinco dias de Licença Paternidade na ocasião do nascimento ou da adoção de um filho. Na Espanha, a lei garante maiores possibilidades de participação dos homens no nascimento dos filhos. Desde 1989, por exemplo, há a possibilidade de a mãe dividir ou ceder ao pai parte de sua licença, favorecendo um maior envolvimento paterno nos cuidados iniciais com o bebê, ainda que essa decisão caiba majoritariamente a ela (Diário Oficial da Catalunha, 2006). Também com o surgimento da Lei Orgânica de 2007 a licença paternidade foi aumentada para 13 dias, o que favoreceu uma maior participação do homem no período pós-natal.

No que se refere à guarda dos filhos nos dois países, ainda que existam possibilidades de o pai requerê-la; a supremacia da mãe se mantém, sendo que o pai, na maior parte das vezes, fica com as crianças somente em casos extremos de impossibilidade ou impedimento materno. No entanto, novas lei vêm sendo pensadas no favorecimento do exercício mais pleno da paternidade. No Brasil, podemos citar a Guarda Compartilhada, tentativa ainda em experimentação, desde a criação da Lei nº 11.698 de 13 de junho de 2008[3], que instituiu e passou a disciplinar essa possibilidade de arranjo familiar.

Muitos homens vêm demonstrando um grande desejo de estarem mais próximos dos filhos em relação às gerações anteriores, estabelecendo uma

---

[2] Disponível em http://www.boe.es/boe/dias/2007/03/23/pdfs/A12611-12645.pdf, acessado em 10 de julho de 2009.
[3] Disponível em http://www.planalto.gov.br, acessado em 10 de julho de 2009.

relação mais afetiva, que vai além das tradicionais tarefas de impor limites e prover, como tradicionalmente lhes era atribuído (Wagner, 2002; Halford, 2006; Silverstein, Auerbach e Levant, 2002). Isso fica exemplicado com uma pesquisa realizada em Madri, que compara a imagem da figura do pai da década de 1970 e de hoje em dia. A pesquisa revelou que a figura paterna atualmente está associada a uma imagem mais tolerante e baseada na afetividade, o que diferencia da imagem da década de 1970, na qual a educação tendia a ser mais repressiva e centrada no controle social (Gómez e Fernández, 2003).

A paternidade, assim como as relações familiares de uma maneira geral, são processos complexos e multi-influenciados, construídos e redefinidos a cada momento histórico, cultural e social, que interage com aspirações individuais e subjetividades. Dessa forma, ser pai implica poder pensar e refletir esses processos e, na medida do possível, buscar condições e maneiras de exercer esse papel de forma mais autêntica, espontânea e plena.

A fim de conhecer como os homens se autoavaliam no exercício da paternidade (o que chamamos aqui de *"perspectiva real"*) e como pensam que deveriam exercer essa função (o que nomeamos como "perspectiva ideal"), investigamos 178 sujeitos do sexo masculino, pais de crianças em idade escolar que frequentavam desde o 1º até o 5º ano do ensino fundamental de duas escolas particulares da cidade de Porto Alegre. Com base nesse estudo (Staudt, 2007), foi possível encontrar diversas semelhanças com uma população de 133 pais de crianças, residentes na Espanha, que frequentavam a educação primária (no Brasil correspondente do 1º ao 5º ano do ensino fundamental) de três escolas públicas da cidade de Girona, na Catalunha/Espanha (material não publicado).

Perguntamos para pais brasileiros e espanhóis o quanto eles despendem de tempo para estar com os filhos durante a semana, sendo que a semelhança entre as duas populações foi bastante acentuada. Os brasileiros despendem cerca de 21 horas por semana com os filhos, enquanto os espanhóis, cerca de 18 horas. Percebe-se também que o tempo que os pais investigados gostariam de estar com os filhos é maior do que aquele que de fato passam com eles. Esse número é ainda mais expressivo quando se referem ao tempo que passam a sós com seus filhos. Isto é, os pais de ambas as amostras (Espanha e Brasil) têm menos tempo a sós com seus filhos do que gostariam de ter.

Quando esses pais foram questionados sobre aspectos importantes na vida de seus filhos, as diferenças entre as respostas das duas populações também não foram significativas. Por exemplo, quando questionados se sabiam o nome de algum amigo de seus filhos, os pais brasileiros (95,5%) e espanhóis (99,2%), em sua maioria, responderam afirmativamente. No entanto, quanto ao nome do professor de seu filho, houve sim uma diferença significativa: os pais brasileiros estão mais informados sobre esse aspecto que os espanhóis entrevistados, apontando, possivelmente, maior envolvimento dos pais brasileiros com questões relativas à vida escolar de seus filhos. Além disso, os brasileiros também demonstraram de forma mais expressiva estarem cientes da importância de suas orientações no processo de aprendizagem dos filhos e para que eles se relacionem bem socialmente. Isso pode ser relacionado ao fato de as crianças espanholas passarem mais tempo na escola (de seis a oito horas diárias) do que as brasileiras, de modo geral, levando esses pais a depositarem maior responsabilidade à escola pela aprendizagem dos filhos do que neles mesmos. Já a amostra de pais brasileiros de classe média tem os filhos em casa por mais tempo e possuem a responsabilidade de oferecer aos filhos aprendizagens e relações sociais fora do âmbito escolar, buscando, por exemplo, uma série de atividades extraescolares para complementar a educação deles.

Entretanto, os pais espanhóis acreditam que, em um plano ideal, deveriam participar mais das tarefas domésticas, apresentando uma diferença significativa em relação aos pais brasileiros, que parecem ou estar mais satisfeitos com sua participação em casa ou não dar tanta importância para esse fator.

Nas duas populações pesquisadas, foi interessante observar que, de uma maneira geral, a avaliação dos pais quanto às suas interações com seus filhos, se mostraram muito parecidas. Para realizar essa análise, utilizamos uma técnica exploratória de classificação denominada *Cluster*, que apontou a existência de dois grupos (*clusters*) que apresentaram características homogêneas nas respostas quanto ao exercício da paternidade em uma perspectiva real e ideal.

Tanto na amostra do Brasil quanto na amostra espanhola, na autoavaliação dos pais sobre como exercem esse papel com seus filhos, encontramos os seguintes grupos:

1. *Orientação, Favorecimento do Desenvolvimento, Interação e Afeto:* este grupo caracteriza aqueles pais que utilizam um amplo repertório de comportamentos a fim de atender às necessidades dos filhos no que diz respeito a aspectos como orientar, interagir e ser afetivo, além de favorecer, de diferentes formas, o desenvolvimento deles.
2. *Acompanhamento em Situações da Vida Cotidiana:* este grupo caracteriza aqueles pais que exercem a paternidade dando acompanhamento aos filhos em situações cotidianas, tais como levar ao médico, participar de reuniões escolares e acompanhar para comprar roupas, por exemplo.

Do todos os pais investigados (brasileiros e espanhóis), 86% deles se caracteriza como do grupo 1. Isto é, são pais que costumam utilizar um repertório de comportamentos e atitudes bastante diversificado, tais como: chamar a atenção do filho para seguir regras e comportar-se bem, oferecer um ambiente seguro e estruturado para ele, despender tempo conversando e brincando, ter paciência e flexibilidade, estar atento aos sentimentos dos filhos, etc. O grupo 2, que reuniu os demais pais da amostra (14%), está composto por aqueles sujeitos que exercem a paternidade de forma a incluir comportamentos mais específicos, como acompanhar a consultas médicas, reuniões da escola e compra de roupas ou objetos de uso pessoal. Isso nos permite pensar que, para um grande percentual dos pais, esse conjunto de comportamentos e atitudes se associa menos aos deveres paternos do que aquele do primeiro grupo. Provavelmente, as tarefas e os comportamentos descritos no grupo 2 estejam mais vinculados ao exercício materno na educação e no cuidado dos filhos.

Dentre os comportamentos associados ao primeiro grupo, é importante salientar que há diferença significativa entre as duas amostras na avaliação que eles fazem da sua atuação como pais nas seguintes variáveis: "respondo às manifestações de mal-estar do meu filho" ($p = 0,02$); "dou tempo para meu filho ficar só e aprender por si mesmo" ($p = 0,02$); "uso disciplina e firmeza para ensinar respeito pela autoridade" ($p = 0,01$) – sendo que nestes três itens os pais brasileiros se autoavaliam melhor que os espanhois; "atendo com eficiência as necessidades do dia a dia do meu filho" ($p = 0,01$) e "ofereço atividades regulares e programadas fora de casa" ($p = 0,01$) foram aspectos nos quais os espanhóis pensam atender e oferecer mais que os pais brasileiros.

Nesse sentido, podemos observar que os pais brasileiros exercem com mais frequência funções relacionadas a autonomia, tolerância, continência e imposição de limites do que os pais espanhóis em suas avaliações, denotando a possibilidade de uma relação mais flexível e diversificada nesses aspectos. Os espanhóis, por sua vez, acreditam promover um maior número de atividades que estimulem os filhos e responder de forma mais satisfatória às demandas cotidianas deles, o que aponta maior preocupação com a estrutura de vida proporcionada à família e com condições ideais para seu desenvolvimento.

Ao analisar as perspectivas ideais dos pais brasileiros e espanhóis, ou seja, como eles acreditam que um pai ideal deva ser e comportar-se, os grupos apresentaram diferenças de opinião. Para o Brasil, a classificação foi a seguinte:

1. *Orientação, Interação e Afeto:* repertório de comportamentos dos pais no sentido de atender às necessidades dos filhos quanto a aspectos como orientar, interagir e ser afetivo.
2. *Favorecimento do Desenvolvimento e da Interação Social:* neste grupo, os comportamentos do pai relacionam-se à necessidade deste em favorecer atividades que estimulam e acompanham o desenvolvimento e a interação dos filhos com o meio.

Esses dados nos mostram que, em uma perspectiva ideal, as respostas apresentam-se melhor distribuídas, visto que 59% dos entrevistados brasileiros se classifica como do primeiro grupo e 41%, do segundo grupo.

De qualquer forma, é interessante observar que os dois grupos apresentam comportamentos bastante diversificados, permitindo e favorecendo diferentes formas de relação com os filhos. No primeiro grupo, podemos encontrar comportamentos tais como demonstração de afeto, estar atento ao que o filho está sentindo, usar disciplina e firmeza na busca pelo respeito à autoridade, dedicar tempo para conversar, oferecer ambiente estruturado, responder aos pedidos de atenção, etc. No segundo grupo, comportamentos bastante interessantes também aparecem: dedicar tempo para brincar com os filhos, ter paciência e flexibilidade, oferecer contatos e atividades sociais com diferentes grupos, oferecer diferentes brinquedos e objetos, oferecer atividades regulares fora de casa como a prática de algum esporte, entre outros.

Dessa forma, vale observar o quanto as atribuições do papel paterno na contemporaneidade estão difusas e indefinidas, nos levando a pensar na pluralidade das formas de poder ser e de exercer a paternidade, ainda que em uma perspectiva idealizada. Encontra-se, então, uma possibilidade de vivência da relação pai-filho mais diversificada e menos padronizada, permitindo a expressão da subjetividade e das características e crenças de cada grupo familiar de forma singular.

Quanto à perspectiva ideal dos pais espanhóis, as respostas ficaram também divididas em dois grupos, quais sejam:

1. *Orientação, Interação, Afeto e Favorecimento do Desenvolvimento e da Interação Social:* este grupo abrange uma ampla gama de comportamentos paternos ligados a cuidado, proteção, orientação, afetividade, favorecimento da autonomia e promoção de atividades sociais.
2. *Disciplina e Autoridade:* este grupo de respostas associa a figura paterna a comportamentos relacionados à instrução de regras e ao exercício da disciplina.

Tendo em vista que a maioria dos pais espanhóis foi classificada como do grupo 1 (94% dos sujeitos), enquanto apenas 6% deles pertencia ao grupo 2, podemos pensar que os pais espanhóis investigados tendem a exercer a paternidade diversificando mais formas de educar seus filhos, dispondo de um amplo leque de possibilidades para desenvolver suas potencialidades. Na sua maioria, são pais que idealmente querem participar em diversos aspectos da vida do filho, desde atenção às suas necessidades e demonstração de afeto até companhia ao médico e participação em seus compromissos escolares, por exemplo.

Ainda que em menor número, há um grupo de pais, entretanto, vinculados ao modelo clássico da paternidade, que restringe a relação a aspectos ligados a disciplina e autoridade, em detrimento de uma relação mais rica em possibilidades de trocas entre os membros desse subsistema familiar. Este dado aponta, mais uma vez, a coexistência de diferentes modelos e ideais de paternidade na sociedade e a convivência de perspectivas mais flexíveis com outras mais tradicionais.

Nessa perspectiva ideal, vale ressaltar ainda que as amostras de ambos os contextos apresentaram diferenças significativas no que se refere a ideias de que *"pai ideal dedica tempo para conversar com o filho"* (p = 0,01); *"pai ideal chama a atenção para a importância de seguir regras e ser bem comportado"* (p = 0,01); *"pai ideal ensina seu filho a falar melhor"* (p = 0,03); *"pai ideal oferece mostras positivas de afeto, carinho e atenção"* (p = 0,01); *"pai ideal oferece contatos ou atividades sociais diferentes para o filho"* (p = 0,03); *"pai ideal está atento àquilo que o filho quer ou está sentindo"* (p = 0,04); *"pai ideal oferece ambiente estruturado, organizado e seguro para o filho"* (p = 0,02); *"pai ideal usa disciplina e firmeza para ensinar respeito pela autoridade"* (p = 0,01); *"pai ideal dá tempo para o filho ficar só e aprender por si mesmo"* (p = 0,01); *"pai ideal responde bem às manifestações de mal-estar do filho"* (p = 0, 01). Nesses casos, os pais brasileiros obtiveram médias mais altas que os espanhóis, indicando haver uma perspectiva ideal sobre o exercício da função paterna mais elevada para os pais brasileiros quanto a esses aspectos.

CONSIDERAÇÕES FINAIS

Ao buscar problematizar a paternidade na contemporaneidade, é preciso ter um olhar cuidadoso sobre os diversos aspectos que permeiam esse fenômeno. O primeiro deles é a identificação das nuanças desta contemporaneidade, que tornam as relações cada vez menos generalizáveis, principalmente se considerarmos que cada vivência humana pertence a um contexto sócio--histórico-cultural determinado.

Ao analisar o pai brasileiro e o pai espanhol, nos parece relevante observar a diversidade e o incremento de possibilidades que esse papel vem alcançando e desenvolvendo dentro da família nas últimas décadas. Ser pai, atualmente, mesmo em contextos diferentes, é participar de inúmeros aspectos do desenvolvimento dos filhos, não mais se restringindo a provê-los e discipliná-los.

No caso do contexto espanhol, a preocupação mais enfaticamente expressada pela amostra investigada é com a formação dos filhos, no sentido de oferecer-lhes um desenvolvimento seguro e estável do ponto de vista estrutural e educacional, dando-lhes as condições ideais para o seu pleno crescimento. Os brasileiros, por sua vez, aparecem com preocupações mais diversificadas e relacionadas a interação social e afetividade.

Vale ressaltar, no entanto, que essas ênfases em determinados comportamentos que apareceram nas duas amostras não significam que estes mesmos comportamentos sejam excludentes. Pelo contrário, ainda que cada contexto tenda a valorizar mais um aspecto que outro, foi possível observar que em ambos os países há uma enorme pluralidade de formas de se exercer a paternidade do ponto de vista desses pais. Mais ainda é importante comentar que as diferenças encontradas não buscam apontar o que é melhor ou pior, ou que determinado contexto exerce e percebe a paternidade de forma mais ou menos positiva que o outro. Principalmente porque não temos como objetivo redesenhar uma nova determinação social sobre o ser pai, e sim poder contribuir na ampliação do pensar e do exercer esse papel a fim de possibilitar, acima de tudo, o aperfeiçoamento de modelos, abrindo espaço para uma vivência mais plena dos distintos papéis que configuram as relações familiares.

Por fim, fica o registro da existência de muitos pais desejosos e conscientes das infinitas possibilidades de exercer a paternidade. Estes são homens que hoje têm buscado conquistar seus lugares não mais como figuras periféricas nas relações com seus filhos, mas tentando participar ativamente do seu desenvolvimento e da sua formação.

Relembrando...

✓ A conquista das mulheres de maior liberdade social e sexual veio de encontro aos arranjos tradicionais da organização das famílias.
✓ As formas tradicionais de organização familiar e social, por meio do contexto sócio-histórico-cultural e dos processos transgeracionais, tornam-se normas internas do sujeito e consideradas como naturais e inatas.
✓ A mudança de normas e padrões sociais e familiares não acontece de forma abrupta, ela é um processo de transformação gradual e gera angústias e incertezas.
✓ Os pais da atualidade vêm demonstrando maior desejo de aproximação e envolvimento com os filhos.
✓ Os pais acreditam que sua relação com os filhos poderia ser enriquecida com maiores possibilidades de interação do que aquelas relacionadas a aspectos tradicionalmente masculinos.
✓ Assim como a mulher necessita afirmar-se capaz no mundo profissional, o homem também tem que enfrentar muitas barreiras para obter credibilidade na esfera doméstica.
✓ Os homens ainda estão mais envolvidos em tarefas de autoridade e disciplina e menos ligados a comportamentos de interação direta com os filhos do que as mulheres.
✓ Os homens-pais da contemporaneidade enfrentam contradições também no âmbito legal ao buscarem exercer sua paternidade de forma a atender às novas demandas sociais.
✓ Aspectos que tangem modelos mais tradicionais de relação convivem com modelos inovadores de interação, sendo que outros tantos se caracterizam pela mescla desses dois fatores.
✓ Existe uma irregularidade do exercício da paternidade na contemporaneidade, na qual diferentes modelos figuram em um mesmo cenário.

Questões para reflexão:

1. Será que existe de fato um "novo homem" e um "novo pai"?
2. Como caracterizar o exercício e o papel paterno na contemporaneidade?
3. Como é possível transformar a prática dentro de um imaginário social ainda tão contraditório?
4. Como conciliar as novas demandas com a estruturação das próprias leis que procuram formalizar os direitos de homens e mulheres?
5. Existe uma irregularidade do exercício da paternidade na contemporaneidade, em que diferentes modelos figuram em um mesmo cenário. Comente essa afirmação.

Filmes:

À PROCURA DA FELICIDADE

Sinopse: Chris Gardner (Will Smith) é um homem de família lutando para sobreviver. Apesar de todas as tentativas para manter a família unida, a mãe (Thandie Newton) de seu filho de 5 anos, Christopher (Jaden Christopher Syre Smith), está constantemente sob uma forte pressão financeira. Sem condições de suportar a situação, ela relutantemente decide partir. Chris, agora um pai solteiro, continua a perseguir desesperadamente um emprego com melhor remuneração, usando toda a sua habilidade de vendedor. Ele ingressa como estagiário numa grande e importante corretora de ações e, apesar de não haver salário, ele aceita, na esperança de no final do programa conseguir um emprego e um futuro promissor. Sem apoio financeiro, Chris e seu filho são despejados de seu apartamento e logo são forçados a dormir em abrigos, estações de ônibus, banheiros e onde quer que possam achar refúgio durante a noite. Apesar dos problemas, Chris continua a honrar seu compromisso como um pai amoroso e afetuoso, usando a afeição e a confiança que seu filho depositou nele para superar os obstáculos que encontra.

Aspectos a serem discutidos/trabalhados: O filme ilustra a intensidade da relação do pai com seu filho. Situações e sentimentos de superação, adaptação e determinação se prestam a serem discutidas a partir da relação de parentalidade, na qual o pai assume sozinho o cuidado e criação do seu filho, rompendo com o mito da incondicionalidade do amor materno.

Filmes:

ENSINANDO A VIVER
Sinopse: A história de um homem aprendendo a ser pai... e de um garoto aprendendo a ser filho. Quando era criança, David (John Cusack) sempre se sentiu excluído, e cresceu sonhando com o dia em que os ETs viriam levá-lo para o espaço. Sua imaginação o transformou em um escritor de sucesso. Desde a trágica morte de sua noiva, há dois anos, ele nunca mais experimentou qualquer traço de vida afetiva. Mas David sempre quis ser pai. E finalmente resolve tentar, adotando o problemático Dennis. Assim como David, Dennis vive trancafiado em seu mundo de fantasia. Quando era criança, David queria ser um alien. No caso de Dennis, ele acredita de verdade que é um marciano em missão de exploração na Terra. E talvez seja mesmo... Um filme divertido e emocionante sobre o poder de redenção do amor e o verdadeiro significado da palavra "família".
Aspectos a serem discutidos/trabalhados: O filme ilustra as diferentes expressões do desejo da paternidade. Os temas relativos aos aspectos transgeracionais que passam de pai para filho, independentemente da consanguinidade, assim como a importância do vínculo e da empatia na relação parental, são propícios para serem discutidos.

SITES

www.papai.org.br
www.pailegal.net
www.papaizão.com.br
http://potencialgestante.com.br/category/potencial-paterno/

REFERÊNCIAS

Aun, J.C.; Vasconcellos, M.J.E.; Coelho, S.V. (2006). *Atendimento sistêmico de famílias e redes sociais*. Belo Horizonte: Ophicina de Arte e Prosa.

Escobedo, A. (2000). Les llicències laborals per a mares i pares amb fills menors de três anys. Una comparació dels sistemes vigents a Dinamarca, Finlândia i Espanya. *Revista Catalana de Sociologia*, 12, 187-213.

Fleck, A.C.; Falcke, D.; Hackner, I.T. (2005). Crescendo menino ou menina: a transmissão dos papéis de gênero na família. In. Wagner, A. (org). *Como se perpetua a família?: a transmissão dos modelos familiares*. (pp. 107-121). Porto Alegre: EDIPUCRS.

Gómez, M.R.V.; Fernández, C.G.A. (2003). La figura del padre en la familia moderna. *Cuadernos de Terapia Familiar*, 54, 101-122.

Halford, S. (2006). Collapsing Boundaries? Fatherhood, Organization and Home-Working. *Gender Work & Org*, 13, 383-402.

IBGE (2006). Estatísticas de registro civil. Rio de Janeiro.

Jablonsky, B. (1999). Identidade masculina e o exercício da paternidade: de onde viemos e para onde vamos. In. Feres-Carneiro, T. (org). *Casal e Família: entre a tradição e a transformação.* (pp. 55-69). Rio de Janeiro: Nau.

Lerner, G. (1999). *La creación del patriarcado.* Barcelona: Crítica.

Machado, P.S. (2005). O sexo dos anjos: um olhar sobre a anatomia e a produção do sexo (como se fosse) natural. *Cadernos Pagu,* 24, 249-281.

Meler, I. (2000). La Masculinidad. Diversidad y similitudes entre los grupos humanos. In: Burin, M & Meler, I (org) *Varones: Género y Subjetividad Masculina.* Buenos Aires: Paidós

Minuchin, S. (1982). *Famílias: funcionamento e tratamento.* Porto Alegre: Artes Médicas.

Priore, Mary Del. (2004). *História das Mulheres no Brasil.* São Paulo: Contexto.

Salvá, F., Calvo, A.M., Forteza, M.D. (2000). Políticas de igualdad en la formación y en el empleo: elementos para la introducción de una perspectiva de género en el sistema español de acreditación de competencias profesionales. *Intervención Psicosocial, 9(1),* 21-33.

Salanova, M., Agut, S., Grau, R. (2000). Tecnología asistida por ordenador y género: una perspectiva psicosocial. *Intervención Psicosocial, 9(1),* 63-75.

Saurina, C., Muñoz, D., Cabruna, T., Casas, F. (2000). Calidad de vida y percepción de la desigualdad de la mujer em la cuidad de Girona. *Intervención Psicosocial, 9(1),* 99-116.

Staudt, A.C.P. (2007). *Novos tempos, novos pais? O ser pai na contemporaneidade.* Dissertação de Mestrado. Pontifícia Universidade Católica do Rio Grande do Sul. Porto Alegre.

Silverstein, L.B., Auerbach, C.F., Levant, R.F. (2002). Contemporary fathers reconstructing masculinity: Clinical implications of gender role strain. *Professional Psychology: Research and Practice, 33(4),* 361-369.

Ussel, J.I. (2003). La familia espanhola em el contexto europeu. In. Rodrigo, M.J. & Palacios, J. *Familia y desarrollo humano.* Madrid: Alianza Editorial.

Wagner, A. (org) (2002). *Família em Cena: tramas, dramas e transformações.* Rio de Janeiro: Vozes.

7

SER PAI E SER MÃE
Como compartilhar a tarefa educativa após o divórcio?

Luciana Suárez Grzybowski

A complexidade inerente à tarefa de educar os filhos não é novidade. Tal percepção tem levado a inúmeras discussões sobre o papel do pai e da mãe na educação dos filhos, assim como tornou-se parte do cotidiano o crescente volume de publicações que investem em ajudar os progenitores a educar sua prole. Muitas são as variáveis e os fatores implicados no processo educativo, alguns deles facilitam e outros dificultam a tarefa de educar uma criança. Como elemento potencializador dessa complexidade, encontra-se, por exemplo, o desempenho da parentalidade em casais separados. Ainda que atualmente o vínculo conjugal esteja longe de ser indissolúvel, o vínculo parental é para sempre. Pode-se dizer, então, que por mais que existam ex-maridos e ex-esposas, jamais existirá ex-pai ou ex-mãe.

Nesses casos, a parentalidade, que implica uma série de responsabilidades essenciais para com os filhos, precisa ser remodelada e adequada a esse contexto de separação conjugal. Frente a isso, muitas dúvidas surgem: como garantir a satisfação das necessidades econômicas e materiais; oferecer orientação e instrução; exercer autoridade; promover trocas afetivas e partilhar experiências do dia a dia quando não se mora com o filho, por exemplo? E como pais e mães podem exercer distintas tarefas em conjunto ou realizar combinações sobre a educação de seus filhos, quando já não compartilham da mesma casa ou pouco se falam? Há mais de uma década, estudiosos do tema vêm tentando dar respostas a tais perguntas (Thompson e Laible, 1999; Wagner, 2005).

Essas são perguntas com respostas complexas e multifacetadas. Os pais, separados como casal, permanecem unidos pelos laços parentais, devendo compartilhar a tarefa comum de educar seus filhos. Existe uma série de reformulações quanto aos hábitos, à rotina e ao padrão econômico pelos quais a família passa; assim, dentre as diversas tarefas pós-divórcio, provavelmente, a mais complexa seja a obrigação dos progenitores na continuidade do exercício do seu papel parental, sendo ex-cônjuges (Carter e McGoldrick, 2001).

Observa-se que essa é uma das grandes dificuldades no divórcio: a diferenciação entre a conjugalidade (ser marido e mulher) e a parentalidade (ser pai e mãe). Geralmente, a redefinição do envolvimento emocional pós-divórcio entre os dois indivíduos que compunham o casal é um processo longo, permeado por falhas nas fronteiras do relacionamento marido/mulher-pai/mãe e também por conflitos que surgem no contexto da separação (Hackner, Wagner e Grzybowski, 2006).

A partir da necessidade de manutenção no cuidado dos filhos, já na década de 1970, surgiu o termo "coparentalidade" (*coparenting*), que referiu-se inicialmente aos aspectos do divórcio que se relacionam com os filhos (Ahrons, 1981). Recentemente, Madden-Derdich e Leonard (2002a) retomaram esse termo e passaram a estudar o nível de interação que os ex-cônjuges relatam ter um com o outro nas decisões relativas à vida dos seus filhos.

A coparentalidade trata-se, portanto, de um interjogo de papéis que se relaciona com o cuidado global da criança, incluindo valores, ideais e expectativas que são dirigidas a ela, numa responsabilidade conjunta pelo seu bem-estar (Feinberg, 2002; Van Egeren e Hawkins, 2004). Entretanto, isso não quer dizer que a coparentalidade exista apenas em situações de divórcio, pois ela está presente sempre que os pais, mesmo casados, negociam seus papéis, suas responsabilidades e suas contribuições para com seus filhos. A diferença é que, quando separados, os pais têm menos momentos e espaços em comum para efetivar uma cooperação na educação dos filhos (Margolin, Gordis e John, 2001).

Desse modo, quando relacionamos coparentalidade e divórcio, observamos que, de forma geral, muitos fatores presentes durante o casamento e na época da separação podem predizer a natureza da relação coparental em um momento posterior, ou seja, o colorido da coparentalidade é matizado pelas cores que marcaram a conjugalidade e todo o processo de separação.

Maccoby, Depner e Mnookin (1990), marcaram os estudos da coparentalidade na década de 1990, quando apresentaram uma classificação sobre o relacionamento coparental, agrupada em três padrões:

- *Padrão desengajado*: os pais raramente conversam, não procuram manter uma combinação de regras ou atividades, educando os filhos de forma paralela. Eles têm pouco ou nenhum contato e o nível de conflito é baixo, pois cada um educa conforme o seu estilo.
- *Padrão cooperativo:* os pais procuram isolar seus conflitos conjugais ou interpessoais de suas funções parentais. Discutem planos para os filhos ou problemas que eles possam estar enfrentando, procurando cooperar e apoiar um ao outro.

- *Padrão conflitante:* o nível de conflito é alto e ativo, existem baixos níveis de cooperação e prejuízos no domínio parental. Os pais discutem muito e utilizam-se de ameaças e boicotes envolvendo os filhos.

Observa-se, então, a existência de quatro dimensões gerais da coparentalidade, que aparecem frequentemente nas pesquisas da área (Feinberg, 2002; Maccoby, Depner e Mnookin, 1990; Margolin, Gordis e John, 2001):

1. quantidade ou nível de conflito em relação às questões conjugais (alto, médio, baixo);
2. cooperação em relação ao outro progenitor (afirmação, respeito, apoio às decisões e à autoridade parental, valorização, divisão de deveres, tarefas e responsabilidades);
3. triangulação (aliança com os filhos para boicotar ou excluir o outro progenitor);
4. divergências em questões e valores que concernem à criação da criança (valores morais, prioridades, padrões educacionais).

O arranjo dessas dimensões pode configurar uma coparentalidade solidária e compartilhada ou uma coparentalidade destrutiva (Van Egeren e Hawkins, 2004). Nesse sentido, identificam-se vários preditores de uma boa relação coparental após o divórcio, ou seja, aquilo que indica que a relação dos pais tem chances de dar certo após o divórcio, são estes (Margolin, Gordis e John, 2001; Struss, Pfeiffer, Preuss e Felder, 2001; Thomson, Mosley, Hanson e Mclanahan, 2001; Masheter, 1997; Linker, Stolberg e Green, 1999):

- guarda compartilhada;
- divórcios menos hostis;
- satisfação com o apoio financeiro;
- existência de baixos níveis de conflitos entre os ex-cônjuges;
- menor número de filhos;
- acordos sobre as visitas;
- novo relacionamento amoroso que auxilie nas tarefas educativas;
- respeito e valorização do ex-cônjuge e grau de amizade entre ambos;
- comunicação entre ex-cônjuges;
- percepção e valorização das habilidades parentais do ex-cônjuge;
- idade dos filhos (maior idade dos filhos, melhor relação coparental);

Por outro lado, também se encontram diversos indicadores de que a relação parental após o divórcio tem grandes chances de não ser exitosa (Struss, Pfeiffer, Preuss e Felder, 2001; Madden-Derdich e Leonard, 2002b):

- o fato de um dos ex-cônjuges ter recasado e afastar-se dos filhos;
- forte intensidade emocional em relação ao ex-cônjuge;
- divergências pré-divórcio sobre educação dos filhos;
- insatisfação de não ter ficado com a guarda;

A partir desses indicadores, observa-se que tanto os aspectos positivos quanto os negativos da relação que se estabeleceu durante o casamento, seguem exercendo influência no processo de divórcio e, consequentemente, na coparentalidade divorciada. Isto é, o casal que, apesar de seus conflitos e divêrgencias, conseguiu separar-se mantendo o respeito mútuo, provavelmente será aquele que poderá estabelecer regras de funcionamento que privilegiem o bem-estar de seus filhos, amenizando as perdas e o sofrimento que causa todo o processo de separação.

Por outro lado, casais com forte carga emocional conflitiva, provavelmente não conseguirão definir fronteiras nítidas entre a parentalidade e a conjugalidade. Nesses casos, é difícil que tenham êxito em manter a estabilidade necessária para garantir o bem-estar dos seus filhos.

Espera-se dos progenitores que, apesar do divórcio, ambos continuem assumindo funções educativas e participando de atividades com os filhos, pois só assim poderão garantir bons níveis de saúde no desenvolvimento da prole. Entretanto, muitas vezes, o progenitor que não tem a guarda e passa menos tempo com os filhos deseja que suas visitas sejam divertidas e prazerosas, nesses casos, hesita em criticar e monitorar o comportamento dos filhos, tendendo a ajudá-los menos em suas tarefas escolares – por exemplo – privilegiando o divertimento. Desse modo, cria-se uma dicotomia entre os progenitores, normalmente cabendo àquele que coabita com a criança a tarefa de impor restrições, dar sanções e estabelecer regras (Struss et al., 2001; Wagner, 2002).

Com frequência, pais e mães, divorciados ou não, encontram dificuldades em manter a cooperação e a coerência no relacionamento coparental. De fato, tal dificuldade é inerente à tarefa educativa, já que cada membro do casal carrega sua própria herança e princípios de educação, que nem sempre são compatíveis com a do seu cônjuge ou ex-cônjuge.

O exercício da coparentalidade exige a presença de dois adultos envolvidos, com senso de responsabilidade por seus filhos de forma equitativa. Utopia? Talvez não. Entretanto, essa premissa leva a avaliar a complexidade de tal tarefa em si, a qual apresenta-se, inevitavelmente, aumentada no contexto do divórcio.

Considerando a coabitação uma variável importante na definição dos padrões educativos estabelecidos na convivência parental pós-divórcio, observa-se que as mães são aquelas que detêm mais frequentemente a guarda após o divórcio (IBGE, 2006). Frente a essa realidade, alguns estudiosos do tema já questionam a guarda materna como algo além da difundida ideia de sobrecarga feminina no divórcio (Grzybowski, 2007) mas, de certa forma, como um privilégio materno (Wagner, 2002). Prova disso, é o crescente número de pais que têm reclamado na justiça a guarda de seus filhos, não por impossibilidade materna, mas por desejo de exercer a paternidade de forma mais intensa e presente.

Sendo assim, enquanto algumas pesquisas da década de 1990 salientam um crescimento nos níveis de ausência do pai, principalmente relacionado aos filhos nascidos fora do casamento e após o divórcio (Parke, 1996; Pleck, 1997); outras mais atuais, referem que muitos pais não residentes são capazes de manter uma relação próxima com os filhos, exercendo as funções paternas e até mesmo ficando responsáveis pela criação dos mesmos (Wallerstein e Kelly, 1998; Wagner, 2002; Staudt, 2007). Percebe-se então que o envolvimento parental masculino tem sido bastante questionado, uma vez que o feminino é visto como natural, até mesmo porque, em termos legais, a tendência é a de que a mãe seja aquela responsável pela guarda das crianças.

Nesse sentido, diversas pesquisas vêm se ocupando de estudar o envolvimento paterno após o divórcio, identificando fatores que facilitam e dificultam a manutenção deste. Entre os termos estudados, destacam-se o relacionamento do pai com a criança e a mãe; a satisfação com a paternidade; a percepção a respeito da influência que exerce na vida da criança; a percepção do valor da continuidade do seu envolvimento; o senso de responsabilidade como pai; a clareza quanto ao seu papel; a proximidade física; o plano de visitas regulares e rotineiras; a sociedade, a cultura e o grupo étnico do pai; o nível de escolaridade do pai e o encorajamento da ex-esposa ao relacionamento pai-filho. Tais fatores têm sido apontados como favoráveis à manutenção do envolvimento paterno pelos seguintes autores: Amato e Gilbreth (1999); Grzybowski (2007); Erera, Minton, Pasley e Mandel (1999); Nielsen (1999); Silva (2003); Staudt (2007); Stone e McKerny (1998); Thompson e Laible (1999); Walker e McGraw (2000).

Entretanto, conforme Silva e Piccinini (2004), a maioria dos estudos que abordaram o envolvimento de pais não residentes definiu o envolvimento paterno apenas em termos quantitativos (número de visitas, tempo dos encontros, idas ao colégio, etc.), não diferenciaram o envolvimento de pais que nunca casaram e de pais que já foram casados, bem como avaliaram o envolvimento dos pais apenas através do relato das mães, sem consideração pela opinião dos mesmos. Nesse sentido, em recente pesquisa realizada em Porto Alegre/RS (Grzybowski, 2007), envolvendo grupos de discussão com pais e mães separados/divorciados, duas questões mereceram destaque: a conjugalidade e os vínculos emocionais pai-filho. Ou seja, na opinião de pais e mães investigados, que tipo de vínculo uniu o casal; qual o sentimento que nutriam ou ainda nutrem um pelo outro; de que forma se deu a separação e a superação ou não das problemáticas emocionais e qual o reflexo destes aspectos na forma como ocorre a coparentalidade?

Os dados dessa pesquisa revelaram que, se não houve um vínculo consistente entre o marido e a mulher, se os filhos não foram fruto de uma escolha mútua, se a separação foi conflituosa ou não consensual e/ou se um dos ex--cônjuges ainda tem forte vínculo afetivo-sexual pelo outro, é muito provável que haja um afastamento parental ou um exercício coparental problemático. Tais achados revelam ou corroboram a ideia de que a conjugalidade está imbricada na parentalidade – são indissociáveis, mesmo após o fim do casamento. Além disso, os elos entre pais e filhos parecem também determinar a coparentalidade.

Nessa pesquisa, tal aspecto também se mostrou relevante na relação do pai com os filhos já que no discurso geral dos sujeitos investigados apareceu a ideia de que esse vínculo é natural quando se trata das mães. Os pais/homens justificaram a proximidade ou o afastamento dos filhos em função do sentimento que tem por eles e da sensação de reciprocidade dos mesmos. Filhos não desejados ou que não demonstram a falta do pai têm maior chance de vivenciarem o afastamento do pai, mesmo que o progenitor manifeste um senso de responsabilidade por eles. A mãe parece não ter essa opção (pelo menos na maioria das vezes, segundo justificaram as participantes devido a guarda materna), embora consigam demonstrar que nem sempre mantém o envolvimento parental por puro prazer ou pura escolha (Grzybowski, 2007).

A coabitação, relacionada à guarda paterna, revelou que as mães têm mais práticas educativas individuais do que os pais, bem como mais envolvimento direto (fazer os temas, assitir TV, etc.). Os pais evidenciam maior envolvimento indireto (ir ao cinema, ir ao parque, etc.) com os filhos em função de não coabitarem com eles. A coabitação leva, invariavelmente, a um maior envolvimento parental direto, embora não exclua o desenvolvimento de uma coparentalidade saudável, ou seja, não é porque a mãe toma algumas atitudes em relação ao filho sozinha, que ela deixa de valorizar ou de exercer uma coparentalidade com o ex-companheiro. Por outro lado, os participantes da pesquisa revelaram que a coabitação com os filhos não envolve somente prazeres e alegrias pela convivência diária e direta. Traz, também, sobrecarga, exigência parental e desafios ante a tomada de decisões sobre a educação dos filhos que nem sempre são fáceis de "bancar".

Entretanto, ao mesmo tempo, demonstraram que não são "vítimas" do divórcio, como muitas vezes a mulher é considerada, em função da sobrecarga de tarefas com os filhos. As participantes, não evidenciaram descontentamento com a rotina imposta pela separação. Pelo contrário, demonstraram a utilização de diversas estratégias para buscar envolver o ex nas responsabilidades com os filhos, não limitando-se a uma postura passiva e de queixa devido a ausência paterna. As mães/mulheres investigadas revelaram buscar ajuda e cobrar a responsabilidade do ex-cônjuge a respeito do seu papel paterno.

Entretanto, aquelas que têm a guarda revelaram-se cômodas com a possibilidade de domínio e de controle maior dos filhos, podendo exercer práticas educativas independentes, sem considerar as experiências educativas que os filhos vivenciam na casa do outro progenitor. Ou seja, as mães demonstraram realização em poder decidir sozinhas sobre a educação dos filhos e repudiaram muitas práticas educativas exercidas na casa do ex-cônjuge.

Essa pesquisa também investigou a avaliação que homens e mulheres fazem do seu ex-cônjuge. Nesse caso, as mulheres mostraram-se menos críticas a respeito do seu ex-cônjuge no exercício parental do que os homens, os quais se autoavaliaram com bastante rigor nesse papel, mostrando-se mais condecendentes com a mãe de seus filhos.

Nesse caso, as mulheres pareceram estar mais confortáveis no exercício de sua função educativa e de coparentalidade que os homens. Eles expressaram o desejo de serem mais participativos e de aprimorarem a sua função educativa na vida de seus filhos.

Diante do exposto, os resultados levantam questionamentos a respeito daquelas tradicionais expectativas em relação ao pai e à mãe após a separação. A dicotomia clássica das mães, muitas vezes consideradas "vítimas do divórcio" (sobrecarregadas, solitárias), e os pais, tantas vezes considerados "vilões" (distantes, ausentes), talvez, esteja passando por um processo de mudança.

Pode-se perceber que o cenário educativo após a separação dos pais é dinâmico e, como em qualquer outra família, tem nuanças favorecedoras e dificultadoras da tarefa de educar os filhos.

Certamente, compartilhar a tarefa educativa após o divórcio não é algo de simples equação; entretanto, tal empreendimento tem mais chances de dar certo quando os envolvidos na situação conseguem manter fronteiras nítidas entre os vínculos conjugais e os parentais. Isto é, deve-se tentar preservar os filhos das conflitivas conjugais e o par parental necessita unir-se a fim de levar adiante o projeto educativo dos filhos. Para tanto, existe a necessidade de um esforço mútuo do que já passou (casamento) e uma atitude de abertura para as novas possibilidades de relação no contexto do divórcio com todas as suas facetas e particularidades.

Sendo assim, intervir nesse contexto implica promover ações, de caráter especialmente preventivo ao longo do processo de dissolução do vínculo conjugal. Trabalhar com o fortalecimento de vínculos pai-filho e a resolução de conflitos conjugais é a premissa fundamental para a consolidação de uma coparentalidade com melhores níveis de saúde após o fim do casamento.

Relembrando...

- ✓ Conceito de parentalidade: implica uma série de responsabilidades essenciais para com os filhos, relacionadas a satisfazer necessidades econômicas e materiais, oferecer orientação e instrução, exercer autoridade, promover trocas afetivas e partilhar experiências do cotidiano. Quando a parentalidade é exercida em conjunto com alguém, num interjogo de papéis que se relaciona com o cuidado global da criança, incluindo valores, ideais, expectativas que são dirigidas a ela, numa responsabilidade conjunta pelo seu bem-estar, dá-se o nome de coparentalidade.
- ✓ Após o divórcio, muitos casais não conseguem fazer a manutenção da coparentalidade devido ao nível de conflito entre eles, à falta de cooperação e as divergências em relação à educação dos filhos.
- ✓ Existem fatores que dificultam a manutenção da coparentalidade após o divórcio e fatores que facilitam que ela aconteça. Dessa forma, não há um padrão único de funcionamento parental após a separação conjugal.
- ✓ Se não houve um vínculo consistente entre marido e mulher, se os filhos não foram fruto de uma escolha mútua, se a separação foi conflituosa ou não consensual e/ou se um dos ex-cônjuges ainda tem forte vínculo afetivo-sexual pelo outro, é muito provável que haja um afastamento parental ou um exercício coparental problemático.
- ✓ A tarefa educativa pós-divórcio tem mais chances de dar certo quando os envolvidos na situação conseguem manter fronteiras nítidas entre os vínculos conjugais e parentais.

Questões para reflexão:

1. Relacione a conjugalidade e a parentalidade com a tarefa educativa pós-divórcio.
2. A coabitação e a não residência com os filhos refletem-se na parentalidade? De que forma?.
3. Como seria possível trabalhar com o fortalecimento de vínculos pai-filho e a resolução de conflitos conjugais?

Filmes:

A MORTE INVENTADA

Sinopse: O filme revela o drama de pais e filhos que tiveram seus elos rompidos por uma separação conjugal mal-conduzida, vítimas da Alienação Parental. Os pais testemunham seus sentimentos diante da distância por anos de afastamento de seus filhos. Os filhos que na infância sofreram com esse tipo de abuso revelam de forma contundente como a AP interferiu em suas formações, em seus relacionamentos sociais e, sobretudo, na relação com o genitor alienado. O filme também apresenta profissionais de Direito, Psicologia e Serviço Social, que discorrem sobre causas, condições e soluções da questão.

Aspectos a serem dicutidos/trabalhados: O filme ilustra os prejuízos emocionais que a dificuldade em manter a parentalidade após o divórcio pode trazer para filhos e pais. Deixa evidente o quanto é difícil os casais conseguirem atuar conjuntamente em benefício dos filhos e a importância de haver um esforço nesse sentido, pois muitas vezes criam-se lacunas muito grandes entre pais e filhos, as quais são difíceis de serem suplantadas.

UMA BABÁ QUASE PERFEITA

Sinopse: A esposa de Daniel (Robin Williams) resolve pedir o divórcio por causa do comportamento dele e, consequentemente, ele fica sem a guarda das crianças. Para continuar próximo delas, resolve se vestir como uma velha babá, o que, claro, acabará ocasionando muitos problemas para ele e para as crianças.

Aspectos a serem dicutidos/trabalhados: O filme apresenta, de maneira cômica, o esforço de um pai para continuar convivendo com seus filhos mesmo após a separação conjugal. A história exibe interessantes opiniões a respeito do papel paterno e materno na vida dos filhos. Mostra também o quanto é complexo para os pais lidar com essas questões.

A LULA E A BALEIA

Sinopse: Brooklyn, 1986. Bernard Berkman (Jeff Daniels) já foi um romancista de grande sucesso, sendo que sua esposa Joan (Laura Linney) começa a despontar na área. Tanto Bernard quanto Joan já desistiram de seu casamento, ambos deixando seus filhos, Walt (Jesse Eisenberg) e Frank (Owen Kline), à própria sorte. Para Walt, essa situação serve como aprendizado e amadurecimento, mas para Frank trata-se de uma transição complicada pela qual será obrigado a passar.

Aspectos a serem dicutidos/trabalhados: O filme mostra a dificuldade dos pais em separar suas dificuldades conjugais, no momento da separação, em questões da parentalidade. Esse descompasso entre ambos tem reflexos em seus dois filhos de maneira distinta. Fica evidenciado no filme o sofrimento dos filhos frente à inabilidade dos pais em lidar com seus problemas e as reverberações em toda a família.

REFERÊNCIAS

Ahrons, C. R. (1981). The continuing coparental relationship between divorced spouses. *American Orthopsychiatric Association*, 51 (3), 415-428.

Amato, P. R. & Gilbreth, J. G. (1999). Nonresident fathers and children's well-being: a meta-analysis. *Journal of Marriage and the Family*, 61, 557-573.

Carter, E. & McGoldrick, M. (2001). *As mudanças no ciclo de vida familiar: uma estrutura para terapia familiar*. Porto Alegre: ARTMED.

Erera, P., Minton, C., Pasley, K. & Mandel, S. (1999). Fathering after divorce in Israel and U.S. *Journal of Divorce & Remarriage*, 31,1/2, 55-82.

Feinberg, M. E. (2002). Coparenting and the transition to parenthood: a framework for prevention. *Clinical Child and Family Psychology Review*, 5 (3), 173-195.

Grzybowski, L. S. (2007). *Desvelando o envolvimento parental após o fim do casamento*. Tese de Doutorado em Psicologia. Porto Alegre: PUCRS.

Hackner, I.; Wagner, A. & Grzybowski, L. S. (2006). A manutenção da parentalidade frente à ruptura da conjugalidade. *Pensando Famílias*, v. 10, n. 2, p. 73-86.

IBGE (2006). Instituto Brasileiro de Geografia e Estatística. Brasília: DF.

Linker, F., Stolberg, A. & Green, R. (1999). Family communication as a mediator of child adjustment to divorce. *Journal of Divorce and Remarriage*, 30 (1-2), 83-97.

Maccoby, E., Depner, C. & Mnookin, R. (1990). Coparenting in the second year after divorce. *Journal of Marriage and the Family*, 52, 141-155.

Madden-Derdich, D. & Leonard, S. (2002). Parental role identity and father's involvement in coparental interaction after divorce: father's perspectives. *Family Relations*, 49 (3), 311-318.

Madden-Derdich, D. & Leonard, S. (2002). Shared experiences, unique realities: formerly married mother's and father's perceptions of parenting and custody after divorce. *Family Relations*, 51 (1), 37-45.

Masheter, C. (1997). Healthy and unhealthy friendship and hostility between ex-spouses. *Journal of Marriage and the Family*, 59, 463-475.

Margolin, G., Gordis, E. & John, R. (2001). Coparenting: a link between marital conflict and parenting in two-parent families. *Journal of Family Psychology*, 15 (1), 3-21.

Nielsen, L. (1999). Demeaning, demoralizing and disenfranchising divorced dads: a review of the literature. *Journal of Divorce & Remarriage*, 31, ¾, 139-177.

Parke, R. D. (1996). *Fatherhood*. Cambridge, Massachusetts: Harvard University Press.

Pleck, J. H. (1997). Paternal involvement: levels, sources, and consequences. In M. Lamb. *The role of the father in child development*. New York: John Wiley & Sons.

Silva, M. R. (2003). *Sentimentos sobre a paternidade e envolvimento paterno de pais que residem e pais que não residem com seus filhos*. Dissertação de Mestrado. UFRGS, Porto Alegre.

Silva, M. R. & Piccinini, C. A. (2004). O envolvimento paterno em pais não residentes: algumas questões teóricas. *Psico*, 35 (2), jul/dez, 185-194.

Staudt, A. C. P. (2007). *Paternidade em tempos de mudança: uma reflexão sobre a contemporaneidade*. Dissertação de Mestrado, Faculdade de Psicologia, PUCRS, Porto Alegre.

Stone, G. & McKenry, P. (1998). Nonresidential father involvement: a test of a mid-range theory. *The Journal of Genetic Psychology*, 159(3), 313-336.

Struss, M., Pfeiffer, C. Preuss, U. & Felder, W. (2001). Adolescents from divorced families and their perceptions of visitations arrangements and factors influencing parent-child contact. *Journal of Divorce and Remarriage, 35* (1-2), 75-89.

Thompson, R. S. & Laible, D. J. (1999). Noncustodial Parents. In M. Lamb (Org.). *Parenting and chil development in "nontradicional" families* (p. 103-123). New Jersey: Lawrence Eribaum Associates.

Thomson, E., Mosley, J., Hanson,T. & McLanahan, S. (2001). Remarriage, cohabition and changes in mothering behavior. *Journal of Marriage and Family*, 63, 370-380.

Van Egeren, L. A. & Hawkins, D. P. (2004). Coming to terms with coparenting: implications of definition and measurement. *Journal of Adult Development*, 11 (3), 165-178.

Wagner, A. (2002). Possibilidades e potencialidades da família: a construção de novos arranjos a partir do recasamento. In: Wagner, A. (coord.). *Família em cena: tramas, dramas e transformações*. Petrópolis: Vozes.

Wagner, A. (2005). *Como se perpetua a família?: a transmissão dos modelos familiares*. Porto Alegre: EDIPUCRS.

Walker, A. McGraw, L. (2000). Who is responsible for reponsible fathering? *Journal of Marriage and the Family*, 62, 563-569.

Wallerstein, J. & Kelly, J. (1998). *Sobrevivendo à separação*. Porto Alegre: Artes Médicas.

8

MAMÃE, EU ACHO QUE ESTOU...
LIGEIRAMENTE GRÁVIDA!
Uma reflexão sobre a gravidez na adolescência

Daniela Centenaro Levandowski

Sábado, 22h. Enquanto, de um lado da cidade Joana se prepara para sair com suas amigas (pois sábado é dia de balada para quem tem 17 anos!), do outro lado, Talita também se encontra no maior agito. Só que ela não está se preparando para a festa... é que Jorge, seu filho de 11 meses, não para de chorar, porque está com dor de ouvido! Pelo jeito, a noite vai ser longa para essas duas...

Embora a grande maioria dos adolescentes se pareça com Joana, muitas "Talitas" estão espalhadas por aí e povoam o nosso cotidiano. De fato, não é preciso consultar as estatísticas do IBGE (2006) (que apontavam um percentual aproximado de 20% de gestações na adolescência em nosso país no ano de 2005) para confirmar a presença, bastante expressiva, de jovens exibindo a sua "barriguinha" (ou seus bebês já nascidos) nos mais diferentes lugares por onde circulamos.

Diante desse fato, é quase impossível não questionar: o que leva essas meninas a engravidarem em um momento da vida tão pouco propício para assumir grandes responsabilidades? Por que, diante de um mundo dinâmico e em constante transformação, no qual a efemeridade e a superficialidade dos relacionamentos estão em voga, as adolescentes se deparam com a tarefa de construir uma relação tão permanente como a relação mãe-filho? Qual seria o papel das famílias nessa situação? É sobre essas e outras questões que pretendemos discorrer neste capítulo.

SER ADOLESCENTE NO MUNDO ATUAL... COMO É ISSO?

Ser adolescente no mundo atual parece ser fácil – em muitos casos, porém, não é assim que se apresenta. Na adolescência encontramos a preparação para a vida adulta como uma característica marcante. Assim, existe a possibilidade de experimentação sexual com o consentimento dos pais e de diálogo aberto com eles; de "curtir a vida" e não ter responsabilidade; há, também, um mundo de profissões para ser descoberto, uma diversidade de formas afetivas e sexuais de se relacionar com uma diversidade de pessoas; milhares de lugares para viajar e estudar e a possibilidade, ainda, de fazer muitas dessas coisas ao mesmo tempo e de várias maneiras!

De fato, muitas expectativas são geradas, pois adolescer é crescer, desenvolver-se. Portanto, no aspecto profissional, espera-se a finalização do Ensino Médio e a escolha de uma profissão; no aspecto emocional, a experimentação sexual e afetiva, o fortalecimento das relações de amizades e o afastamento dos pais. Por fim, no aspecto físico, ocorre o amadurecimento gonadal (Santos, 2005; Papalia, Olds e Feldman, 2006).

Diante disso, é comum a caracterização feita da adolescência na literatura especializada como um período de "curtição" e falta de maiores responsabilidades (Martins, Trindade e Almeida, 2003; Traverso-Yépez e Pinheiro, 2005; Villela e Doreto, 2006). O adolescente parece ser aquele que não pensa na consequência dos seus atos, não consegue projetar o futuro, quer resultados e prazeres imediatos e se acha acima do bem e do mal, invulnerável a qualquer risco. Aí encontramos justamente um aspecto de risco para a prevenção da gestação nessa faixa etária (Saito e Leal, 2007).

Mas nem todos os adolescentes vivem dessa forma a sua adolescência. Quantos brasileiros (para não extrapolar a nossa realidade), ainda na adolescência, precisam cuidar dos irmãos menores e da casa ou trabalhar fora para auxiliar na renda da família? Quantos estão sofrendo as consequências da contaminação por HIV ou de uma bala perdida em função de briga ou envolvimento em um assalto?

Além disso, é difícil precisar ao certo quando inicia e termina essa fase da vida, embora todo mundo tenha em mente uma imagem do que é a adolescência e de como é ser adolescente. Sendo assim, não é raro encontrar, de um lado, adolescentes de 40 anos, que ainda dependem emocional e financeiramente de seus pais e não assumiram as ditas "responsabilidades adultas" (família e trabalho) e, por outro, adultos de 17 anos, que trabalham e sustentam sua companheira e os filhos pequenos.

Diante dessa diversidade de adolescências, que variam conforme os contextos social, cultural, familiar e econômico em que cada indivíduo está inserido, verificamos a dificuldade de definir a adolescência e de ser adolescente. Isso porque tantas possibilidades e tanta diversidade podem trazer, de forma subjacente, um grande vazio, uma sensação de não poder ser todos, de não ter tempo e nem possibilidade de ter tudo e de não ter referências para seguir. Não poderia ser esse um dos muitos motivos pelos quais adolescentes acabam gerando um filho?

Assim, frente a todas as possibilidades que existem, mas que, ao mesmo tempo, fogem do alcance, um filho é algo bastante permanente e definitivo, e a maternidade, uma espécie de lugar onde se ancorar, uma forma de ascender à vida adulta (Gonçalves e Knauth, 2006), talvez pela falta de outras oportunidades de inserção social e de aquisição de identidade (Villela e Doreto, 2006). Ou, ainda, um sonho de vida (Rosengard, Phipps, Adler e Ellen, 2004; Taquette e Vilhena, 2008; Ximenes Neto et al., 2007).

E os pais dos adolescentes, como ficam nesse panorama? Ante a diversidade de formas de ser adolescente, também não parece fácil ser pai/mãe de um adolescente, principalmente neste momento em que muitos são os questionamentos diante dos papéis parentais e suas incumbências, como discutido nos Capítulos 1 e 5 deste livro.

Logo, diversas formas de exercício da parentalidade são encontradas: pais liberais, pais autoritários, pais negociadores, pais negligentes. Pais que nem sempre têm certeza acerca dos seus atos educativos, que muitas vezes tentam diversas técnicas e estratégias para educar seus filhos, com a melhor das intenções, eventualmente sem sucesso. Pais que transmitem alguns valores nem sempre explícitos em suas ações. Pais confusos (e talvez assustados!) com a gigantesca e exigente tarefa de acompanhar o crescimento de outro ser humano e que algumas vezes se paralisam diante do que veem seus filhos dizerem ou fazerem.

Nesse sentido, também, não podemos deixar de pensar no tema da sexualidade, que muitas vezes é tabu nas famílias, encoberto na aparente liberalidade de nossos tempos. Assim, embora alguns pais e algumas mães atualmente consigam manter com seus filhos uma relação aberta, pautada pelo diálogo sobre os mais diversos assuntos, outros não conseguem discutir abertamente temas tão delicados e íntimos como a sexualidade. Dessa forma, falham nesse importante aspecto da sua tarefa educativa.

De fato, não é raro encontrar adolescentes declarando que seus pais não promovem o diálogo acerca dessa temática em casa, o que os faz buscar os amigos e os meios de comunicação (revistas, TV e internet) para esclarecimentos. Infelizmente os conhecimentos obtidos nessas fontes nem sempre são adequados e corretos, o que, por sua vez, acaba por gerar, em alguns casos, a adoção de comportamentos de risco nas relações sexuais. Assim, percebe-se que "o tiro" dos pais "sai pela culatra": não falar não impede a iniciação sexual dos adolescentes, ao contrário, pode antecipá-la e até mesmo aumentar os riscos de uma doença sexualmente transmissível ou de uma gestação, por falta de instruções acerca da prevenção (Aquino et al., 2003;

Esteves e Menandro, 2005; Sousa, Fernandes e Barroso, 2006; Taquette e Vilhena, 2008).

Por outro lado, as discussões sobre as consequências adversas de uma gestação podem influenciar a adoção de uma atitude contrária à gravidez por parte da adolescente (Jaccard, Dodge e Dittus, 2004). Então, fica aqui também salientada a importância da educação sexual na prevenção da gravidez entre adolescentes, educação esta que deve ser iniciada pelos pais, através do diálogo, e ampliada a partir da contribuição de outras instituições, como a escola e os demais ambientes educativos (Gomes et al., 2002; Rose, Koo, Bhascar, Anderson, White e Jenkins, 2005).

GRAVIDEZ *VERSUS* ADOLESCÊNCIA: O XIS DA QUESTÃO

Que a gravidez na adolescência é um fenômeno relativamente comum em nosso meio, disso ninguém discorda. Mas por que as adolescentes engravidam? Para essa questão, cada vez mais se constata que não existem respostas únicas. Entramos novamente no terreno da pluralidade, como costuma acontecer diante da complexidade da vida humana.

Algumas das razões para a ocorrência de uma gestação nessa fase da vida já mencionamos antes: a sensação de invulnerabilidade, a falta de uma educação sexual adequada e de oportunidades de inserção social, a tentativa de conquistar uma identidade adulta e de construir uma relação sólida com alguém (Vieira, Saes, Dória e Goldberg, 2006; Gonçalves e Knauth, 2006; Taquette e Vilhena, 2008).

Essas razões já mencionadas não nos impedem de listar outras tantas que têm sido documentadas na literatura científica, tais como: desejo de testar a própria capacidade reprodutiva (Dadoorian, 2003), de ser mãe (Ximenes Neto, Dias, Rocha e Cunha, 2007), de manter o relacionamento com o parceiro (Lima et al., 2004) ou de se separar emocionalmente dos pais (oferecendo um filho para ocupar o seu lugar junto a eles; Viçosa, 1997); falta de conhecimentos sobre contracepção e o uso inadequado de métodos dessa natureza (Paraguassu et al., 2005; Vieira, Saes, Dória e Goldberg, 2006); modelo de outros parentes que engravidaram na adolescência, especialmente a própria mãe (Campa e Eckenrode, 2006; Dias e Aquino, 2006; Persona, Shimo e Tarallo, 2004), e assim por diante.

Conhecer os fatores de risco para o problema nos ajuda a enfrentá-lo. Como a gravidez na adolescência é um evento indesejado socialmente, isso se torna ainda mais necessário. Mas por que a gravidez nessa época da vida se torna tão problemática socialmente? Dentre outros aspectos, porque tira os jovens da escola, o que, por sua vez, impede a conquista de oportunidades de inserção financeiramente satisfatórias no mercado de trabalho, perpetuando, para alguns, uma condição de pobreza (Baraldi et al., 2007; Duarte, Nascimento e Ackerman, 2006; Heilborn et al, 2002; Taquette e Vilhena, 2008). Também porque pode trazer repercussões negativas para o desenvolvimento da criança, em todos os âmbitos.

Além disso, o índice de recorrência da gestação entre adolescentes não é pequeno; isso multiplica tais desagradáveis e incômodas consequências, especialmente para os familiares, que muitas vezes arcam com as despesas decorrentes dessa situação (Cunha e Bruno, 2007; Persona, Shimo e Tarallo, 2004; Rosa, Reis e Tanaka, 2007). Deve-se levar em conta, ainda, os custos acarretados para o governo e para a sociedade por esse grande contingente de jovens sem atividade econômica e sua numerosa prole.

Infelizmente, grande parte das ações realizadas para a prevenção da gravidez entre adolescentes não parece alcançar um resultado plenamente satisfatório, o que exige perseverança na busca e na implementação de novas alternativas de intervenção. Mas, se, por um lado, precisamos nos preocupar em desviar os jovens do caminho da concepção, por outro, também não podemos deixar de assistir aqueles que estão gestando e que já são pais/mães. Diante disso, é importante questionar: como os adolescentes vivenciam essa experiência de maternidade e paternidade? E novamente nos deparamos com múltiplas possibilidades. Felizmente não existe uma única alternativa correta para responder essa questão.

AS COISAS COMO ELAS SÃO (?)

Embora a grande maioria dos adultos considere a gestação como "um desastre" ou "uma tragédia" na vida da jovem e do seu parceiro, nem sempre é assim que eles avaliam e vivenciam essa experiência. De fato, muitas adolescentes consideram a maternidade como uma experiência positiva, que promove seu amadurecimento e sua realização pessoal conforme achados de estudiosos como Andrade, Ribeiro e Silva (2006), Gontijo e Medeiros (2004, 2008), Silva e Salomão (2003), Ximenes e colaboradores (2007), devido à responsabilidade assumida (McCallum e Reis, 2006).

Além disso, nem sempre a gravidez rompe os projetos de vida das adolescentes; ao contrário, muitas vezes é até mesmo uma opção, um desejo pessoal, pelas diversas razões comentadas anteriormente. Afora isso, muitas adolescentes percebem a relação com o filho como compensadora das eventuais dificuldades que enfrentam, como os cuidados com o bebê, o cansaço, os medos, a dependência dos pais e a falta de recursos econômicos (Andrade, Ribeiro e Silva, 2006).

Para ilustrar tais considerações, apresento a história de duas gestantes adolescentes que vivem o momento da transição para a parentalidade. As jovens são de nível socioeconômico e cultural baixo e foram entrevistadas em três momentos: no segundo trimestre da gestação, no segundo e no sexto mês do bebê. Segue um pequeno relato da história delas.

CASO 1: JANICE

Janice (13 anos) e Fábio (19 anos) se conheceram na vila onde ambos moravam. Iniciaram uma amizade que se transformou em namoro. Depois de mais de um ano juntos, tiveram um menino, que recebeu o nome de Silvio. A gestação não foi planejada por ela, e sim pelo namorado: "Ele ficou faceiro, porque ele queria, só que eu não queria, porque eu era muito nova (...) ele já tava planejando, mas eu já não, daí eu não me cuidei e acabou acontecendo" (sic). Eles não utilizavam preservativo (camisinha) e Janice recém havia iniciado o uso da pílula anticoncepcional, esquecendo de tomá-la diversas vezes.

A partir da descoberta da gestação, Janice e Fábio passaram a morar juntos, em uma casa alugada, próxima à casa da mãe dele. Segundo ela, o relacionamento melhorou a partir da gestação e depois dela, pela redução das discussões e brigas do casal: "Ih, melhorou bastante [o relacionamento], que antes nós brigava bastante, e agora já não é tanto. Tinha muita discussão, era muito ciúme, um tinha ciúme do outro, daí a gente ficava sempre brigando" (sic). Além disso, Fábio passou a ficar mais próximo dela, "tá bem melhor, ele antes só na rua, depois, agora que o nasceu o guri, tava mais comigo, mais atenção" (sic).

Conforme o relato de Janice, seu companheiro sempre a apoiou, desde a descoberta da gravidez até o seu término, aconselhando-a, ajudando-a a recordar os horários dos remédios para anemia, preocupando-se com a alimentação dela e acompanhando-a nos exames médicos e no parto. Além disso, ele demonstrava bastante interesse pelo bebê: "Ele conversa bastante com a criança. A noite inteira quase passa conversando, de tarde também, quando eu tô deitada, ele vê mexendo [a barriga], começa a conversar. Chega do serviço já vem beijar a minha barriga" (sic). Esse interesse se manteve após o nascimento de Silvio, pois Fábio a acompanhava nas consultas pediátricas, brincava com o filho e cuidava bem do menino, conforme o relato de Janice: "Eu gosto de tudo o que ele faz (...). Ele cuida bem do gurizinho. Ajuda bastante com as coisa" (sic). Segundo ela, e sempre se mostrou um pai muito presente.

Janice teve muito medo de revelar a gravidez para seus pais, temendo uma reação negativa: "Me senti assim mal, porque tava grávida, como ia ser a reação da minha mãe, do meu pai" (sic). Confirmando suas expectativas, eles inicialmente não aceitaram o fato, deixando de falar com ela por um tempo. Aos poucos, no entanto, a mãe foi se reaproximando, passando a ajudá-la financeiramente, emocionalmente e com informações sobre o desenvolvimento do bebê. A mãe e uma irmã foram as pessoas que mais ajudaram Janice durante e após a gestação, conforme o relato dela, especialmente com os cuidados do bebê. Seu pai se manteve distante afetivamente; segundo ela, pouco lhe deu apoio.

Já o pai de Fábio reagiu de forma mais positiva à gravidez, demonstrando desde o início o desejo de que o bebê fosse do sexo feminino, o que não se confirmou. A mãe dele, ao contrário, não aceitou a gestação, sugerindo até mesmo que Janica realizasse um aborto. Aos poucos essa reação se modificou. Janice inicialmente não se considerava ajudada por eles, pois o pai de Fábio pouco os visitava e a mãe dele não seguia as orientações da adolescente para o cuidado do bebê, o que a incomodava: "O jeito da minha sogra eu não gosto. Ela quer fazer as coisas dela, e eu quero fazer as minha. Ela já quer dar comida pro guri de sal [aos dois meses de vida], quer dar mamadeira de leite de vaca, eu já não quero, eu quero dar só no peito, quer dar chá pro guri, daí eu não aceito e discutimos" (sic). De qualquer forma, eles auxiliavam financeiramente o casal. Ao longo do tempo, a relação com a sogra melhorou, o que permitiu a Janice contar com o seu apoio.

A adolescente disse ter sofrido preconceitos na escola em função da gravidez. Segundo ela, os comentários dos colegas serviram de estímulo para que ela se afastasse do colégio, somados aos desconfortos da gestação e ao fato de ter um desempenho escolar ruim (três repetências): "Eles falavam um monte de bobagem pra mim, que eu tava grávida, até eu parei de estudar por causa disso, eu passava mal... (...) Começaram a falar bobagem, que eu andava com todo mundo, um monte de coisas eles falaram" (sic). Janice disse ter enfrentado situação semelhante na vila onde morava, com a vizinhança: "Eles falavam por que eu fui fazer essa 'burragem', que não era pra mim ter feito isso, porque depois eu não ia criar, não ia dar amor, daí foi que eu também não gostei. Primeiro mandavam eu dar ele, pra eu não cuidar, pra eu não criar, daí eu não gostei, eu disse 'não, ele eu vou criar!' (...) Por tudo o que passei... Porque eu tenho amor por ele, porque eu gostei muito de ser mãe" (sic).

De fato, Janice, apesar do susto inicial, referiu-se positivamente à gravidez, tecendo expectativas positivas em relação à maternidade: "Acho que vai legal até ser mãe, pensar melhor, daí a gente sendo mãe a gente tem mais cabeça, muda mais" (sic). Por outro lado, demonstrava muita dificuldade para imaginar-se como mãe, para imaginar o bebê, para imaginar como o seu companheiro seria como pai, repetindo "Ai, pior que nem sei", "Não, nunca pensei", "Eu não imagino", "Não consigo imaginar nada", "Nem sei como vai ser", "Não tenho nem ideia". O único desejo referido era o de que seu companheiro "pensasse melhor, porque tem vezes que ele vai trabalhar, tem outras que não", remetendo-se ao aumento de responsabilidade.

Por ter sido um parto difícil, Janice não conseguia cuidar sozinha do bebê nos primeiros dias, tendo ficado na casa da mãe e recebido ajuda dela e dos irmãos. Depois, passou a se responsabilizar pelo filho, percebendo-se mais madura após o seu nascimento. Ela mostrava-se bastante atenta, preocupada e carinhosa com o bebê, procurando seguir as orientações médicas. Considerava positiva a experiência da maternidade, até por ter alimentado expectativas negativas frente a isso: "a gente tem uma pessoa do lado, quando tá sozinha tem uma pessoa pra ficar do lado, e daí a hora passa mais rápida (...) é bom ser mãe, eu me sinto bem! Mas eu pensava que não ia ser bom, porque ia mudar bastante a minha vida, ia mudar o jeito da minha mãe, o jeito dos outros, ia mudar bastante" (sic).

Aos seis meses do bebê, conseguiu retomar seus estudos e inclusive passar de ano: "Ih, mudei bastante minha cabeça, antes não pensava em estudar nem nada... Agora sim, até agora esse ano, passei, né? Porque me esforcei bem!" (sic). A sua maior dificuldade, segundo ela, não se referia à maternidade e ao bebê, mas ao fato de o marido estar preso naquele momento e, por ser menor de idade, não poder manter contato com ele. Outra queixa de Janice dizia respeito ao seu relacionamento com seu pai, que havia se modificado desde a descoberta da gestação, segundo ela, "depois que eu casei, que eu tinha perdido a virgindade".

CASO 2: LETÍCIA

Letícia (17 anos) e Marcos (29 anos) tiveram um menino, João Mateus. Eles conheceram-se na igreja, namoraram, noivaram e casaram. Já estavam juntos há mais de dois anos quando a gravidez aconteceu, de forma planejada pelo casal, embora Marcos desejasse ter um filho mais do que Letícia: "ele chegou em mim e me perguntou se eu queria, né, que ele queria tanto ter um filho, daí eu disse 'ah, vamos pensar!' (...) daí eu fiquei pensando, pensando, daí eu cheguei nele e falei 'ah, vamos, vamos tentar, né', daí eu parei de tomar os remédios" (sic). Mesmo assim, referiu ter sentido medo no momento de realizar os exames para a confirmação da gravidez. Além disso, tinha uma crença de que não poderia engravidar, pois já havia tido dois relacionamentos anteriores e não havia engravidado, mesmo sem tomar nenhum tipo de cuidado.

Ambos ficaram felizes com a confirmação da gravidez. O casal já residia em uma casa situada aos fundos da casa da mãe de Letícia. Eles tinham planos de mudar-se para um local mais afastado, para terem um espaço próprio. Contudo, por dificuldades econômicas, mantiveram-se ali, ajeitando a casa para a chegada do bebê. Segundo Letícia, o relacionamento conjugal melhorou depois da gestação, "tem mais carinho", até mesmo porque o companheiro estava mais calmo: "ele era brabo, nervoso, sabe, sempre tava com cara feia, coisa assim (...) ele era nervoso, assim, irritado, brabo, birrento, sabe, mais agora não tenho do que reclamar!" (sic). Sentia que ela é que havia ficado mais irritada durante esse período. Após o nascimento, as discussões retornaram, devido a discordâncias na forma de cuidar do bebê.

Segundo ela, Marcos sempre a apoiava e cuidava, proporcionando-lhe conforto em casa, fazendo-a sorrir quando ficava triste e chorosa, participando do pré-natal, dos exames, etc. Ele também demonstrava grande interesse pelo bebê, conversando com ele, tocando a barriga de Letícia e colocando músicas para ele ouvir: "eu acho que ele vai ser um ótimo pai, eu acho. (...) Porque o jeito dele agora eu grávida, eu acho legal, imagina depois que já tiver o nenê ali! (...) Vai ser carinhoso, vai ser legal, vai dar atenção pra ele tudo, porque ele chega do serviço e não é aquela pessoa que nem olha pra tua cara, sabe. Ele chega, dá um beijo em mim, dá um beijo na barriga" (sic).

De fato, esse interesse se manteve no momento do parto e após o nascimento de João Mateus, pois Marcos não se importava de cuidar do filho à noite (mesmo trabalhando durante todo o dia), de fazê-lo dormir e acalmá-lo, de brincar com ele e nem de realizar outras tarefas de cuidado que se mostrassem necessárias: "Ah, eu to gostando! (...) Um pai que eu acho que toda criança que não tem queria ter. Dá atenção, compra as coisa pro guri, cuida bem" (sic). Ele inclusive preferia trabalhar mais, para que Letícia pudesse ficar em casa cuidando do filho: "ele não quer que eu deixe o nenê com outras pessoas para eu trabalhar, ele quer que eu cuide (...) A gente ensina uma coisa dentro de casa, e a pessoa que cuida vai ensinar diferente" (sic). Por outro lado, chamam a atenção algumas brincadeiras inadequadas que Marcos fazia com a criança – "Ah, ele assusta ele [o filho], ele assusta, ele imita bicho, o guri se assusta mesmo, sabe, (...) ele se acorda de tanto que ele se assusta" – e o ciúme que tinha da convivência da família de Letícia com o menino.

A adolescente contou que sua mãe não reagiu muito bem à confirmação da gravidez, "porque a minha mãe não queria, jamais queria que eu ficasse grávida, porque ela acha que eu sou muito nova (...), ela achou que eu devia ter esperado um pouco" (sic). Contudo, tal reação modificou-se em seguida e sua mãe passou a ajudá-la bastante, de todas as formas, ainda na gravidez e, principalmente, após o parto. Ela era a pessoa com quem mais Letícia podia contar, afora Marcos. Suas irmãs também a ajudavam, apesar de sentirem ciúmes pela preferência da mãe em relação ao filho de Letícia, por ele ser o seu único neto. Seu pai, por sua vez, não reagiu de forma positiva, pois não gostava do seu companheiro e, por isso, já não havia aprovado o casamento. Dessa forma, continuou sendo uma pessoa com quem Letícia não podia contar.

Já a família de Marcos, apesar de ter reagido positivamente à confirmação da gravidez, apresentou mudanças após a confirmação do sexo do bebê, pois desejavam muito uma neta: "A minha sogra gostou e não gostou, porque ela tem tudo homem, três filhos e dois netos. Ela queria tanto uma neta... Daí veio o João! Ela gosta, mas daquele jeito, pra não dizer que não gosta, sabe (...). Ela foi no dia comigo fazer a ecografia. (...) Quando o médico falou que era um guri, ela já veio pra casa e nem conversou mais comigo no ônibus, quietinha, quietinha. Daí lá no hospital, quando eu fui ganhar, até naquela hora ela tava crendo que era uma menina" (sic). Mesmo depois, visitando o casal e manifestando alegria pelo fato de o neto se parecer fisicamente com eles, Letícia não se sentia apoiada pelos pais de Marcos.

Ela não referiu ter sofrido preconceito durante a sua gestação nem depois do parto, mas comentou que algumas pessoas faziam comentários negativos que a entristeciam: "Ah, como é que vai saber cuidar? Tão novinha ter engravidado, não sei o quê... apenas um ano de casada e já tem um filho. Muitos criticam, sabe, não apoiam" (sic). Também notava que "nos lugares que tu vai, todo mundo fica olhando, eles me olham com um outro olhar, sabe, com outro jeito. Até falo pro Marcos que eu fico com vergonha" (sic).

Letícia, apesar de ter planejado a gestação, mostrou-se ambivalente em relação a esse período. Sentia-se emocionada com a visualização do bebê nas ecografias, mas também triste pelas mudanças do seu corpo. Realizava o acompanhamento pré-natal, mas não seguia as prescrições da médica ginecologista em relação às medicações. Teve um parto bastante difícil, assim como a recuperação, demonstrando sequelas da cesárea ainda no sexto mês do bebê. Essa ambivalência perpassou sua experiência da maternidade. Ao mesmo tempo em que falava com carinho do bebê e em que cuidava dele de forma muito atenta e adequada ("Ah, eu sou caprichosa com ele, cuido bem dele, dou atenção (...) Ah, ele é lindo, ele é lindo!"), sentia-se triste pelas mudanças de vida (como a dificuldade para sair de casa e para conciliar as tarefas de casa e de cuidado): "Agora eu não posso fazer tudo o que eu fazia antes, o serviço de casa ele não deixa, ele chora. (...) É uma responsabilidade, porque, além de ter que cuidar de ti, tem que cuidar dele. (...) Eu pensava em não parar em casa, sair, sair, sair bastante, e agora não dá! (...) No começo eu brigava, até eu me arrependia de ter filho, né. Eu não tinha tempo nem pra mim, agora eu tinha que ter tempo pra ele, tá cuidando" (sic). De fato, Letícia referiu muitas vezes um grande medo de engravidar novamente.

FAZENDO A DIFERENÇA...

Tomando como ponto de partida a breve apresentação desses dois casos, fica evidenciada a diversidade de experiências que os adolescentes podem vivenciar na transição para a parentalidade. Diante disso, questionamos: que aspectos fazem a diferença?

Sem desconsiderar a importância das características de personalidade e da história de vida dos jovens, da qualidade do relacionamento do casal, da sua condição socioeconômica e cultural, dos modelos familiares e suas influências e da fase de desenvolvimento em que se encontram, pensamos ser de suma importância destacar o apoio recebido ou não da família, em especial dos pais.

No caso de Janice e Fábio, apesar de uma reação inicial negativa, de ressentimento e desapontamento em relação aos filhos, os avós conseguiram apoiar o casal, através de auxílio financeiro e emocionalmente. No caso, a mãe e a irmã de Janice foram figuras fundamentais para que ela pudesse enfrentar os desafios dessa experiência tão precocemente, lidar de forma adequada com o bebê e inclusive retomar seus estudos. A mãe de Fábio, ao longo do tempo, também se tornou uma fonte de apoio para o cuidado do bebê. Fora isso, o pai dele auxiliava indiretamente o casal, pois, durante certo período de tempo, trabalhou com o filho em serviços de pintura.

Já no caso de Letícia e Marcos, o apoio das famílias ao casal mostrou-se mais restrito, mas novamente chama atenção a importância das figuras femininas nessa tarefa. A mãe de Letícia foi sua maior fonte de apoio, seguida das suas irmãs, apesar de ressentimentos e desapontamentos que perpassavam suas relações e de uma reação inicial negativa à gravidez. Os pais de Marcos, por suas próprias questões, não investiram emocionalmente no neto, embora auxiliassem financeiramente e tivessem reagido positivamente à descoberta da gravidez.

Percebemos que, é comum que o adolescente vivencie nessa fase da vida uma oposição aos pais e um consequente afastamento emocional deles para poder encontrar a sua singularidade (Blos, 1996). Entretanto, a transição para a parentalidade tende a remetê-la à condição de dependência em relação a eles (Andrade, Ribeiro e Silva, 2006; Esteves e Menandro, 2005). De fato, como ser mãe/pai nessa fase sem recorrer às nossas figuras de referência? Ainda mais quando até mesmo os adultos fazem esse movimento.

Entretanto, no caso de uma gestação na adolescência, parece ficar evidente a incondicionalidade do apoio da família para o enfrentamento das demandas decorrentes da parentalidade. Assim, a autonomia que os adolescentes deixam transparecer em seus discursos é apenas relativa, pois muitas vezes o papel parental é assumido pelos avós (ou ao menos é exercido a partir de uma grande colaboração da parte deles). Quando, por qualquer razão, os familiares não conseguem prover o apoio que os jovens necessitam, percebemos desde uma vivência menos positiva da parentalidade até uma condição pessoal e social seguidamente bastante precária.

Dessa maneira, fica difícil não questionar: o que é ser avô/avó nessa situação? Que funções e tarefas devem ser exercidas por eles? Como esses adultos vivenciam essa transição precoce para o papel de avó e avô? Mas essa reflexão merece um capítulo à parte.

Por outro lado, também podemos questionar se, com o apoio oferecido aos filhos, esses adultos não estariam tentando reparar parcialmente uma falha que perceberam na educação sexual que (não) deram aos adolescentes. Não que a gravidez seja uma decorrência apenas desse fator. Mas talvez os pais se sintam um pouco cúmplices desse "crime". Pelo sim, pelo não, torna-se relevante elaborar e desenvolver programas e políticas de assistência a avôs e avós, para que eles possam auxiliar efetivamente os jovens envolvidos na transição para a parentalidade, pois esse auxílio tem sido constantemente associado a um quadro mais positivo de vivência e manejo dessa experiência (Andrade, Ribeiro e Silva, 2006; Frizzo, Kahl e Oliveira, 2005; Pedro, Botene, Motta, Ribeiro e Lima, 2007; Sabroza, Leal, Souza Jr. e Gama, 2004).

Falando mais especificamente dos adolescentes, percebemos que, diante da demanda urgente de criar um bebê que, de outra forma, não sobreviverá, eles se mobilizam para o cuidado do filho, muitas vezes deixando de lado suas necessidades pessoais e suas tarefas desenvolvimentais. Obviamente, a convivência com o bebê traz gratificações e pode amenizar muitas dificuldades e ressentimentos, mas não é possível saber de antemão como essa ruptura da adolescência pode reverberar futuramente em suas trajetórias pessoais e familiares. Isso porque o resultado dessa experiência dependerá das idiossincrasias individuais, familiares e sociais. Desse modo, fica aqui um registro de nossos questionamentos.

Para contribuir com uma reflexão sobre a questão, também não podemos deixar de apontar para o modo como os jovens exercem seus novos papéis de pai/mãe e esposo/esposa: eles acabam reproduzindo "o modelo adulto" de ser pai, mãe e companheiro. Não estamos aqui questionando a adequação ou não desse modelo, até porque todos precisam de referências e elas acabam sendo os nossos próprios pais, mas analisando que pode estar faltando aos jovens encontrar um modo particular de exercer tais papéis parentais, que leve em conta as características de sua fase de desenvolvimento. E que, paralelamente a isso, talvez esteja faltando à sociedade novas lentes para a compreensão de tais vivências, que respeitem as peculiaridades dos jovens, evitando compará-los aos adultos.

Para finalizar este capítulo, mas não encerrar a reflexão sobre o tema, cabe ainda ressaltar a existência de recursos e apoio muito mais voltados à gravidez e ao atendimento de suas consequências do que verdadeiramente a sua prevenção e à educação sexual de nossos jovens. Diante desse panorama, inquieta-nos elaborar programas voltados ao atendimento dessas demandas.

Domingo, 4h. Enquanto Joana está retornando para casa, após ter passado a noite dançando com suas amigas e ter conhecido alguns garotos, Talita está recém adormecendo, depois de ter passado a noite "dançando" de um lado para o outro de sua casa, com Jorge em seu colo. Será que um dia Joana dançará como Talita? Ou Talita ainda dançará como Joana? Quem sabe?!

Quantos adolescentes ainda precisarão "dançar"? E quantos precisarão aprender a "dançar na chuva sem se molhar"? Esperamos que as famílias, a sociedade e os órgãos competentes possam acertar o ritmo dessa música chamada prevenção.

Relembrando...

✓ No contexto atual, encontramos diferentes adolescentes e adolescências, variando conforme a idade e o meio socio-econômico-cultural considerado. Mas, de modo geral, percebemos como características comuns do ser adolescente a experimentação, a falta de responsabilidade, o afastamento emocional dos pais, a ocorrência da puberdade, a busca de prazer imediato, etc.

✓ Embora não seja uma tarefa esperada para essa fase da vida, cada vez se torna mais comum a ocorrência de uma gestação e do exercício da parentalidade en-

Relembrando...

tre adolescentes. Diferentes razões podem contribuir para a ocorrência de uma gravidez nesse período, tais como a sensação de invulnerabilidade, a falta de uma educação sexual adequada e de outras oportunidades de inserção social, a tentativa de conquistar uma identidade adulta e de construir uma relação sólida com alguém, o desejo de comprovar a própria fertilidade, de ser mãe, de manter o relacionamento com o parceiro e de se separar emocionalmente dos pais.

✓ De modo geral, a parentalidade na adolescência é socialmente problemática porque tira os jovens da escola, o que, por sua vez, impede a conquista de oportunidades de inserção financeiramente satisfatórias no mercado de trabalho, perpetuando, para alguns, uma condição de pobreza. Além disso, porque pode trazer repercussões negativas para o desenvolvimento da criança e, pelo seu elevado índice de recorrência, porque multiplica as consequências econômicas adversas especialmente para os familiares, mas também para o governo e para a sociedade.

✓ Diante desse quadro, percebe-se a necessidade de uma efetiva educação sexual, a ser iniciada na família e ampliada nas demais instituições educativas, uma vez que a falta de diálogo e de informações parece promover o sexo inseguro, contribuindo para a ocorrência da parentalidade nessa faixa etária.

✓ Contudo, nem sempre a gravidez e a parentalidade serão vivenciadas de forma negativa pelos adolescentes. Que aspectos fazem a diferença? Sem desconsiderar outros, destacamos as características de personalidade e história de vida dos jovens, a qualidade do relacionamento do casal, a condição socioeconômica e cultural, os modelos familiares, as características da fase de desenvolvimento e, principalmente, o apoio recebido da família, em especial dos pais.

Questões para reflexão:

1. Discuta como se apresenta o panorama da gestação e da parentalidade na adolescência entre jovens de nível socioeconômico médio e alto.

2. Ao longo do capítulo, verificamos a importância do apoio dos pais dos adolescentes para o enfrentamento adequado da condição de parentalidade na adolescência. Reflita acerca de que comportamentos dos pais dos jovens poderão interferir negativamente nessa vivência de apoio.

3. Como as famílias e as escolas poderiam atuar para prevenir e educar os adolescentes acerca das questões relativas ao exercício da sexualidade?

Filmes:

JUNO

Sinopse: Um filme com direção de Jason Reitman que conta com Ellen Page como atriz principal. Trata da história de uma adolescente de 16 anos, chamada Juno, que engravida de seu colega de aula e desiste de fazer um aborto. Com a ajuda do pai, da madrasta e da melhor amiga, a adolescente procura o casal "perfeito" para criar seu filho e encara algumas situações delicadas e incomuns para a sua idade.

Aspectos a serem discutidos/trabalhados: A partir do filme, é possível identificar aspectos podem facilitar ou dificultar a vivência da gestação e da parentalidade na adolescência, alguns deles comentados ao longo do capítulo.

MENINAS

Sinopse: Um documentário dirigido por Sandra Werneck. Retrata a história de quatro adolescentes cariocas que engravidaram em diferentes contextos e cuja gravidez acarreta diferentes repercussões. Evelin (13 anos) engravida de um jovem de 22 anos. Luana (15 anos) declara que planejou sua gravidez. Edilene (14 anos) espera um filho de Alex, que também engravidou sua vizinha Joice. Ao longo de um ano, elas são acompanhadas e tem suas histórias retratadas nesse documentário.

Aspectos a serem discutidos/trabalhados: Este documentário ilustra a diversidade das vivências das adolescentes no decorrer da gestação e da maternidade, aspecto ressaltado neste capítulo. A partir do documentário, é possível também identificar aspectos que facilitam ou dificultam a transição para a parentalidade na adolescência. Além disso, permite refletir acerca de eventuais preconceitos ou dificuldades enfrentados pelas adolescentes nessa condição.

REFERÊNCIAS

Andrade, P. R., Ribeiro, C. A., & Silva, C. V. (2006). Mãe adolescente vivenciando o cuidado do filho: Um modelo teórico. *Revista Brasileira de Enfermagem, 59* (1), 30-35.

Aquino, E. M. L., Heilborn, M. L., Knauth, D., Bozon, M., Almeida, M. C., Araújo, J. & Menezes, G. (2003). Adolescência e reprodução no Brasil: A heterogeneidade dos perfis sociais. *Cadernos de Saúde Pública, 19* (2), 377-388.

Baraldi, A. C. P., Daud, Z. P., Almeida, A. M., Gomes, F. A., & Nakano, A. M. S. (2007). Gravidez na adolescência: Estudo comparativo das usuárias das maternidades públicas e privadas. *Revista Latino-Americana de Enfermagem, 15* (número especial).

Blos, P. (1996). *Transição adolescente: Questões desenvolvimentais.* Porto Alegre: ARTMED.

Calligaris, C. (2000). *A adolescência.* São Paulo: PubliFolha.

Calvo, E. G. (2008). El envejecimiento de La juventud. Disponível em _ HYPERLINK "http:// www.injuve.mtas.es/injuve/contenidos.downloadatt.action?id=1481468600" __http://

www.injuve.mtas.es/injuve/contenidos.downloadatt.action?id=1481468600_, acesso em 09 de julho de 2008.

Campa, M., & Eckenrode, J. (2006). Pathways to intergenerational adolescent childbearing in a high risk sample. *Journal of Marriage and the Family, 68*, 558-572.

Cunha, S. M., & Bruno, Z. V. (2007). Reincidência de gravidez na adolescência. *Femina, 35* (11), 719-722.

Dadoorian, D. (2003). Gravidez na adolescência: Um novo olhar. *Psicologia, Ciência e Profissão, 23* (1), 84-91.

Dahinten, V. S., Shapka, J. D., & Willms, D. (2007). Adolescent children of adolescent mothers: The impact of family functioning on trajectories of development. *Journal of Youth and Adolescence, 36* (2), 195-212.

Dias, A. B., & Aquino, E. M. L. (2006). Maternidade e paternidade na adolescência: Algumas constatações em três cidades do Brasil. *Cadernos de Saúde Pública, 22* (7), 1447-1458.

Dias, A. C. G., & Gomes, W. B. (2000). Conversas, em família, sobre sexualidade e gravidez na adolescência: percepção das jovens gestantes. *Psicologia, Reflexão e Crítica, 13* (1), 109-125.

Duarte, C. M., Nascimento, V. B., & Ackerman, M. (2006). Gravidez na adolescência e exclusão social: Análise de disparidades intra-urbanas. *Revista Panamericana de Salud Pública, 19* (4), 236-243.

Esteves, J. R., & Menandro, P. R. M. (2005, Natal). Trajetórias de vida: Repercussões da maternidade adolescente na biografia de mulheres que viveram tal experiência. *Estudos de Psicologia, 10* (3), 363-370.

Figueiredo, B. (2000). Maternidade na adolescência: Consequências e trajectórias desenvolvimentais. *Análise Psicológica, 4* (18), 485-498.

Folle, E., & Geib, L. T. C. (2004). Representações sociais das primíparas adolescentes sobre o cuidado materno ao recém-nascido. *Revista Latino-Americana de Enfermagem, 12* (2), 183-190.

Frizzo, G. B., Kahl, M. L. F., & Oliveira, E. A. F. (2005). Aspectos psicológicos da gravidez na adolescência. *Psico, 36* (1), 13-20.

Gama, S. G. N., Szwarcwald, C. L., Leal, M. C., & Theme Filha, M. M. (2001). Gravidez na adolescência como fator de risco para baixo peso ao nascer no Município do Rio de Janeiro, 1996 a 1998. *Revista de Saúde Pública, 35* (1), 74-80.

Gilliam, M. L. (2007). The role of parents and partners in the pregnancy behaviors of young Latinas. *Hispanic Journal of Behavioral Sciences, 29* (1), 50-67.

Gomes, W. A., Costa, M. C. O., Sobrinho, C. L. N., Santos, C. A. S. T., & Bacelar, E. B. (2002). Nível de informação sobre adolescência, puberdade e sexualidade entre adolescentes. *Jornal de Pediatria, 78* (4), 301-308.

Gonçalves, H., & Knauth, D. R. (2006). Aproveitar a vida, juventude e gravidez. *Revista de Antropologia (USP), 49* (2), 625-643.

Gontijo, D. T., & Medeiros, M. (2004). Gravidez/maternidade e adolescentes em situação de risco social e pessoal: Algumas considerações. *Revista Eletrônica de Enfermagem, 6* (3). Disponível em _ HYPERLINK "http://www.revistas.ufg.br/index.php/fen" _http://www.revistas.ufg.br/index.php/Fe

Gontijo, D. T., & Medeiros, M. (2008). "Tava morta e revivi": Significado de maternidade para adolescentes com experiência de vida nas ruas. *Cadernos de Saúde Pública, 24* (2), 469-472.

Guimarães, A. M. D'Á. N., Vieira, M. J., & Palmeira, J. A. (2003). Informações dos adolescentes sobre métodos anticoncepcionais. *Revista Latino-Americana de Enfermagem, 11* (3), 293-298.

Heilborn, M. L., Salem, T., Rohden, F., Brandão, E., Knauth, D., Víctora, C., Aquino, E., McCallum, C., & Bozon, M. (2002). Aproximações socioantropológicas sobre a gravidez na adolescência. *Horizontes Antropológicos, 8* (17), 13-45.

IBGE (2006). Instituto Brasileiro de Geografia e Estatística. Brasília: DF.

Jaccard, J., Dodge, T., & Dittus, P. (2004). Maternal discussions about pregnancy and adolescents, attitudes toward pregnancy. *Journal of Adolescent Health, 33* (2), 84-87.

Justo, J. S. (2005). O "ficar" na adolescência e paradigmas de relacionamento amoroso da contemporaneidade. *Revista do Departamento de Psicologia (UFF), 17* (1), 61-77.

Levandowski, D. C. (2005). A transição para a parentalidade e a relação de casal de adolescentes. Tese de Doutorado, Programa de Pós-Graduação em Psicologia do Desenvolvimento, Universidade Federal do Rio Grande do Sul, Porto Alegre.

Lima, C. T. B., Feliciano, K. V. O., Carvalho, M. F. S., Souza, A. P. P. Menabó, J. B. C., Ramos, L. S., Cassundé, L. F., & Kovács, M. H. (2004). Percepções e práticas de adolescentes grávidas e de familiares em relação à gestação. *Revista Brasileira de Saúde Materno-Infantil, 4* (1), 71-83.

Martins, P. O., Trindade, Z. A., & Almeida, Â. M. O. (2003). O ter e o ser: Representações sociais da adolescência entre adolescentes de inserção urbana e rural. *Psicologia: Reflexão e Crítica, 16* (3), 555-568.

Martins, M. E. P., Rocha, E. J. M., & Martins, M. C. do V. (2006). Gravidez na adolescência: efeito sobre o crescimento e o desenvolvimento. *Revista de Pediatria do Ceará, 7* (2), 82.

McCallum, C., & Reis, A. P. (2006). Re-significando a dor e superando a solidão: Experiências do parto entre adolescentes de classes populares atendidas em uma maternidade pública de Salvador, Bahia, Brasil. *Cadernos de Saúde Pública, 22* (7), 1483-1491.

Moreira, T. M. M., Viana, D. S., Queiroz, M. V. O., & Jorge, M. S. B. (2008). Conflitos vivenciados pelas adolescentes com a descoberta da gravidez. *Revista da Escola de Enfermagem da USP, 42* (2), 312-320.

Ozella, S., & Aguiar, W. M. J. (2008). Desmistificando a concepção de adolescência. *Cadernos de Pesquisa, 38* (133), 97-125.

Pantoja, A. L. N. (2003). "Ser alguém na vida": uma análise sócio-antropológica da gravidez/maternidade na adolescência, em Belém do Pará, Brasil. *Cadernos de Saúde Pública, 19* (2), 335-343.

Papalia, D. E., Olds, S. W., & Feldman, R. (2006). *Desenvolvimento humano, 8*. Porto Alegre: ARTMED.

Paraguassu, A. L. C. B., Costa; M. C. O., Sobrinho, C. L. N., Patel, B. N., Freitas, J. T., & Araújo, F. P. O. (2005). Situação sociodemográfica e de saúde reprodutiva pré e pós-gestacional de adolescentes, Feira de Santana, Bahia, Brasil. *Ciência e Saúde Coletiva, 10* (2), 373-380.

Pedro, E. N. R., Botene, D. Z. A., Motta, M. G. C., Ribeiro, N. R., & Lima, A. A. A. (2007). O desenvolvimento do apego da mãe adolescente e seu bebê. *Online Brazilian Journal of Nursing, 6* (2). Disponível em _ HYPERLINK "http://www.objnursing.uff.br/index.php/nursing/article/viewArticle/j.1676-4285.2007.847/201" __http://www.objnursing.uff.br/index.php/nursing/article/viewArticle/j.1676-4285.2007.847/201_, Acesso em 09 de setembro de 2008.

Persona, L., Shimo, A. K. K., & Tarallo, M. C. (2004). Perfil de adolescentes com repetição da gravidez atendidas num ambulatório de pré-natal. *Revista Latino-Americana de Enfermagem, 12* (5), 745-750.

Pratta, E. M. M., & Santos, M. A. (2007). Família e adolescência: A influência do contexto familiar no desenvolvimento psicológico de seus membros. *Psicologia em Estudo (Maringá), 12* (2), 247-256.

Rosa, A. J., Reis, A. O. A., & Tanaka, A. C. D'A. (2007). Gestações sucessivas na adolescência. *Revista Brasileira de Crescimento e Desenvolvimento Humano, 17* (1), 165-172.

Rose, A., Koo, H. P., Bhascar, B., Anderson, K., White, G., & Jenkins, R. R. (2005). The influence of primary caregivers on the sexual behavior of early adolescents. *Journal of Adolescent Health, 37* (2), 135-144.

Rosengard, C., Phipps, M. G., Adler, N. E., & Ellen, J. M. (2004). Adolescent pregnancy intentions and pregnancy outcomes: A longitudinal examination. *Journal of Adolescent Health, 35* (6), 453-461.

Rosengard, C., Pollock, L., Weitzen, S., Meers, A., & Phipps, M. G. (2006). Concepts of the advantages and disadvantages of teenage childbearing among pregnant adolescents: A qualitative analysis. *Pediatrics, 118* (2), 503-510.

Sabroza, A. R., Leal, M. C., Souza Jr. P. R., & Gama, S. G. N. (2004). Algumas repercussões emocionais negativas da gravidez precoce em adolescentes do Município do Rio de Janeiro (1999-2001). *Cadernos de Saúde Pública, 20* (1), 130-137.

Saito, M. I., & Leal, M. M. (2007). Adolescência e contracepção de emergência: Fórum 2005. *Revista Paulista de Pediatria, 25* (2), 180-186.

Salles, L. M. F. (2005). Infância e adolescência na sociedade contemporânea: Alguns apontamentos. *Estudos de Psicologia (Campinas), 22* (1), 33-41.

Santos, L. M. M. (2005). O papel da família e dos pares na escolha profissional. *Psicologia em Estudo, 10* (1), 57-66.

Silva, D. V., & Salomão, N. M. R. (2003). A maternidade na perspectiva de mães adolescentes e avós maternas dos bebês. *Estudos de Psicologia, 8* (1), 135-145.

Silva, L., & Tonete, V. L. (2006). A gravidez na adolescência sob a perspectiva dos familiares: compartilhando projetos de vida e cuidado. *Revista Latino-Americana de Enfermagem, 14* (2), 199-206.

Sousa, L. B., Fernandes, J. F. P., & Barroso, M. G. T. (2006). Sexualidade na adolescência: Análise da influência de fatores culturais presentes no contexto familiar. *Acta Paulista de Enfermagem, 19* (4), 408-413.

Taquette, S. R., & Vilhena, M. M. de. (2008). Uma contribuição ao entendimento da iniciação sexual feminina na adolescência. *Psicologia em Estudo (Maringá), 13* (1), 105-114.

Traverso-Yépez, M. A., & Pinheiro, V. S. (2005). Socialização de gênero e adolescência. *Revista Estudos Feministas, 13* (1), 147-162.

Vieira, L. M. V., Saes, S. O., Dória, A. A. B., & Goldberg, T. B. L. (2006). Reflexões sobre a anticoncepção na adolescência no Brasil. *Revista Brasileira de Saúde Materno-Infantil, 6* (1), 135-140.

Viçosa, G. (1997). A interação mãe-bebê na maternidade precoce. In Fichtner, N. (Org.). *Prevenção, diagnóstico e tratamento dos transtornos mentais da infância e da adolescência: Um enfoque desenvolvimental* (p. 36-45). Porto Alegre: ARTMED.

Villela, W. V., & Doreto, D. T. (2006). Sobre a experiência sexual dos jovens. *Cadernos de Saúde Pública, 22* (11), 2467-2472.

Ximenes Neto, F. R. G., Dias, M. S. A., Rocha, J., Cunha, I. C. K. O. (2007). Gravidez na adolescência: Motivos e percepções de adolescentes. *Revista Brasileira de Enfermagem, 60* (3), 279-285.

9

AS RELAÇÕES FAMILIARES E OS PROBLEMAS EMOCIONAIS E DE COMPORTAMENTO EM ADOLESCENTES[1]

Maycoln L. M. Teodoro
Bruna Moraes Cardoso
Tiago Ferraz Porto Pereira

Diversos estudos apontam que a qualidade das relações familiares é benéfica para o desenvolvimento de crianças e adolescentes. O relacionamento entre pais e filhos, por exemplo, serve de modelo para que crianças e adolescentes construam vínculos saudáveis com outras pessoas (Anant e Raguram, 2005; Morris, Silk, Steinberg, Myers e Robinson, 2007). Seguindo os pressupostos da teoria da aprendizagem social, pode-se prever que crescer em uma família conflituosa faz com que os adolescentes tenham dificuldades de compreender como lidar com as situações de conflito mais tarde (Bandura, 1986). Da mesma forma, ter um relacionamento saudável com pelo menos um dos pais está associado a índices menores de conflito em outras relações, com irmãos, colegas e professores (Ingoldsby, Shaw e Garcia, 2001).

Relações familiares violentas abrangem tanto a violência física quanto a verbal, manifestada de forma aberta ou encoberta. Não importando a forma de violência, as relações familiares violentas desempenham um papel crucial no desenvolvimento de problemas emocionais e de comportamento em adolescentes. Nesse sentido, o estudo de Forman e Davies (2003) indica que a instabilidade familiar aumenta o risco do adolescente desenvolver problemas internalizantes e externalizantes, além de poder afetar também sua saúde

---

[1] Os autores agradecem o apoio recebido do Conselho Nacional de Desenvolvimento Científico e Tecnológico (CNPq) na execução desta pesquisa.

física. Esse processo seria influenciado pela regulação das emoções pelas crianças que, por sua vez, é afetada pelo clima emocional familiar, por meio dos estilos parentais, dos estilos de apego e da qualidade das relações parentais (Wood, Klebba e Miller, 2000).

Relações familiares pouco afetivas e conflituosas repercutem no âmbito emocional, interferindo na autoestima, na competência social e na resolução de problemas. Adolescentes inseridos em famílias com violência verbal e/ou física têm geralmente menor satisfação vital, maior nível de raiva, além de dificuldades no desempenho acadêmico. Além disso, a exposição à violência doméstica também pode provocar sintomas de trauma sob forma de imagens ou pensamentos intrusivos dos eventos em sonhos ou *flashbacks* (Evans, Davies, e DiLillo, 2008; Forehand, Long, Brody e Fauber, 1986).

Especificamente no que se refere à presença de problemas emocionais e de comportamento, existem evidências de que o relacionamento familiar está associado a transtornos tanto internalizantes quanto externalizantes. Os sintomas internalizantes são aqueles de natureza interna, como depressão e ansiedade. Por sua vez, os sintomas externalizantes são manifestos e voltados para o mundo exterior, como agressividade e delinquência. Desse modo, fatores como doença mental dos pais, falta de disciplina, uso de castigo e desarmonia na família atuam como risco para a presença de psicopatologias em crianças e adolescentes. Por outro lado, famílias afetivas atuam como fator de proteção contra o surgimento de psicopatologias na infância e na adolescência (Althoff, 2008; Feinberg, Button, Neiderhiser, Reis e Hetherington, 2007; Fleitlich e Goodman, 2001; Goodman, Fleitlich-Bilyk, Patel e Goodman 2007).

Com relação aos problemas internalizantes, as pesquisas concentram-se mais nos sintomas depressivos e ansiosos. Estudos vêm mostrando que o suporte familiar inadequado, a presença de conflito conjugal e o baixo apoio familiar estão ligados à intensidade da depressão nos filhos (Baptista e Oliveira, 2004; Purper-Ouakil, Michel e Mouren-Simeoni, 2002; Sheeber, Hops, Alpert, Davis e Andrews, 1997). No mesmo sentido, Siqueland, Kendall e Steinberg (1996) encontraram que pais de crianças diagnosticadas como ansiosas ofereciam menos autonomia para os filhos.

Da mesma forma, existem evidências de associações entre relações familiares inadequadas e sintomas externalizantes. Em uma pesquisa longitudinal, Vanderbilt-Adriance e Shaw (2008) encontraram uma relação direta entre qualidade do relacionamento familiar, habilidades sociais e comportamento social no início da adolescência. Em outros estudos, foi demonstrado que a presença de conflito familiar, como, por exemplo, o conjugal, está relacionado a comportamentos antissociais, como a crueldade contra animais (Becker, Stuewig, Herrera e McCloskey, 2004, Cummings, Goeke-Morey e Papp, 2003).

Aparentemente, a associação entre a baixa qualidade das relações familiares e os problemas emocionais e de comportamento depende do sexo dos filhos. Evans, Davies e Dilillo (2008), em um estudo de metanálise, encontraram diferença significativa entre os grupos masculinos e femininos na intensidade dos sintomas externalizantes. Os adolescentes do sexo masculino expostos à violência familiar apresentavam mais sintomas externalizantes do que as meninas vivendo em situação semelhante.

Considerando a importância da família para a socialização primária do indivíduo e sua consequente regulação da saúde emocional e psicológica das crianças e adolescentes (Maccoby, 1992), torna-se claro que a qualidade das relações familiares é importante para o prognóstico dos problemas emocionais e de comportamento. Por exemplo, famílias com altos níveis de conflito e agressão e com pouco apoio são mais vulneráveis ao desenvolvimento de desordens psicológicas (Repetti, Taylor e Seeman, 2002). Desse modo, as relações familiares caracterizadas como negativas estão relacionadas com a intensidade de psicopatologias em adolescentes. Buscando compreender melhor como se associam esses aspectos em uma amostra de adolescentes no Brasil, realizamos um estudo no qual a afetividade e o conflito familiar foram relacionados a problemas internalizantes e externalizantes.

As relações familiares de 184 adolescentes que frequentavam duas diferentes escolas públicas da região metropolitana de Porto Alegre foram investigadas. O grupo era composto de 72 meninos (39,7%) e 111 meninas (60,3%), e a idade variava de 11 a 16 anos, com média igual a 12,90 anos (DP=1,09 anos).

Todos os adolescentes responderam questionários sobre a sua relação familiar (avaliando a afetividade e o conflito) e os problemas emocionais e de comportamento (sintomas internalizantes e externalizantes). *A avaliação das relações familiares* foi feita com o Familiograma (Baptista et al., 2009; Teodoro, 2006), que é uma escala que avalia o relacionamento entre os membros da família. Para essa pesquisa foram investigados os seguintes conceitos:

1. **Afetividade Familiar:** a percepção de que a relação familiar é positiva e formada por intimidade e apoio. Caracteriza aquele relacionamento no qual a convivência diária é prazerosa.
2. **Conflito Familiar:** a percepção de um relacionamento como uma fonte geradora de estresse dentro do sistema familiar. Normalmente, os relacionamentos conflituosos são marcados por ações agressivas e intimidadoras.

Nesse estudo, os adolescentes responderam sobre sua relação com o pai, com a mãe e a percepção da relação entre pai e mãe, separadamente. No entanto, as análises foram feitas por meio de uma soma entre as três percepções, o que produziu dois resultados: a afetividade total e o conflito total da família.

As medidas de afetividade e conflito familiar podem ser combinadas em quatro diferentes categorias de acordo com a Tabela 9.1. Desse modo, as famílias pertencentes ao Tipo I são aquelas descritas como tendo alta afetividade e baixo conflito. Famílias do Tipo II possuem alta afetividade e alto conflito. Já as famílias classificadas como Tipo III possuem baixa afetividade e baixo conflito, enquanto as do Tipo IV possuem baixa afetividade e alto conflito.

Os problemas emocionais e de comportamento foram avaliados pelo Inventário de Autoavaliação de Jovens de 11 a 18 anos (YSR, *Youth Self-Report*, Achenbach e Rescorla, 2001), adaptado para o Brasil por Rocha, Araújo e Silvares (2008). O YSR é uma variação do *Children Behavior Checklist* (CBCL, Achenbach, 1991), na qual o respondente é o próprio adolescente. O YSR é composto por oito escalas de problemas de comportamento: Ansiedade/Depressão, Isolamento/Depressão, Queixas Somáticas, Problemas Sociais, Problemas de Pensamento, Problemas de Atenção, Comportamento de Quebra de Regra, Comportamento Agressivo e Outros Problemas. Neste experimento serão estudadas duas formas de classificação dos problemas emocionais e de comportamento:

1. **Problemas Internalizantes:** incluem os comportamentos descritos nas escalas de Ansiedade/Depressão, Isolamento/Depressão e Queixas Somáticas.
2. **Problemas Externalizantes:** formados pelos comportamentos descritos nas escalas de Quebra de Regra, Comportamento Agressivo e Outros Problemas.

Os resultados das análises mostraram que as relações familiares percebidas pelos adolescentes estão associadas, de modo geral, com as medidas de problemas emocionais e de comportamento. Quanto maior for a afetividade, menores serão os escores dos sintomas internalizantes ($r=-0,25$) e externalizantes ($r=-0,17$). Por outro lado, quanto maior for o conflito familiar, maiores serão os sintomas internalizantes ($r=0,37$) e externalizantes ($r=0,43$). Esses resultados nos dizem duas coisas. A primeira relaciona-se com o sentido das associações. Enquanto a afetividade é associada negativamente com os problemas emocionais e de comportamento, o conflito possui correlação positiva.

TABELA 9.1

Classificação dos tipos de família de acordo com a afetividade e conflito medidos com o Familiograma

Tipo I	Tipo II	Tipo III	Tipo IV
Alta afetividade	Alta afetividade	Baixa afetividade	Baixa afetividade
Baixo conflito	Alto conflito	Baixo conflito	Alto conflito

Isso significa que quanto **maior a afetividade** e **menor o conflito** percebido nas relações dos filhos com os pais e entre os pais, **menor será a intensidade dos sintomas internalizantes e externalizantes**. Esses resultados confirmam estudos internacionais na área que também encontraram associações entre relações familiares e psicopatologia (Althoff, 2008; Fleitlich e Goodman, 2001; Goodman, Fleitlich-Bilyk, Patel e Goodman 2007). É importante ressaltar que as medidas de correlações não representam causalidade. Assim, não podemos afirmar, por estes resultados, que foram as relações familiares que causaram os sintomas, e sim que esses fatores estão, de certa forma, associados. O segundo ponto diz respeito à magnitude das correlações. O conflito familiar possui correlações mais fortes do que aquelas apresentadas pela afetividade com os sintomas internalizantes e externalizantes. Isso indica que o conflito familiar está mais fortemente ligado aos problemas emocionais e de comportamento do que a afetividade. Dito em outras palavras, a presença de conflito familiar é um indicador de risco mais forte para os sintomas do que a afetividade. Resultados semelhantes foram encontrados por Teodoro, Cardoso e Freitas (no prelo) no estudo da depressão infantil.

Essas análises ficam mais interessantes quando dividimos os dados de acordo com o sexo dos participantes. A ideia por trás desta estratégia é que a percepção das relações familiares e sua correlação com a psicopatologia seriam diferentes para meninos e meninas. Para o sexo masculino, os resultados mostram que quanto maior for a afetividade, menor serão os sintomas internalizantes ($r=-0,32$) e externalizantes ($r=-0,24$). Maiores índices de conflito, contudo, estão associados com mais sintomas internalizantes ($r=0,43$) e externalizantes ($r=0,55$). No entanto, para as meninas, há ausência de relação da afetividade com a psicopatologia, permanecendo a relação de que mais conflito está ligado a mais comportamento internalizante ($r=0,34$) e externalizante ($r=0,33$). Esses resultados apontam para a existência de diferenças na associação entre relacionamento familiar e psicopatologia de acordo com o sexo do adolescente. Para o grupo feminino, há indícios de que o conflito esteja associado com os sintomas internalizantes e externalizantes. Por outro lado, para os meninos, há uma associação mais alta entre relações familiares e psicopatologia, tanto para o conflito quanto para afetividade. Essa diferença reflete muito provavelmente as peculiaridades da educação e dos efeitos dos eventos de vida diária específicos para os diferentes sexos (Evans, Davies e Dilillo, 2008).

Pensando as relações familiares de um modo mais amplo, foram combinadas as dimensões de afetividade e conflito familiar de acordo com as categorias descritas na Tabela 9.1. A partir dessa separação, foi comparada a intensidade de sintomas internalizantes e externalizantes nos quatro grupos.

Os resultados mostraram que os adolescentes das famílias do Tipo I (alta afetividade e baixo conflito) possuem significativamente menos sintomas internalizantes do que aqueles que percebem suas famílias como sendo do Tipo IV (baixa afetividade e alto conflito) ($F=6,29$, $p<0,001$). Dessa forma, os adolescentes que percebem suas famílias como tendo muito relacionamento afetivo e pouco conflito apresentam menos sintomas internalizantes do que aqueles que veem suas famílias como possuindo pouca afetividade e muito conflito.

Por outro lado, a intensidade de sintomas externalizantes é significativamente maior nos adolescentes que percebem suas famílias como sendo do Tipo IV (baixa afetividade e alto conflito) do que aqueles do Tipo I (alta afetividade e baixo conflito) e do Tipo III (baixa afetividade e baixo conflito). Os adolescentes que classificaram suas famílias como sendo do Tipo II (alta afetividade e alto conflito) também apresentaram mais sintomas externalizantes do que aqueles dos tipos I e III ($F=8,29$, $p<0,001$). Esses resultados mostram que o conflito, mais do que a afetividade, está relacionado com a intensidade dos comportamentos externalizantes, já que as famílias dos Tipos II e IV são aquelas com altos níveis de conflito. Desse modo, os adolescentes que percebem as relações familiares como sendo muito conflituosas terão mais sintomas externalizantes do que os jovens que vivenciam menos conflito na família, independentemente do nível de afetividade relatado.

De modo geral, podemos afirmar que a qualidade das relações familiares estão associadas a uma maior intensidade de problemas emocionais e de comportamento. O relacionamento familiar saudável é, portanto, um dos muitos fatores associados com a saúde mental dos seus membros. No entanto, é importante ressaltar que existem também outras características, como genética, envolvimento com pares e condições socioeconômicas, que desempenham, da mesma forma, um importante papel no desenvolvimento de crianças e adolescentes. Dessa forma, devemos estar atentos a possíveis fatores de risco que possam estar relacionados ao surgimento de psicopatologias. Especificamente com relação aos aspectos familiares, é importante destacar que resultados como os apresentados neste capítulo abrem possibilidades de intervenção psicológicas que busquem aumentar o apoio, a afetividade e a comunicação familiar, assim como a diminuição de conflitos. Dessa forma, estaremos promovendo um ambiente mais saudável para os membros da família, oferecendo, assim, maiores condições protetoras para o desenvolvimento infantil.

Relembrando...

✓ O relacionamento com os pais serve de modelo para que os filhos desenvolvam relações saudáveis com outras pessoas (Ingoldsby, Shaw e Garcia, 2001).

✓ Instabilidade nas relações familiares, alto conflito e baixa afetividade associam-se à intensidade de sintomas internalizantes e externalizantes (Forman e Davies, 2003; Teodoro, Cardoso e Freitas, 2010).

✓ Relações familiares pouco afetivas e conflituosas estão relacionadas a baixa autoestima, competência social e resolução de problemas em contexto acadêmico (Evans, Davies e DiLillo, 2008; Forehand, Long, Brody e Fauber, 1986).

✓ Maior afetividade e menor conflito percebido nas relações dos filhos com os pais e entre os pais estão associados com uma intensidade menor dos sintomas internalizantes e externalizantes.

✓ As associações entre conflito e problemas internalizantes e externalizantes são mais fortes para os meninos quando comparadas com os resultados do grupo feminino.

✓ De modo geral, podemos afirmar que a qualidade das relações familiares estão associadas com uma maior intensidade de problemas emocionais e de comportamento. O relacionamento familiar saudável é, portanto, um dos muitos fatores associados com a saúde mental dos seus membros.

Questões para reflexão:

1. Com base nas pesquisas apresentadas, aponte alguns fatores de risco que estão associados às relações familiares instáveis e conflituosas.
2. Discuta a importância das relações familiares saudáveis para o desenvolvimento de crianças e adolescentes.
3. Aponte algumas razões culturais que podem ser as causas das diferenças existentes entre os grupos masculino e feminino nas associações entre relações familiares e sintomas internalizantes e externalizantes.
4. De acordo com os resultados apresentados pelo capítulo, qual a relação da afetividade e do conflito familiar nos problemas internalizantes e externalizantes dos adolescentes?

Filmes:

A GUERRA DOS WINTERS

Sinopse: Este emotivo filme retrata o drama da família Winters. Jim Winters (Anthony LaPagli) é um jardineiro que perdeu sua mulher em um acidente, entrando em um luto que o torna incapaz de evitar o distanciamento dele com seus filhos, Gabe e Pete. Pete (Mark Webber), o filho mais jovem dessa família, demonstra comportamento rebelde e agressivo; Gabe (Aaron Stanford), apesar de passar uma imagem madura e segura, entra em constantes conflitos com seu pai. Jim então conhece uma nova vizinha (Allison Janney), que, por sua simpatia, consegue aos poucos trazer felicidade para sua vida.

Aspectos a serem discutidos/trabalhados: Neste filme, é interessante observar que a relação entre pai e filho adolescente é tão complicada quanto a relação entre pai e filho adulto jovem. Jim Winters demonstra ser um pai com dificuldades em lidar com seus filhos, especialmente com Pete, ao ponto de ser um pai ausente em certos aspectos.

BELEZA AMERICANA

Sinopse: O conflito conjugal é evidente nesse drama vencedor de cinco Oscars e vários outros prêmios. O casal Lester (Kevin Spacey) e Carolyn (Annette Bening), apesar de aparentar uma vida perfeita, passa por uma fase na qual Lester está em uma crise de meia idade e resolve mudar sua vida completamente, de maneira brusca e fora dos padrões esperados pela sociedade. Carolyn, bem-sucedida corretora de imóveis, inicia um caso extraconjugal. Esses fatores servem como estopim para deflagrar uma série de conflitos que afetam a vida da rebelde Jane (Thoira Birch), filha desse casal, que demonstra extremo desrespeito por seus pais que, por sua vez, a ignoram.

Aspectos a serem discutidos/trabalhados: Este filme focaliza o impacto das relações familiares no comportamento dos filhos adolescentes. Pode-se observar que Jane, ao longo do filme, se envolve em situações vistas como perigosas devido à negligência de seus pais e às brigas constantes do casal. Esta situação acentua o afastamento deles com a sua filha. O namorado de Jane, por sua vez, também vem de uma família com um pai autoritário e uma mãe oprimida e introspectiva.

REFERÊNCIAS

Achenbach, T.M. (1991). *Manual for the child behavior checklist/4–18 e 1991 profile*. Burlington, VT: University of Vermont.

Achenbach, T.M., & Rescorla, L.A. (2001). *Manual for the ASEBA school-age forms & profiles*. Burlington: University of Vermont, Research Center for Children, Youth, & Families.

Althoff, R. R. (2008). Diagnoses, neuropsychological functioning, and parental depression affect the expression of internalizing and externalizing disorders in children. *Journal of the American Academy of Child & Adolescent Psychiatry, 4*, 358-358.

Anant, S., & Raguram, A. (2005). Marital conflict among parents: Implications for family therapy with adolescent conduct disorder. *Contemporary Family Therapy, 27*, 472-482.

Bandura, A. (1986). *Social foundations of thought and action: A social cognitive theory*. Englewood Cliffs, NJ: Prentice-Hall.

Baptista, M. N., & Oliveira, A. A. (2004). Sintomatologia de depressão e suporte familiar em adolescentes: Um estudo de correlação. *Revista Brasileira de Crescimento Desenvolvimento Humano, 14*, 58-67.

Baptista, M.N., Teodoro, M.L.M., Cunha, R.V., Santana, P.R., & Carneiro, A.M. (2009). Evidência de validade convergente entre o Inventário de Percepção de Suporte Familiar (IPSF) e o Familiograma (FG). *Psicologia: Reflexão e Crítica, 22*, 466-473

Becker, K.D., Stuewig, J., Herrera, V.M., & McCloskey, L.A. (2004). A study of firesetting and animal cruelty in children: Family influences and adolescent outcomes. *Journal of the American Academy of Child and Adolescent Psychiatry, 43*, 905-12.

Cummings, E.M., Goeke-Morey, M.C., & Papp. L.M. (2003). Children's responses to everyday marital conflict tactics in the home. *Child Development, 74*, 1918-1929.

Evans S. E., Davies C., & DiLillo, D. (2008). Exposure to domestic violence: A metaanalysis of child and adolescent outcomes. *Aggression and Violent Behavior, 13*, 131–140.

Feinberg, M. E., Button, T. M. M., Neiderhiser, J. N., Reiss, D., & Hetherington, E. M. (2007). Parenting and adolescent antisocial behavior and depression: Evidence of genotype x parenting environment interaction. *Archives of General Psychiatry, 64*, 457-465.

Fleitlich, B., & Goodman, R. (2001). Social factors associated with child mental health problems in Brazil: Cross sectional survey. *British Medical Journal, 323*, 599-600.

Forehand, R., Long, N., Brody, G. H., & Fauber, R. (1986). Home predictors of young adolescents' school behavior and academic performance. *Child Development, 57*, 1528-1533.

Forman, E. M., & Davies, P. T. (2003). Family instability and young adolescent maladjustment: The mediating effects of parenting quality and adolescent appraisals of family security. *Journal of Clinical Child and Adolescent Psychology, 32*, 94–105.

Goodman, A., Fleitlich-Bilyk, B., Patel, V., & Goodman, R. (2007). Child, family, school and community risk factors for poor mental health in Brazilian schoolchildren. *Journal of American Academy of Child and Adolescence Psychiatry, 46*, 448-456.

Ingoldsby, E. M., Shaw, D. S., & Garcia, M. M. (2001). Intrafamily conflict in relation to boys' adjustment at school. *Development and Psychopathology, 13*, 35–52.

Maccoby, E.E. (1992). The role of parents in the socialization of children: An Historical overview. *Developmental Psychology, 28*, 1006-1017.

Morris, A. S., Silk, J. S., Steinberg, L., Myers, S. S., & Robinson, L. R. (2007). The role of the family context in the development of emotion regulation. *Social Development, 16*, 361-388.

Purper-Ouakil, D., Michel, G., & Mouren-Simeoni, M. C. (2002). Vulnerability to depression in children and adolescents up date and perspectives. *Encephale-Revue de Psychiatrie Clinique Biologique et Therapeutique, 28*, 234-240.

Repetti, R. L., Taylor, S. E., & Seeman, T.E. (2002). Risky families: Family social environments and the mental and physical health of offspring. *Psychological Bulletin, 128*, 330-366.

Rocha, M.M., Araújo, L.G.S., & Silvares, E.F.M. (2008). Um estudo comparativo entre duas traduções brasileiras do Inventário de Auto-Avaliação para Jovens (YSR). *Psicologia. Teoria e Prática, 10*, 14-24.

Sheeber, L., Hops, H., Alpert, A., Davis, B., & Andrews, J. (1997). Family support and conflict: Prospective relations to adolescent depression. *Journal of child psychology, 25*, 333-344.

Siqueland, L., Kendall, P. C., & Steinberg, L. (1996). Anxiety in children: Perceived family environments and observed family interactions. *Journal of Clinical Child Psychology, 25*, 225–237.

Teodoro, M.L.M. (2006). Afetividade e conflito em díades familiares: Avaliação com o Familiograma. *Interamerican Journal of Psychology, 40*, 395-390.

Teodoro, M. L. M., Cardoso, B. M., & Freitas, A. C. Huff (prelo). Afetividade e conflito Familiar e sua relação com a depressão em crianças e adolescentes. *Psicologia. Reflexão e Crítica*.

Vanderbilt-Adriance, E., & Shaw, D.S. (2008). Conceptualizing and re-evaluating resilience across levels of risk, time, and domains of competence. *Clinical Child Family Psychology Review, 11*, 30-58.

Wood, B. L., Klebba, K. B., & Miller, B.D. (2000). Evolving the biobehavioral family model the fit of attachment. *Family Process, 39*, 319-344.

10

A VIOLÊNCIA COMO INSTRUMENTO EDUCATIVO
Uma história sem fim?

Denise Falcke
Larissa Wolff da Rosa

A agressão física, até pouco tempo atrás, era uma das formas mais utilizadas pelos pais para disciplinar seus filhos. Na fala dos pais, era comum ouvirmos dizer que era uma maneira de demonstrar sua autoridade perante os filhos. Será que o uso da força física demonstra autoridade? Ou se pode pensar em autoritarismo?

A autoridade refere-se a um lugar de destaque ocupado por alguém que detém experiência ou conhecimento e que assume as responsabilidades advindas do papel que desempenha. Na família, os pais são investidos de autoridade para que possam colocar limites nos filhos, levando-os a discriminar e reconhecer as normas sociais. O autoritarismo, diferentemente da autoridade, é um sistema que tem caráter de dominação, de imposição. Na educação infantil, quando prepondera um estilo educativo autoritário, a força física funciona como um instrumento de disciplina e afirmação do poder; ou seja, quem tem mais força, é quem manda.

Durante muito tempo, devido ao fato de ocuparem uma posição hierárquica superior no âmbito familiar e também ao contexto sociocultural em que viviam, os pais tiveram uma espécie de autorização social para utilizar a agressão como método disciplinar. A justificativa para a utilização da agressão aparece, inclusive, em ditados populares, quando se diz, por exemplo, que determinado comportamento do filho ocorre *"por falta de laço"*. Existem ainda canções infantis que ilustram e enfatizam a utilização da agressão, como é o caso de Samba-lelê: *"Samba-lelê tá doente/Tá com a cabeça quebrada/Samba-lelê precisava/É de umas boas palmadas"*. Nesse caso, a letra ressalta a utilização da palmada como "remédio" para a situação de Samba-lelê.

Sendo assim, até hoje, quando se fala em pais que batem nos filhos, torna-se necessário questionar o limiar entre método disciplinar "com fins educativos" e a agressão infantil. Já no início dos anos 1990, Johnson (1992) registrou que a maior parte do abuso físico acontece como uma reação ao comportamento da criança, com o objetivo de interromper sua conduta. Nesses casos, a agressão é vista como uma alternativa para a imposição de disciplina, o que evidencia a difícil tarefa de definir a linha divisória entre a imposição de limites e a violência contra a criança, uma vez que, em nossa sociedade, tradicionalmente, a força física vem sendo utilizada como método disciplinar.

Afeto e limites, que têm sido nomeados na literatura técnica da área como responsividade e controle, podem ser considerados as duas grandes dimensões da educação infantil. Através do afeto, os pais demonstram aos filhos o amor que sentem por eles, aproximam-se carinhosamente e compreendem os sentimentos dos filhos, proporcionando confiança em um relacionamento seguro. Dar limites significa proibir, limitar ou restringir atitudes da criança que não são adequadas socialmente ou podem colocá-la em risco. Sendo assim, dar limites favorece o desenvolvimento da noção de responsabilidade pelos próprios atos e pelas suas consequências para si e para os outros. É também uma garantia de segurança, na medida em que os pais, ao controlar as atitudes dos filhos, sentem-se seguros de que eles não se coloquem em situações perigosas. Dessa forma, os pais protegem os filhos das consequências de seus comportamentos, que não seriam saudáveis para eles em curto ou em longo prazo. Por exemplo, quando os pais obrigam os filhos a tomar banho todos os dias, mesmo que eles resistam à ideia, os estão protegendo de possíveis doenças. Se a criança tiver 8 anos, ela, com certeza, preferirá ficar brincando e o banho, nesse caso, passará a ser uma perda de tempo, pois ela não tem condições de dimensionar a importância da higiene em longo prazo. Do mesmo modo, quando o pai proíbe que o filho coloque a mão na tomada, evita que ele se machuque. Tais exemplos demonstram o quanto impor limites não é, necessariamente, uma atitude punitiva, mas, principalmente, de segurança e proteção.

A questão é a forma como o limite é imposto. Em uma situação de descontrole da criança, quando, por exemplo, ela grita e se atira ao chão, segurá-la e explicar-lhe por que não pode ter tal atitude seriam as formas mais adequadas de dar limites. Porém, é frequente que pais e mães se utilizem de ameaças e de castigos físicos como estratégia de controle das atitudes dos filhos. Frente a tal situação, bastante comum em nosso meio, pergunta-se: o que caracteriza, então, o abuso físico infantil?

De modo geral, de acordo com a Organização Mundial da Saúde (OMS, 2002), o abuso físico é definido como toda ação ou omissão de um adulto que acarrete dano ao desenvolvimento da criança. A questão é que se trata de um conceito bastante subjetivo, uma vez que é complexa a avaliação da dimensão de "dano ao desenvolvimento". Uma palmada dada em um único momento em que a mãe, por exemplo, chega em casa e vê que a criança pintou todas as paredes com tinta, ou quando a criança fez uma grande birra, desafiando os pais, pode causar dano ao desenvolvimento? Por mais que existam outras formas mais saudáveis de lidar com a situação, uma palmada que é dada como um ato único no contexto de um padrão educativo preponderantemente autorizante e democrático não é tão danosa como aquela frequentemente utilizada em um contexto coercitivo, de um estilo educativo autoritário.

O estilo educativo refere-se ao padrão preponderante de condutas que os pais utilizam na educação dos filhos (Weber, Brandenburg e Viezzer, 2003). A partir dos pressupostos de Baumrind (1965), ainda nos anos 1960, uma das pesquisadoras pioneiras no estudo de educação parental, identificou-se três estilos preponderantes: autoritário, autorizante e permissivo. MacCoby e Martin, em 1983, propuseram uma revisão da tipologia proposta por Baumrind e definiram quatro tipos, a partir de uma subdivisão do estilo permissivo. Os estilos educativos propostos foram: permissivo negligente, permissivo indulgente, autorizante e autoritário. Pais negligentes são aqueles que demonstram pouco controle e pouco afeto em relação aos seus filhos. Geralmente, eles têm atitudes de abandono e desatenção em relação às necessidades das crianças. Por sua vez, os pais indulgentes também demonstram pouco controle, mas são afetivos e continentes com relação aos filhos. Acreditam que não devem dar limites para não tolher suas potencialidades. Os pais autorizantes são os que dão muito afeto aos filhos e, ao mesmo tempo, têm um bom controle sobre eles. Dão liberdade de escolha, mas assumem a decisão final, especialmente nas questões em que as crianças ainda não têm maturidade para decidir o que é melhor para elas. Esse estilo é tido como o mais saudável no âmbito das relações familiares. Por fim, os pais autoritários são os que demonstram muito controle e pouco afeto. São muito disciplinadores, exigindo respeito e obediência. Têm um baixo envolvimento afetivo e se utilizam, muitas vezes, de métodos coercitivos e agressivos para punir as atitudes dos filhos, as quais não correspondem ao que eles consideram certo ou socialmente adequado.

Considerando os estilos educativos descritos até aqui, é fácil perceber que, na maioria dos casos, a violência ocorre em famílias que assumem um estilo autoritário de educação dos filhos. A utilização da força física é justificada como um método disciplinar, que garante aos pais a posição de superioridade e poder. Como é observado pouco afeto no vínculo pai-filho, a palmada, a surra ou a ameaça da agressão são os recursos mais utilizados, em detrimento de estratégias educativas consideradas mais adequadas, como o diálogo, por exemplo.

Sendo assim, parte-se do pressuposto de que a utilização da agressão, no sentido educativo, sempre deve ser evitada. Nos casos em que ela ocorre, a caracterização do abuso se dá a partir de alguns indicadores (González Tornaría, Vandemeulebroecke e Colpin, 2001). Deve-se levar em conta, na avaliação de situações de abuso físico, o tipo de agressão (palmada, chutes, beliscões ou utilização de objetos – chinelo, cinta, relho, etc.), a frequência com que se repete, a intensidade da força utilizada e as lesões físicas ou emocionais que são causadas na criança.

Nesse sentido, tal avaliação requer um exame minucioso de toda a dinâmica de funcionamento das pessoas envolvidas. Ainda mais se considerarmos que as pessoas próximas são as principais agressoras na imensa maioria dos casos, geralmente os próprios pais ou parentes com os quais a família mantém um relacionamento estreito (93,5% dos casos, segundo dados da ABRAPIA, 1999). Muitas vezes, acredita-se que o risco da violência está somente nas ruas, quando na realidade, as situações de maus-tratos infantis revelam que ele pode existir desde uma etapa precoce da vida da criança no seu próprio ambiente familiar. Nesses casos, questiona-se: quais aprendizados essas pessoas, que desde a tenra infância são agredidas pelos seus "cuidadores", levam para suas vidas? Como se dá o processo de construção das suas identidades? Que modelo de relações afetivas elas desenvolvem?

Dentre os diferentes tipos de experiências vivenciadas na família de origem, algumas são consideradas mais prejudiciais ao desenvolvimento saudável do indivíduo. Melchert (1998) e Messman-Moore e Brown (2004) constataram que as experiências de abuso sexual e de abuso de substâncias químicas pelos pais, tais como álcool ou drogas, são as que determinam um pior nível de funcionamento familiar e, consequentemente, menor ajustamento futuro dos filhos.

Corroborando esse dado, outra pesquisa confirmou o efeito negativo das experiências de abuso sexual na vida das pessoas. Apesar dessa experiência geralmente estar associada a outras dimensões do funcionamento familiar negativo, ela, por si só, é um fator de risco muito importante. Pesquisadores observaram uma relação significativa entre os diferentes tipos de abusos (físico, sexual e psicológico) nos relacionamentos amorosos (Banyard, Arnold e Smith, 2000). Além disso, esse estudo revelou que as mulheres vítimas de abuso sexual na família de origem têm duas vezes mais chances de serem agredidas fisicamente nos seus relacionamentos amorosos e três vezes mais chances de sofrerem agressões psicológicas de seus parceiros. Dado que reflete a perspectiva transgeracional das experiências de violência familiar.

O abuso sexual, como também o abuso físico e/ou emocional, relaciona-se com o aumento de sintomas como ansiedade, obsessividade, depressão, somatização e labilidade no relacionamento interpessoal (Harter e Vanecek, 2000). No estudo realizado com 651 alunos iniciantes do Curso de Psicologia da Texas Tech University, por Harter e Vanecek (2000), foi reportado um índice bastante alto de casos de abuso: das participantes mulheres, 25% referiram história de abuso sexual; 18%, história de abuso físico e 32%, história de abuso emocional. Dos participantes homens, 13% reportaram história de abuso sexual; 15%, história de abuso físico e 25%, história de abuso emocional.

Em nosso país, não se tem estimativa precisa sobre a incidência de abusos, pois os levantamentos estatísticos são poucos e limitados. A maioria das pesquisas encontradas sobre levantamento epidemiológico dos casos de violência foi realizada a partir dos casos em que as vítimas denunciaram a agressão, o que não corresponde, nem de longe, ao índice de pessoas, em geral, que já sofreram algum tipo de abuso. Considerando os dados existentes, estima-se que, no Brasil, diariamente 18 mil crianças são espancadas e pelo menos 100 morrem; ou seja, uma criança é espancada a cada cinco segundos. Além disso, 60% dos brasileiros afirma terem sido vítimas de castigos físicos na infância (Dias, 2008). Em uma pesquisa realizada em Porto Alegre, investigando as experiências que os sujeitos vivenciaram na sua infância (Falcke, 2003), constatou-se que 65% dos sujeitos referiu ter sido punido fisicamente pelo pai, sendo que 45% considerou que o pai foi violento. Em relação à mãe, 73% revelou pelo menos um episódio de punição física, e 45% reconhece que a mãe era violenta fisicamente com eles. Da amostra total (542 sujeitos), 11,8% referiu ter sofrido abuso sexual na infância.

Considerando os danos causados pelas situações de abuso, Kamsner e McCabe (2000) constataram que as experiências tanto de abuso sexual quanto de abuso físico contribuem significativamente para o desajustamento psicológico adulto. Analisando as repercussões dessas situações abusivas em um grupo de estudantes universitários, verificaram que o abuso físico infantil foi, mais do que o abuso sexual, um preditor do desajustamento psicológico adulto para esse grupo. Com isso, apesar do abuso sexual ser tido como um dos mais fortes preditores do desajustamento psicológico, Kamsner e McCabe (2000) alertam para o fato de que não se deve desconsiderar o impacto, em longo prazo, das experiências de abuso físico e do ambiente familiar negativo como um todo.

Além desses tipos de abuso, Guerra (1985), já nos anos 1980, chamou atenção para a violência que é empregada através de meios persuasivos, abatendo a resistência da vítima pela coação através de ameaças, humilhações ou privação emocional. Esse tipo de violência é definido como violência psicológica. Observa-se que, quanto à modalidade de abuso perpetrada, há vários tipos de violência. Surge daí a necessidade de uma classificação e a busca de tratamento diversificado. Resumidamente, dentre as principais formas de violência podem ser citadas:

- *violência física:* qualquer ação intencional, imputada por um adulto que provoca dano físico à criança ou ao adolescente.
- *violência psicológica:* atitude negativa do adulto sobre a competência social da criança ou do adolescente. Este tipo de abuso pode ocorrer de várias formas, sendo que, dentre elas, podem ser citadas: ameaças, rejeição, isolamento, aterrorizamento, abandono, cobrança excessiva, etc.
- *negligência:* omissão do adulto em relação aos cuidados básicos de que a criança ou o adolescente necessita, como, por exemplo, privação de alimentação e/ou medicação, descuido com vestuário e higiene, etc.

- *violência sexual:* qualquer ato, situação ou relacionamento de natureza sexual, promovido por um agressor que esteja em estágio de desenvolvimento psicossexual mais adiantado que a criança ou o adolescente.

Dados da pesquisa realizada pela ABRAPIA (1999) no Estado do Rio de Janeiro revelam que a frequência dos diferentes tipos de abuso foi: físico (65%), psicológico (51%), negligência (49%) e abuso sexual (13%). É importante considerar que o somatório ultrapassa 100%, pois é frequente a coexistência de dois ou mais tipos de abuso.

Quanto às experiências de abuso e negligência na infância, González Tornaría, Vandemeulebroecke e Colpin (2001) salientam que elas se constituem em preditores de uma série de comportamentos negativos na vida adulta. Dentre esses comportamentos, pesquisas salientam a predisposição para a delinquência, a ideação suicida, a manifestação de hostilidade, o alcoolismo ou a drogadição, o desajuste psicológico e a repetição, em seus filhos, dos maus-tratos sofridos (Everstine e Everstine, 2007; Johnson, Smailes, Cohen, Brown e Bernstein, 2000; Melchert, 2000; Roy, 2001; Walker-Bernes e Mason, 2001).

Nos casos de violência doméstica, observa-se o impacto no desenvolvimento do sujeito tanto nas situações em que ele sofre agressão dos pais quanto naquelas em que testemunha a violência conjugal entre eles (Kilpatrick et al., 2000). Testemunhar violência física na família de origem é um fator preditivo do desajuste psicológico na adultez para homens e para mulheres.

Na maioria dos casos, pessoas que relatam histórias de abuso e alcoolismo parental também definem suas famílias de origem como amplamente disfuncionais. Isso inclui descrições da família como conflitiva, distante emocionalmente e isolada socialmente. Além disso, abuso infantil, alcoolismo parental e disfunção geral familiar foram também relacionados com o reduzido envolvimento afetivo dos pais na educação dos filhos (Harter e Vanecek, 2000). Sendo assim, pode-se verificar que, na maioria das vezes, não se observa um único indicativo grave de disfuncionalidade na família, mas sim a coexistência de diferentes fatores que acabam por caracterizar o sistema familiar como disfuncional.

Desde pequenas, muitas pessoas são submetidas a experiências dolorosas executadas justamente por aqueles de quem deveriam receber suporte afetivo e cuidados essenciais. Uma infinita variedade de experiências é vivenciada pelas pessoas em suas famílias de origem. Como núcleo básico de constituição do ser humano, a família é considerada responsável pelo bem-estar físico e emocional de seus membros.

É fácil pensar que pessoas submetidas a situações difíceis no relacionamento com seus pais (violência física, negligência, alcoolismo parental, etc.), por terem sofrido muito por isso, não desejariam que seus filhos passassem pelas mesmas situações que vivenciaram. Contudo, o que as pesquisas revelam é que praticamente a totalidade dos adultos abusadores foi abusada durante a infância (Banyard, Arnold e Smith, 2000; Cecconello, 2003; De Antoni, Barone e Koller, 2007; Dunn, Mezzich, Janiszewski, Kirisci e Tarter, 2001; Everstine e Everstine, 2007; Falcke, 2006; Kamsner e McCabe, 2000; Mendlowicz e Figueira, 2007; Roy, 2001). Como se explicaria esse movimento de infligir aos filhos o mesmo sofrimento que experimentaram?

Seguidamente, observa-se a repetição de padrões aprendidos nas relações com os cuidadores na infância, mesmo que eles se caracterizem como destrutivos. De alguma forma, esse fenômeno se revela como uma busca por relacionamentos através dos quais se possa repetir a vivência emocional sofrida na infância. As dificuldades vivenciadas na relação pai-filho tendem a mobilizar o sujeito para que tente encontrar, nos relacionamentos posteriores, uma solução para o problema apresentado na relação de origem.

Nesta perspectiva, a análise transgeracional do desenvolvimento do indivíduo e da família parte do pressuposto de que, em todos os núcleos familiares, ocorre a transmissão de padrões de uma geração para a outra. A dinâmica da família de origem caracteriza-se como uma bagagem que acompanha o sujeito na trajetória do seu desenvolvimento individual e familiar (Falcke, Wagner, Beck e Veras, 2001). São as experiências na família de origem que vão, então, dando significado às vivências e determinando a forma como o sujeito irá ver o mundo e atribuir sentido à sua vida.

Além disso, os pais que são "abusadores", em geral, carecem de modelos e estratégias de flexibilização frente aos problemas, principalmente por uma aprendizagem também deficiente nas interações com seus próprios pais em suas famílias de origem (Everstine e Everstine, 2007). Desse modo, têm dificuldades em modificar o padrão de conduta aprendido e acabam por repetir os abusos sofridos, perpetuando o ciclo vicioso da violência. Em outras palavras, justamente por mostrarem-se despreparados para compreender, administrar e tolerar seus próprios conflitos, os pais, segundo Muszkat (2001), tornam-se violentos por tradição.

Corroborando esse pressuposto, Pereira (2005) constata que as crianças que viveram em contextos nos quais a violência se fez presente tendem a acreditar que essa é a única forma de socialização, repetindo na vida adulta os padrões aprendidos e contribuindo assim para a manutenção da violência através das gerações. Todavia, é importante considerar que, apesar das experiências passadas serem um indicativo da qualidade dos relacionamentos no futuro, não se pode pensar em termos deterministas.

As experiências desagradáveis vividas na família de origem não condenam a uma vida de relações problemáticas no futuro, seja por uma tendência de repetição ou pela tentativa de buscarem uma solução para os conflitos anteriores. Em estudo realizado com 542 participantes adultos, verificou-se associação entre o tipo de experiência que as pessoas vivenciaram em suas famílias de origem e a qualidade do relacionamento conjugal que mantinham na atualidade. Contudo, essas experiências da infância e da adolescência tiveram um poder explicativo de somente 10,8% da qualidade do relacionamento conjugal (Falcke, Wagner e Mosmann, 2008). A partir desses achados, pode-se verificar que as pessoas trazem legados da sua família de origem, mas têm inúmeras oportunidades para administrar as experiências do passado e redefinir suas escolhas.

Ao longo do tempo, a maturidade e o contato com outros modelos de identificação, bem como a vivência de outros tipos de relações, podem favorecer com que as pessoas adquiram recursos para viver de outras formas os seus relacionamentos. Sendo assim, apesar de levarmos em conta que a maioria dos abusadores foi abusada, sabe-se que nem todo o abusado se transforma em abusador. O que diferencia um dos outros? Que variáveis da história de vida das vítimas de abuso na infância podem contribuir para que elas busquem ou não identificação com o agressor?

A possibilidade de não repetição dos padrões de violência no futuro foi estudada por Cecconello (2003), que revelou como fatores de proteção do equilíbrio psíquico a manutenção de um relacionamento amoroso estável, o acompanhamento psicoterapêutico ou a participação em grupos de autoajuda e a presença de pessoas significativas na rede de apoio. Esse estudo revela alguns aspectos-chave para a compreensão do que pode auxiliar na ruptura do ciclo de repetição da violência. Salienta-se a importância da busca de ajuda, seja através de profissionais da área da saúde ou das pessoas que fazem parte da rede de apoio do sujeito, sobretudo o parceiro afetivo. Nesse sentido, pode-se pensar que a experiência de vínculos saudáveis com outras pessoas significativas possibilite a construção de novos modelos de relacionamento.

Também estudando fatores de proteção para as famílias em situação de risco de violência, De Antoni, Barone e Koller (2007) identificaram três categorias:

1. rede de apoio social e afetivo;
2. valorização das conquistas;
3. desejo de mudança.

A existência de locais onde se possa buscar ajuda, o incremento da autoestima obtido através da valorização no trabalho, na escola ou em casa e as expectativas futuras de melhoria de vida seriam fatores que contribuiriam para a redução dos danos causados pela situação de abuso na infância. Observa-se que, além da rede de apoio salientada no estudo citado, são ressaltados a autoestima e o desejo de mudança, ou seja, características que dizem respeito a questões internas do sujeito. Além do ambiente atual oferecer apoio e segurança, também é necessário que o próprio sujeito desenvolva sua capacidade de fazer escolhas e de estar aberto a novas experiências.

Essas parecem ser algumas saídas para o rompimento do ciclo de violência que faz com que pessoas agredidas não repitam os maus-tratos sofridos na hora de dar limites aos seus filhos. O trabalho com as vítimas de violência parece abrir portas para que, no futuro, a agressão deixe de ser o único recurso disponível. Dessa forma, estariam mais abertos a exercitar outros tipos de vínculos e formas de relacionamento, inclusive, serem pais ou mães diferentes dos modelos que conviveram na infância, utilizando estratégias mais cooperativas e democráticas na educação dos filhos.

A abertura para observar outros modelos de identificação, para vivenciar outros tipos de relacionamentos e para lidar com a mudança implica a ampliação da diversidade de estratégias educativas, possibilitando a flexibilização dos padrões aprendidos e o exercício da criatividade na educação. Sabemos que educar uma criança é um processo contínuo, que demanda dedicação e esforço constante. Desempenhar essa tarefa de forma mais saudável implica dispor de uma maior variedade de estratégias que possam ser utilizadas de forma criativa ao longo desenvolvimento infantil.

Nessa perspectiva, intervenções que vislumbrem a possibilidade de rompimento do ciclo de violência devem ser pensadas com base na instrumentalização dos cuidadores, a fim de que se sintam capazes e com recursos para exercitar outras formas de limitar o comportamento dos filhos, não somente através dos antigos e destrutivos padrões que vivenciaram no passado.

CASO CLÍNICO

Gabriel foi encaminhado à terapia, pois, segundo seus pais, estava muito desobediente, preguiçoso, teimoso e fazendo xixi na cama. Seus pais se conheceram em um barzinho e, após duas semanas, estavam morando juntos. Sem planejamento, Camila engravidou do menino, atualmente com 5 anos. Gabriel tem uma irmã de 9 meses.

Camila diz que ele incomoda e provoca os pais até que apanhe. Ronaldo, o pai, concorda e diz que *"esse guri é uma criança arteira, que me provoca e é por isso que eu bato nele"*. Refere que não sabe por que bate no menino, que às vezes nem quer bater, mas, quando viu, já está batendo com o que tiver na frente. Comenta, entristecido, que em duas ocasiões, não fosse a interferência de Camila, poderia ter até matado o menino. A mãe só bate se Gabriel faz alguma *"arte"*, diferente do marido que, segundo ela, bate por qualquer motivo. Gabriel confirma a fala da mãe dizendo que ela impede que o pai bata nele às vezes. Porém, refere que a mãe usa um pedaço de couro para bater nele quando ele apronta, e que, se puder, *"um dia ainda quebro aquele couro em pedacinhos"*.

O pai de Gabriel conta que, quando pequeno, costumava apanhar muito de seu pai e que, por isso, aos 12 anos, fugiu de casa e virou menino de rua, *"tendo de lutar muito, trabalhar"*. Por isso, comenta que não consegue ver Gabriel com preguiça de ajudar a ele ou à mãe. A mãe, por sua vez, relata episódios de violência entre seus pais e um possível abuso sexual do pai em relação a uma de suas irmãs mais velhas. Diz que com ela, *"ele nunca se meteu"*.

Gabriel comenta que fica muito triste quando apanha do pai, diz ter raiva dele e refere que, se um dia tiver um filho, não pretende bater nele sem motivo como o seu pai faz.

> Conta que o pai o agride mesmo quando ele não fez nada e também que o pai o impede de fazer o que ele deseja. Fala que o pai bate em seu rosto e corpo, às vezes com a mão, mas, quase sempre, com chinelo ou varinha. Comenta que *"não posso contar ao meu pai o que falo pra ti [terapeuta}, senão levo a maior surra"*. Fala que muitas vezes é o pai quem incomoda, mas ele que apanha.
> Gabriel relata brigas frequentes entre os pais e diz que quase sempre é por dinheiro. Por isso, refere que *"quando for grande quero ter dinheiro pra comprar tudo o que eu quiser"*. Menciona também que, quando seu pai e sua mãe brigam, o pai ameaça abandoná-los, mas que nunca realiza efetivamente o que promete. Gabriel diz que até gostaria que seu pai fosse embora, pois assim não apanharia mais e não veria o pai agredindo a mãe, mas demonstra-se preocupado quando fala que, se o pai fosse embora, eles ficariam sem casa para morar e sem dinheiro para comprar o que precisam.
> Fisicamente, Gabriel apresenta-se sempre com roupas sujas, descabelado e, não raras vezes, com uma meia diferente da outra. Apresenta muitas cicatrizes e manchas roxas na pele. Limpa as secreções nasais na manga da camiseta, demonstrando falta de cuidados higiênicos. Ele fala muitos palavrões e diz ter aprendido com a mãe.

Análise do Caso

A história de Gabriel ilustra pontos essenciais para a compreensão do fenômeno do abuso infantil. Inicialmente, fica evidente que os pais justificam as agressões físicas como forma de controle do comportamento do menino, ou seja, dizem que batem, pois ele é arteiro. No entanto, além de essa não ser uma forma saudável de impor limites nos filhos, uma análise mais apurada revela que, muitas vezes, o menino é agredido, especialmente pelo pai, independente de qualquer atitude que tenha tido. O pai lembra ainda dos episódios de violência que ele próprio sofreu de seu pai e que o levaram a ser menino de rua. Nesse sentido, não tolera ver o menino com preguiça quando ele teve que trabalhar pesado, ou seja, transfere para o filho dívidas do seu próprio passado, o que caracteriza o fenômeno da transgeracionalidade. Atualmente, Gabriel refere não querer bater no seu filho no futuro, mas será que conseguirá se livrar das amarras do seu passado, diferentemente do que o pai e a mãe estão fazendo? Além da violência física, Gabriel vive em um contexto permeado por ameaças de abandono e de maus-tratos e pelo uso excessivo de xingamentos e palavrões, o que também caracteriza a violência psicológica. Em um ambiente de inseguranças, não identifica os pais como figuras protetoras. Muitas vezes, deseja que o pai vá embora, depois se sente culpado por esse pensamento. Em terapia, Gabriel tem a oportunidade de conviver com um outro modelo de identificação, de dar novos significados às experiências da sua vida e de, através da terapeuta, fortalecer sua rede de apoio social na escola e na comunidade em que vive, além de seus pais estarem participando ativamente do processo terapêutico, buscando aprender formas mais saudáveis de lidar com o menino. Estas são estratégias possíveis para aliviar o sofrimento de Gabriel e de, quem sabe, no futuro, romper o ciclo de transmissão transgeracional da violência.

Relembrando...

- ✓ Violência na educação: agressão física utilizada como forma de disciplinar o comportamento infantil. Dificuldade em definir o limiar entre a imposição de limites e o abuso físico infantil. Ocorre preponderantemente em famílias que possuem um estilo educativo parental autoritário.
- ✓ Levar em conta na definição do abuso: o tipo de agressão (palmada, chutes, beliscões, etc.); a frequência em que ocorre; a intensidade da força utilizada e as lesões físicas e emocionais causadas na criança ou no adolescente.
- ✓ Conceitos:
    - – *violência física:* qualquer ação intencional, imputada por um adulto que provoca dano físico à criança ou ao adolescente.
    - – *violência psicológica:* atitude negativa do adulto sobre a competência social da criança ou do adolescente. Este tipo de abuso pode ocorrer de várias formas, sendo que, dentre elas, podem ser citadas: ameaças, rejeição, isolamento, aterrorizamento, abandono, cobrança excessiva.
    - – *negligência:* omissão do adulto em relação aos cuidados básicos de que a criança ou o adolescente necessita, como, por exemplo, privação de alimentação e/ou medicação, descuido com o vestuário e higiene, etc.
    - – *violência sexual:* qualquer ato, situação ou relacionamento de natureza sexual, promovido por um agressor que esteja em estágio de desenvolvimento psicossexual mais adiantado que a vítima.
- ✓ Transmissão transgeracional da violência: dificuldade em modificar o padrão de conduta aprendido na família de origem, que resulta na repetição dos abusos sofridos, perpetuando o ciclo da violência.

Questões para reflexão:

1. Discuta o binômio: autoridade *versus* autoritarismo. Como os pais podem exercer a autoridade no ambiente familiar sem serem autoritários?
2. Uma palmada caracteriza o abuso físico? A agressão física pode ser utilizada para fins disciplinares?
3. Como ocorre o processo de transmissão transgeracional dos maus-tratos infantis?
4. Que estratégias e intervenções podem ser elaboradas com o objetivo de promover o rompimento do ciclo de violência familiar?

Filmes:

PRECIOSA
Sinopse: Uma história de esperança. A história se dá em 1987, Nova York, bairro do Harlem. Claireece "Preciosa" Jones (Gabourey Sidibe) é uma adolescente de 16 anos que sofre uma série de privações durante sua juventude. Violentada pelo pai (Rodney Jackson) e abusada pela mãe (Mo'Nique), ela cresce irritada e sem qualquer tipo de amor. O fato de ser pobre e gorda também não a ajuda nem um pouco. Além disto, Preciosa tem um filho apelidado de "Mongo", por ser portador de síndrome de Down, que está sob os cuidados da avó. Quando engravida pela segunda vez, Preciosa é suspensa da escola. A sra. Lichtenstein (Nealla Gordon) consegue para ela uma escola alternativa, que possa ajudá-la a melhor lidar com sua vida. Lá Preciosa encontra um meio de fugir de sua existência traumática, se refugiando em sua imaginação.
Aspectos a serem discutidos/trabalhados: Violência familiar e possibilidades de rompimento do ciclo de transmissão transgeracional da violência.

A VOZ DO CORAÇÃO
Sinopse: Um músico aposentado vai trabalhar como Supervisor num internato administrado por um Diretor que aplica muitos castigos físicos para manter a disciplina. Incomodado com essa prática o músico consegue, por meio de um tipo de relação mais humanizada e através da música, conquistar a disciplina dos adolescentes e criar um coral.
Aspectos a serem discutidos/trabalhados: As reverberações da violência utilizada como forma de disciplina e os diferentes estilos educativos.

REFERÊNCIAS

ABRAPIA (Associação Brasileira Multiprofissional de Proteção à Infância e à Adolescência) (1999). Dados sobre a violência doméstica praticada contra crianças e adolescentes no Estado do Rio de Janeiro. Disponível em: www.observatoriodainfancia.com.br. Acesso em 26 de maio de 2008.

Banyard, V. L., Anold, S. & Smith, J. (2000). Childhood sexual abuse and dating experiences of undergraduate women. *Child Maltreatment, 5* (1), 39-48. Sage.

Baumrind, D. (1965). Parental control and parental love. *Children, 12* (6), 230-234.

Cecconello, A. M. (2003) *Resiliência e vulnerabilidade em famílias em situação de risco.* Tese de Doutorado, Universidade Federal do Rio Grande do Sul, Porto Alegre.

De Antoni, C.; Barone, L. R.; Koller, S. (2007). Indicadores de risco e de proteção em famílias fisicamente abusivas. *Psicologia: teoria e Pesquisa, 23* (2).

Dias, M. B. (2008). Falando em crianças e adolescentes. Disponível em: www.mariabereni-cedias.com.br. Acesso em 26 de maio de 2008.

Dunn, M. G., Mezzich, A., Janiszewski, S., Kirisci, L., & Tarter, R. (2001). Transmission of neglect in substance abuse families: The role of child dysregulation and parental SUD. *Journal of Child and Adolescent Substance Abuse, 10* (4), 123-132.

Everstine, D. S.; Everstine, L. (2007) *Personas en Crisis: Intervenciones terapeuticas estratégicas.* México: Editorial Pax.

Falcke, D., Wagner, A., & Mosmann, C. (2008). The Relationship between family-of-origin and marital adjustment for couples in Brazil. *Journal of Family Psychotherapy, 19* (2), 170-186.

Falcke, D. (2006). Filho de peixe, peixinho é: a importância das experiências na família de origem. Revista *Colóquio, 3* (2), 83-97.

Falcke, D.(2003). Águas passadas não movem moinhos? As experiências na família de origem como preditoras da satisfação conjugal. *Tese de Doutorado*, Pontifícia Universidade Católica do Rio Grande do Sul, Porto Alegre.

Falcke, D.; Wagner, A.; Beck, C.; Veras, J. (2001) Familia de Origen: el pasado presente en el futuro. *Cuadernos de Terapia Familiar*, Madrid, XV (2), 73-82.

González Tornaría, M. L., Vandemeulebroecke, L., & Colpin, H. (2001). *Pedagogía Familiar: aportes desde la teoría y la investigación.* Montevideo: Ediciones Trilce.

Guerra, V. N. A. (1985). *Violência de pais contra filhos: procuram-se vítimas.* São Paulo: Cortez.

Harter, S. L., & Vanecek, R. J. (2000). Conitive assumptions and long-term dstress in survivors of childhood abuse, parental alcoholism, and dysfunctional family environments. *Cognitive Therapy and Research, 24* (4), 445-472.

Johnson, C. F. (1992). Abuso na infância e o psiquiatra infantil. In: Garfinkel, C., & Weller. *Transtornos Psiquiátricos na infância e adolescência.* Porto Alegre: Artes Médicas.

Johnson, J. J., Smailes, E. M., Cohen, P., Brown, J., & Bernstein, D. P. (2000) Associations between four types of childhood neglect and personality disorder symptoms during adolescence and early adulthood: Findings of a community-based longitudinal study. *Journal of Personality Disorders, 14* (2), 171-187.

Kamsner, S. & McCabe, M. (2000). The relationship between adult psychological adjustment and childhood sexual abuse, childhood physical abuse, and family-of-origin characteristics. *Journal of Interpersonal Violence, 15* (12), 1243-1261.

Kilpatrick, D. G, Acierno, R., Saunders, B., Resnick, H., Best, C. L., & Schnurr, P. P. (2000). Risk factors for adolescent substance abuse and dependence: Data from a national sample. *Journal of Consulting and Clinical Psychology, 68* (1), 19-30.

Maccoby, E. & Martin, J. (1983). Socialization in the context of the family: Parent-child interaction. In: E. M. Hetherington (Org.), P. H. Mussen (Org.). *Handbook of child psychology,* 4. (pp. 1-101). New York: Wiley.

Melchert, T. (1998). A review of instruments for assenssing family history. *Clinical Psychology Review, 18* (2), 163-187.

Melchert, T. P. (2000). Clarifying the effects of parental substance abuse, child sexual abuse, and parental caregiving on adult adjustment. *Professional Psychology: Research and Practice, 31* (1), 64-69.

Mendlowicz, M.; Figueira, I. (2007). Transmissão intergeracional da violência familiar: o papel do estresse pós-traumático. *Revista Brasileira de Psiquiatria,. 29*, 88-89.

Mesman-Moore, T., & Brown, A. L. (2004). Child maltreatment and perceived family environment as risk factors for adult rape: is child abuse the most salient experience? *Child Abuse & Neglect, 28*, 1019-1034.

Muszkat, M. (2001). Violência intrafamiliar: novas formas de intervenção. In D. L. Levisky (org.). *Adolescência e violência: ações comunitárias na prevenção* – conhecendo, articulando, integrando e multiplicando. pp. 167-173. São Paulo: Casa do Psicólogo.

OMS – Organização Mundial da Saúde (2002). *Relatório mundial sobre violência e saúde.* Geneva.

Pereira, A. L. (2005). Educação em saúde. In: N. M. A. Figueiredo (org.). *Ensinando a cuidar em saúde pública.* pp. 25-46. São Caetano do Sul: Yendis.

Roy, A. (2001). Childhood trauma and hostility as an adult: Relevance to suicidal behavior. *Psychiatry Research, 102* (1), 97-101.

Walker-Barnes, C. J,, & Mason, C. A. (2001). Ethnic differences in the effect of parenting on gang involvement and gang delinquency: A longitudinal, hierarchical linear modeling perspective. *Child Development, 72* (6), 1814-1831.

Weber, L. N. D., Brandenburg, O. J., & Viezzer, A. P. (2003). A relação entre o estilo parental e o otimismo da criança. *PsicoUSF, 8* (1), 71-79.

Parte III
EDUCAÇÃO EM DIFERENTES CONTEXTOS

11
O ADOLESCENTE EM CONFLITO COM A LEI
Reflexões sobre o contexto e a rede de apoio social

Bianca Branco
Karina Demarchi

Sabe-se que a adolescência é uma fase caracterizada pela transição em vários domínios do desenvolvimento biológico, cognitivo ou social. Ela é marcada por conflitos internos e lutos que exigem do adolescente a elaboração e a ressignificação de sua identidade, sua imagem corporal, sua relação com a família e com a sociedade.

Além da divergência interna, própria deste período, estudos têm atentado para os determinantes situacionais da conduta desses jovens (Diretoria Socioeducativa da Fundação Estadual do Bem-Estar do Menor/RS, 2002). Já no fim dos anos 1990, evidenciava-se a preocupação com o fato de crianças e jovens serem entendidos como atores sociais sem autonomia, que passam a agir como excluídos ou vítimas da instabilidade conjugal de seus pais.

Sabe-se que, na adolescência, as relações deixam de ser centradas na família e deslocam-se para as relações com os pares – colegas, amigos ou parceiros românticos que os apoiam. Esses jovens incrementam o desenvolvimento de suas habilidades sociais através dessas interações, pois passam a compartilhar experiências, emoções e conhecimentos. Uma adolescência saudável tem sido vinculada ao equilíbrio entre o apoio da família, das associações formais (por exemplo, os professores da escola), e dos apoios informais, através dos amigos e pares da mesma idade (Johnson, Whitbeck e Hoyt, 2005).

Entretanto, muitos adolescentes passam por essa fase do desenvolvimento marginalizados, adotando padrões de comportamentos delinquentes e inconsequentes. Mas por que tal fenômeno ocorre com alguns jovens? Existem fatores que poderiam predispor a comportamentos delinquentes? Haveria medidas de prevenção de tais comportamentos? A partir dessas questões, este capítulo procura refletir acerca do adolescente em conflito com a lei, buscando mapear alguns aspectos imbricados nesse fenômeno, tais como a sua família e a rede social.

A FAMÍLIA E OS MECANISMOS DE RISCO E DE PROTEÇÃO DA CONDUTA INFRATORA

Conforme discutido no Capítulo Introdutório, bons níveis de saúde familiar estão associados a uma clara definição hierárquica no sistema. Na família, os pais e os filhos não são iguais. Aos pais cabe a responsabilidade e a autoridade; já os filhos dependem da segurança e da afetividade de seus pais para desenvolverem-se de forma saudável. Mesmo quando da ruptura do laço conjugal, há famílias que conseguem construir fronteiras nítidas entre os seus membros e manter uma hierarquia capaz de preservar a relação de cuidado, proteção e amor para com seus filhos. Essas famílias têm, portanto, um grande potencial para reorganizar-se de forma adequada, mantendo assim bons níveis de saúde entre os membros. Dessa forma, alguns fatores, como a manutenção da harmonia entre os pais (mesmo separados), o tempo dedicado aos filhos, o estilo de vida dos progenitores e a presença ou a ausência de um projeto de vida familiar influenciam na formação de hábitos, atitudes e valores dos filhos (Wagner e Levandowski, 2008).

Nessa perspectiva, alguns pesquisadores, interessados nessa relação entre família e adolescente, têm buscado identificar características familiares que podem favorecer condutas de risco e promover comportamentos antissociais. O tema é de extrema relevância, como apontam os pesquisadores paulistas Feijó e Assis (2004) que, entrevistando adolescentes de São Paulo e Recife, que cumpriam medida socioeducativa de internação ou semi-internação, constataram o predomínio de famílias com alto grau de vulnerabilidade entre tais sujeitos. Algumas das características encontradas foram o baixo nível de escolaridade e o analfabetismo, a desqualificação para o trabalho, o desemprego e a instabilidade ocupacional, a ausência do pai e/ou da mãe e a dificuldade de relacionamento do jovem com sua família.

Estudando adolescentes infratores gaúchos, Branco, Wagner e Demarchi (2008) verificaram que esses jovens consideravam, através da GARF (*Global Assesment of Relational Functioning Scale*), o funcionamento de suas famílias inadequado e que, de modo geral, havia algum outro membro familiar que praticava ou havia praticado algum ato infracional. Além disso, através do mapa de Sluzki (1996) (Figura 11.1), a importância da família para esses adolescentes mostrou-se centrada predominantemente na figura da mãe, sendo a figura paterna bastante periférica. Trata-se de um resultado alarmante quando se constata, em outros estudos, que o comportamento antissocial, em qualquer membro da família, é mais provável se o pai é ausente ou não participativo e que a ausência paterna pode desencadear um processo de baixa autoestima, vazio e culpa nesses indivíduos (Pfiffner, Mcburnett e Rathouz, 2001; Eizirik e Bergmann, 2004).

Por outro lado, estudos internacionais apontam alguns fatores que favorecem condutas pró-sociais no contexto intrafamiliar. A percepção positiva do adolescente sobre a qualidade de relação entre os pais e a rede social da mãe aparece como variável preditora de um comportamento responsável. Ainda que não esteja totalmente claro como essa percepção influencia essa conduta, sabe-se que o estabelecimento de um padrão de apego seguro com ambos os pais e com os pares se relaciona com relatos de empatia, conduta pró-social e maior autoestima dos adolescentes.

Além disso, adolescentes norte-americanos avaliados como tendo alto nível de empatia também manifestaram ter alto engajamento em condutas pró-sociais e baixos níveis de comportamento agressivo (Laible, Carlo e Roesch, 2004). Assim sendo, talvez uma boa relação entre o pai e a mãe do adolescente, e desses genitores com o seu contexto, pudesse se expressar no estabelecimento de um padrão seguro de apego e no desenvolvimento da capacidade de empatia dos filhos.

De fato, a importância da relação entre os cônjuges já havia sido enfatizada nos anos 90 por pesquisadores da América Latina, dando especial importância à comunicação entre eles e com seus filhos e à existência de uma estrutura hierárquica clara e compartilhada por ambos os progenitores. A esse respeito, estudos realizados com a população brasileira concluíram que as características da relação conjugal terão expressão nos estilos educativos desempenhados pelo casal, no exercício da parentalidade. Mais informações sobre este tema encontram-se no Capítulo 3.

Nesse sentido, a relevância desses resultados está em propiciar o entendimento de que a busca por soluções práticas acerca da parentalidade, que excluem a análise de como estão se estabelecendo as relações no subsistema conjugal, tende a ser infrutífera (Mosmann, Wagner e Sarriera, 2008). Ainda referente ao estilo educativo, pesquisas realizadas nos Estados Unidos identificaram que filhos de pais autoritários – severos e que manifestam pouco apoio – apresentam maiores níveis de delinquência e piores níveis de saúde física e mental, bem como um fraco desempenho escolar (Caputo, 2004).

Nessa perspectiva, há evidências de uma associação positiva entre menores níveis de punição física do adolescente por parte dos pais e uma maior taxa de desistência do ato delinquente juvenil. Ressalta-se que esse achado não permite que se simplifique a questão, apenas em nível de causa e efeito, pois isso seria desconsiderar toda a complexidade imbricada na explicação desse fenômeno.

Desse modo, avaliando-se essa teia de relações, pode-se reconhecer uma correlação entre a falta de habilidade para a resolução dos problemas conjugais e o exercício de práticas parentais coercitivas, caracterizadas por alto nível de exigência dos filhos e baixa responsividade.

A responsividade parental refere-se à sincronicidade do comportamento de filhos e cuidadores e possui algumas características, tais como: reciprocidade, afetividade, comunicação aberta, sensibilidade, apoio, reconhecimento, respeito à individualidade do filho, etc. Estudos realizados com população brasileira, acerca da predição dos problemas de comportamento na adolescência perante um conjunto de variáveis, indicam que é possível verificar que a baixa responsividade, tanto materna quanto paterna, mostra-se associada a maiores níveis de agressão e delinquência entre os filhos.

O estresse materno também se apresenta relacionado a problemas de comportamento dos filhos. As investigações Barry e colaboradores (2005) constataram que mães estressadas referem mais problemas de comportamento dos seus filhos, o que pode significar que os sintomas dessas mães estariam associados a um ambiente doméstico estressante, exacerbando, assim, os problemas comportamentais das crianças. Isso significa que não só a estrutura familiar seria determinante das alterações comportamentais dos filhos, mas que também a condição emocional de cada um dos cuidadores, em determinado momento, poderia ter influência sobre eles.

Entretanto, é necessário levar em consideração que o nível de estresse em que estas mães se encontravam também poderia distorcer a percepção delas sobre o comportamento dos filhos. Por outro lado, elas poderiam estar estressadas justamente pelo comportamento dos filhos. Em realidade, essa é uma análise circular que obriga a compreender a forma como um comportamento se vincula ao outro na dinâmica familiar. Além disso, como a família não é um sistema único ou fechado a influenciar a conduta adolescente, o contexto da rede social em que o indivíduo está inserido será, também, objeto de estudo neste capítulo.

A REDE SOCIAL E O COMPORTAMENTO DELINQUENTE: REVISÃO DE ESTUDOS EMPÍRICOS

Atualmente, tem-se observado um limite cada vez mais difuso entre a família, a escola e a comunidade no que tange à educação dos jovens. Os contextos que compõem o ecossistema, nos quais se desenvolve uma família e com os quais ela se relaciona, mudam de acordo com a fase do ciclo de vida familiar, com o lugar físico da moradia e com as políticas educacionais, econômicas e sociais. Esses contextos influenciam a família como um todo e seus membros de forma individual.

A partir de uma ótica ecológico-sistêmica, Bronfenbrenner (1996) defende a existência de quatro níveis interarticulados na explicação do desenvolvimento humano, que são chamados microssistema, mesossistema, exossistema e macrossistema. Eles são definidos não só como locais físicos onde o indivíduo se desenvolve, mas também como o tecido das relações que são mobilizadoras de seu desenvolvimento.

Sendo assim, a teoria ecológico-sistêmica enfoca o contexto de relações em que cada pessoa está inserida, enfatizando a importância das relações interpessoais e a necessidade de que elas sejam orientadas por expressões de afeto, reciprocidade e equilíbrio de poder. Essas expressões, que fazem parte do microssistema do indivíduo (escola, família, vizinhanças, grupos de atividades extraescolares, etc.), seriam, de acordo com o autor, responsáveis por favorecer um desenvolvimento saudável. Esse desenvolvimento estaria associado a acontecimentos em diferentes contextos.

No que se refere ao ecossistema de jovens infratores, tem-se constatado que estar empregado ou frequentar a escola, no início da idade adulta, protege da recaída no ato infracional. A escola e o trabalho seriam partes essenciais, nesse caso, da rede social desses jovens. Mas, afinal, o que é rede social?

A rede social é uma organização de pessoas que teriam interesses em comum, compartilhando ideias, valores, conhecimentos e compromissos dentro da sociedade na qual vivem. Dessa forma, constroem uma estrutura de relações interconexas e ativas, produzindo trabalho participativo e colaborador. Essas relações se formam a partir dos anseios e das afinidades dos membros integrantes da rede. Desenvolvido à luz da teoria ecológico-sistêmica, esse conceito provém da crença de que as fronteiras do sistema significativo do indivíduo não se limitam a sua pele, ou mesmo a sua família nuclear ou extensa, mas incluem todo o conjunto de vínculos interpessoais do sujeito: família, amigos, relações de trabalho, de estudo, de inserção comunitária e de práticas sociais (Sluzki, 1996).

Inerente ao ser humano há uma necessidade de sentir-se parte de teias de relações interpessoais que satisfaçam seus anseios. E é a partir dessas teias de relações que se estabelecem e formam-se as redes sociais de cada pessoa. A rede de cada pessoa inicia-se na família, já que, desde o nascimento, ela pertence a um grupo, que irá envolvê-la e educá-la em conformidade com seus valores e princípios. Essa rede familiar passa a incentivar ou não a pessoa a participar de uma instituição, uma escola, uma igreja. Assim, estimula ou não a formação de vínculos com a comunidade e a sociedade.

Depositária da identidade e da história individual e grupal, a rede social é fonte de retroalimentação e de reconhecimento. Nesse sentido, as interações permitem, a cada participante, a construção, a reflexão, a permanência e/ou a mudança da própria imagem, relacionada aos diversos papéis que cada pessoa desempenha nas relações.

Nela está implicado um processo de construção permanente, em nível tanto individual quanto coletivo. É um sistema aberto que, através de um intercâmbio dinâmico entre os seus integrantes e entre esses e outros grupos sociais, favorece ou não a melhor utilização dos seus recursos, como competência, trabalho e obrigação. Cada membro da família, do grupo e da comunidade sofre influência das múltiplas relações que se estabelecem, o que pode favorecer o seu desenvolvimento.

É importante ter claro que cada pessoa é percebida e reconhecida em sua singularidade, pois possui papel exclusivo e individual dentro da sua rede. Tal singularidade se estabelece a partir do que faz dentro e fora de seu grupo, constituindo, assim, sua imagem própria e única (Rangel e Sarriera, 2005). Portanto, se o estudo da rede social é importante, depreende-se que seja ainda mais na adolescência, quando as relações outras, que não as familiares, se tornam mais próximas e frequentes.

Assim, convencidos da relevância do tema, pesquisadores realizaram estudos empíricos, ressaltando a importância da rede social – ainda que não citem especificamente esse termo – no comportamento delinquente. Estudando adolescentes em conflito com a lei, encontrou-se, no mapa da rede social proposto por Sluzki (1996) (Figura 11.1), que o quadrante dos "amigos" possui o maior número de pessoas, quando se pesquisa jovens ainda em liberdade, ou o segundo maior número, quando se pesquisa jovens submetidos a confinamento em instituição (Branco, Wagner e Demarchi, 2008).

Assim, esses dados indicam que, através desse microssistema, esses adolescentes interagem e constroem vínculos significativos. Além disso, em entrevista com esses jovens em confinamento, eles referem explicitamente a influência dos pares na iniciativa do ato delinquente. A importância dos amigos também aparece em um estudo com adolescentes chineses que concluiu que os pares, mais do que a família ou a escola, são cruciais no comportamento delinquente (Davis, Tang e Ko, 2004).

Dados semelhantes já haviam sido encontrados no final dos anos 1990, quando uma pesquisa realizada no Rio de Janeiro e em Pernambuco con-

FIGURA 11.1

Mapa da Rede Social de Sluzki (1996).

cluiu que o grupo de amigos dos infratores faz parte do mundo do crime na maioria dos casos. Essas relações de amizade têm, em geral, caráter efêmero, e parecem movidas, predominantemente, pelo interesse financeiro e pelo poder (Assis e Souza, 1999).

Com relação ao uso de drogas, mais especificamente quanto ao uso de *cannabis* entre adolescentes menos integrados socialmente, parece que os fatores de risco (rede de pares e delinquência) sobrepujam os fatores protetores (relações familiares, senso de *self* seguro) dentro desse contexto. Autores norte-americanos reforçam essa ideia ao afirmar que a influência dos pares é mais proeminente no que diz respeito à delinquência, ao abuso de substâncias e à baixa escolaridade. Aliás, o fraco desempenho escolar mostra-se muito imbricado na questão da delinquência e do uso de drogas. Além disso, um estudo gaúcho concluiu que os principais fatores relacionados à baixa escolaridade entre adolescentes são a influência dos amigos, o uso de drogas e a prática de atos infracionais (Caputo, 2004; Ceolin, 2003).

Também, no que diz respeito a essa problemática, dados brasileiros indicam que os adolescentes infratores com baixos níveis de escolaridade pararam de estudar antes de entrar para a vida infracional, o que favorece a hipótese de que o abandono escolar vem antes da delinquência, e não o contrário. As principais causas encontradas desse abandono foram a repetência escolar, os problemas com os professores e a troca involuntária de escola (por exemplo, em função da mudança de domicílio da família).

Porém, se os pares se influenciam mutuamente, de forma importante e negativa na baixa escolaridade, no comportamento delinquente e no uso de drogas, estariam os jovens solitários protegidos dessas condutas? O pesquisador norte-americano Stephen Demuth, em 2004, avaliou a relação entre a solidão e a delinquência juvenil, concluindo que os solitários praticam menos atos infracionais do que aqueles conectados socialmente. Entretanto, é claro que a leitura desse resultado deve ser feita de forma cuidadosa, já que não se pode pressupor que a solidão seja almejada ou esteja relacionada a maiores níveis de saúde em adolescentes.

A partir dessas evidências, apresentamos, de forma esquemática, a compreensão que fazemos da interdependência dos contextos e das variáveis implicadas no fenômeno da delinquência juvenil (Figura 11.2).

Esse esquema traduz as associações reveladas pelos trabalhos empíricos mais recentemente revisados, tornando visualmente evidentes as relações intersistêmicas implicadas no fenômeno da delinquência juvenil. Assim, a família, as drogas, os pares e os aspectos pessoais podem favorecer a conduta antissocial. Os pares parecem ter grande influência, também, no uso de drogas e no baixo desempenho escolar. A delinquência mostra-se fortemente relacionada ao baixo desempenho e ao abandono escolar.

Sabe-se que esses fatores se influenciam mutuamente, entretanto, ainda não está claro como se dá esse processo. No entanto, partindo da revisão dos trabalhos e das pesquisas aqui apresentados, pode-se inferir que a família tem um papel direto na conduta do filho durante a infância, mas indireto na conduta adolescente. Afinal, a relação entre os pais, a rede social da mãe, a comunicação familiar, a estrutura hierárquica familiar, a estratégia educativa dos pais – enfim, todas as variáveis aqui vistas como relevantes para a conduta pró-social – são as primeiras percepções de mundo dos filhos e se estabelecem clara e intensamente para eles enquanto crianças.

Por sua vez, essas percepções poderiam favorecer ou não determinadas condutas, como o refúgio na droga, o pobre vínculo com instituições (como a escola), a busca por pares drogaditos e antissociais, e a própria conduta delinquente durante a adolescência. Nesse momento, a identificação do jovem com seus pares (que apresentam dificuldades semelhantes as suas) pode limitar a influência da família.

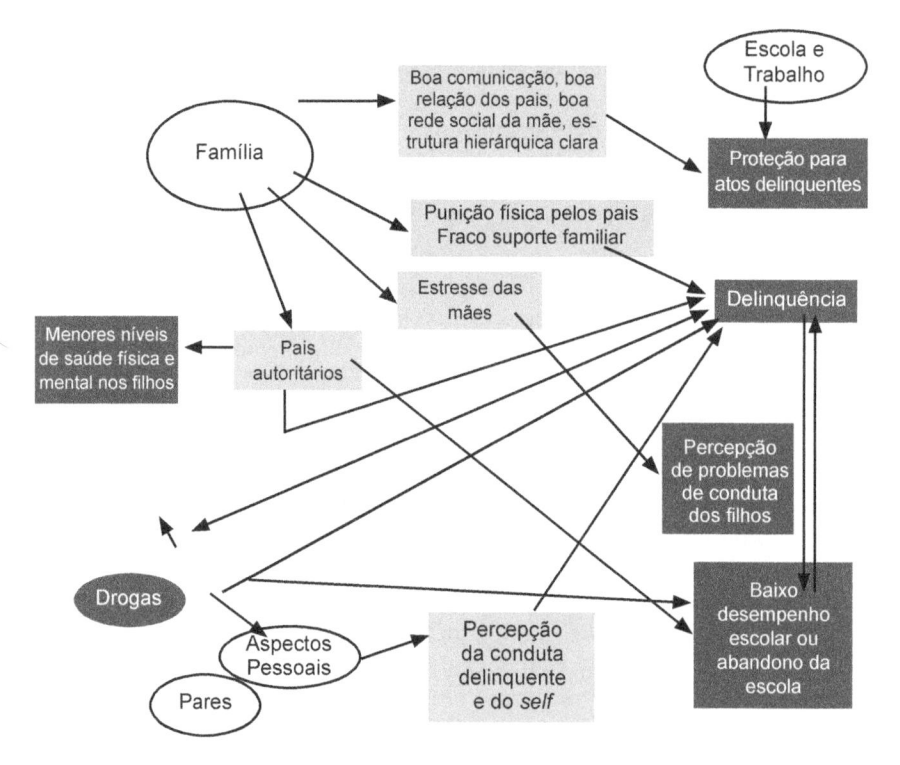

FIGURA 11.2

Aspectos implicados na delinquência juvenil: resumo dos estudos empíricos.

CONSIDERAÇÕES FINAIS

Pode-se evidenciar, a partir da revisão das pesquisas a respeito do tema estudado, a complexidade do fenômeno em questão e a gama de fatores que podem estar associados a condutas antissociais.

Os jovens infratores enxergam a conduta antissocial como promovedora de uma "vida fácil", à parte das exigências do mundo adulto real. Essa conduta é reforçada entre os pares, pois, através dela, eles obtêm dinheiro, prestígio dentro do grupo, bens ou até território, favorecendo a realização de futuros crimes.

Os dados empíricos, aqui revisados, explicitam a pobre rede social desses jovens e suas consequências. Considerando que a rede é depositária da própria identidade e se são as relações empáticas e de apoio mútuo com esta rede que permitem a cada sujeito a construção de sua identidade, pode-se então perceber a necessidade de acolhida e amparo a esses jovens, a fim de que possam desenvolver a capacidade de sentir amor próprio, empatia e realização pelo trabalho.

Presume-se, portanto, que qualquer medida de controle dessa conduta deve abarcar, além do próprio jovem, a sua família e, principalmente, a sua rede social, tornando-as sistemas promotores de saúde e bem-estar. É importante distinguir o que é ser favorável de fato daquilo que grassa no imaginário popular. A crença de que o adolescente infrator é produto da "falta de laço" na infância, por exemplo, é muito difundida e semeia culpa nos cuidadores; isso quando não provoca condutas de abuso físico pelos pais, que acreditam estarem, dessa forma, conquistando o respeito e a obediência. Ao contrário, com esse comportamento, os pais correm o risco de estar incitando conduta agressiva em seus filhos, pois é possível que eles venham a repetir, no seu meio social, os modelos aprendidos em casa.

De fato, a problemática parece residir em um conjunto de elementos, como na má qualidade das relações familiares e na pobre rede social que se estabelece, sem escola, sem trabalho, com pares drogaditos e igualmente delinquentes. Talvez até se possa afirmar que a influência dos pares, em jovens infratores, seja tão importante que, em muitos casos, se sobreponha à influência familiar. Por vezes, a máxima "*diga-me com quem andas que eu te direi quem és*" reflete a realidade de grande parte dos adolescentes que vivem no mundo da criminalidade.

Além das influências explicitadas acima, deve-se ainda levar em consideração as idiossincrasias de cada indivíduo, as maneiras de ver, sentir e agir próprias. Não podemos enxergar esses adolescentes como sendo simples produtos de um meio, influenciados por terceiros, mas sim verificar que há diversas variáveis que interferem na forma como cada um irá perceber, absorver e atuar na realidade em que está inserido.

As pesquisas e os trabalhos clínicos, realizados nessa perspectiva, poderão contribuir para a implantação de programas de prevenção que minimizem o impacto desses problemas sobre o desenvolvimento e que evitem a continuidade e o agravamento de comportamentos delinquentes na adolescência até a vida adulta. O diagrama explicativo, aqui proposto, não visa simplificar a relação entre variáveis tão complexas, mas, ao contrário, mostrar a imbricada teia de relações que constituem e que são constituídas por esses jovens. Não se trata de simples relações de causa e efeito, mas de forças das mais variáveis intensidades, direções, valências e durações.

A prevenção do comportamento agressivo e delinquente, durante a infância e a adolescência, deveria ser uma das maiores prioridades da saúde pública. Afirma-se isso não apenas pelas vítimas, que sofrem suas consequências de forma mais noticiada, mas pela mudança que essa intervenção acarretaria na história de vida desses adolescentes, que passariam a acreditar ser possível tornarem-se cidadãos capazes de sonhar e realizar as próprias conquistas.

Preconiza-se a implementação de medidas educativas e laborais mais significativas para esses jovens, assim como de atividades a serem desenvolvidas na comunidade. Essas medidas os tornariam mais cientes do seu papel social e da repercussão das suas atitudes na vida dos demais.

Ademais, também se fazem necessários programas que antecipem e conscientizem quanto às consequências do uso de drogas, além de programas que auxiliem no tratamento da dependência química, já que, seja pelo seu uso, seja pela sua venda, a droga esteve presente na vida da maioria dos jovens que estão em conflito com a lei, como nos mostraram os estudos aqui revisados.

Também, em termos de políticas públicas, dever-se-ia refletir sobre os demais fatores, aqui identificados como protetores, como o crescimento em um ambiente livre de violência intrafamiliar e com relações baseadas em diálogo, afeto e limites claros. Para tanto, um acompanhamento familiar especializado seria útil na melhoria do funcionamento familiar, favorecendo o jovem e os outros membros da família.

Contextualizar esse jovem é tornar complexo o pensar a delinquência, estabelecer prioridades em termos de intervenções e tornar mais abrangentes também as ações públicas e/ou privadas. As medidas que consideram o ecossistema desses jovens podem ser as mais caras e de processo mais lento de implantação e execução. Entretanto, como já comprovado pela comunidade científica, são as de maior impacto e poder de resolução.

Relembrando...

✓ **Na adolescência,** as relações dos jovens passam a ser centradas nos pares (amigos, colegas), deixando a família de ser a principal rede de relacionamentos. Nessas relações, em que compartilham experiências, emoções e conhecimentos, eles incrementam seu repertório de habilidades sociais. Para o jovem passar por esta fase de vida de forma saudável é importante um equilíbrio entre apoio da família, escola, amigos e pares de idade aproximada.

✓ **Importância da família para os adolescentes:** diversos são os fatores que influenciam positivamente as condutas pró-sociais dos adolescentes, muitas vezes não relacionados diretamente a ele, mas ao seu contexto familiar, como por exemplo: a harmonia entre os pais (mesmo separados), o estilo de vida dos progenitores e o tempo que eles dedicam aos filhos e a presença ou a ausência de um projeto de vida familiar. Isso influencia na formação de hábitos, atitudes e valores dos filhos. Além disso, a presença e a participação do pai também favorecem condutas pró-sociais, bem como auxiliam na construção da autoestima dos filhos.

✓ **Rede social:** a teoria ecológico-sistêmica (Bronfenbrenner, 1996) enfoca o contexto de relações em que cada pessoa está inserida, enfatizando a importância das relações interpessoais. A rede social é uma organização de pessoas que compartilham ideias, valores, conhecimentos e compromissos. Esta se forma a partir de anseios e afinidades. Os seres humanos tendem a buscar fazer parte de teias de relações interpessoais, nas quais satisfaçam seus anseios.

Características da rede social:
- sistema aberto;
- intercâmbio dinâmico entre os seus integrantes e entre esses e outros grupos sociais;
- depositária da identidade e da história individual e grupal;
- fonte de retroalimentação e de reconhecimento;
- sofre influência das múltiplas relações que se estabelecem;
- cada pessoa é percebida e reconhecida em sua singularidade.

✓ **Rede Social e comportamento delinquente:**
- interdependência dos contextos e diversas variáveis implicadas nesse fenômeno;
- a família, as drogas, os pares e os aspectos pessoais podem favorecer a conduta antissocial;
- os pares se influenciam mutuamente e são cruciais no comportamento delinquente;
- o grupo de amigos dos infratores faz parte do mundo do crime na maioria dos casos;

Relembrando...

- essas relações de amizade têm, em geral, caráter efêmero e são movidas, predominantemente, pelo interesse financeiro e pelo poder;
- o uso de *cannabis* entre adolescentes se constitui em fator de risco,
- o fraco desempenho escolar se mostra ligado à questão da delinquência e do uso de drogas;
- o abandono escolar, geralmente, vem antes da delinquência;
- o pobre vínculo com instituições (como a escola ou a igreja) se constitui em fator de risco.

Questões para reflexão:

1. Adolescentes que cometeram atos infracionais são culpados ou vítimas do sistema? Dê a sua opinião.
2. Como a sociedade pode ajudar adolescentes que cometeram atos infracionais?
3. Como auxiliar os jovens a buscar relações saudáveis?
4. Serão as marcas da infância (deixadas pela família) ou os pares que possuem maior influência em condutas antissociais?

Filmes:

CIDADE DE DEUS

Sinopse: O filme começa na década de 1960, quando os protagonistas Zé Pequeno, então apelidado "Dadinho", e Bené são pequenos delinquentes na recém-fundada comunidade da Cidade de Deus, construída pelo governo do Estado da Guanabara, como parte da política de remoção de favelas. Na década de 1970, os antigos amigos assumem o comando do tráfico de drogas na comunidade, que agora está ainda mais empobrecida e violenta. Os dois estabelecem prioridades bastante diferentes em suas vidas. O conflito entre o bando de Zé Pequeno contra o único foco de resistência ao seu controle total da Cidade de Deus, a área controlada pelo bando de Sandro "Cenoura", acirra-se quando morre Bené, que protegia "Cenoura" devido à antiga amizade entre os dois, e deixa o caminho livre para que Zé Pequeno desencadeie uma verdadeira guerra pela hegemonia do comando do crime no local. Todo o drama é contado a partir do ponto de vista de Buscapé, um garoto pobre da comunidade que sonha em ser repórter fotográfico e resiste à tentação de entregar-se ao aparentemente mais fácil caminho da criminalidade.

Aspectos a serem discutidos/trabalhados: O crime e o poder, a construção social da delinquência, a influência das gangues no cotidiano dos moradores da favela.

Filmes:

A LEI DE CADA DIA
Sinopse: A história de adolescentes tentando sobreviver nas ruas de Los Angeles. O filme leva o espectador para uma viagem inesquecível pelo mundo *underground* de Hollywood. De danceterias a pontos de venda de drogas, de esmolas à prostituição, não existem paradas nem arrependimentos nesse estilo de vida. Fugindo de famílias abusivas, as crianças acabam por constituir a sua própria família, mas quando o líder deles, King, é falsamente acusado de assassinato, eles são obrigados a fazer justiça com as próprias mãos.
Aspectos a serem discutidos/trabalhados: A família e a delinquência, as escolhas e suas consequências.

A GANGUE ESTÁ EM CAMPO
Sinopse: Dwayne "The Rock" Johnson estrela este filme baseado em uma história verídica sobre um grupo de adolescentes delinquentes que conseguiram uma segunda chance de transformar suas vidas através do futebol americano. Sean Porter (Johnson) é um frustrado oficial de justiça criminal de adolescentes. A maior parte dos jovens de seu campo de detenção volta para a prisão quando é solta ou morre de forma violenta quando volta às ruas. Com o intuito de fazer diferença na vida destes jovens, ele e seu colega de trabalho colocam em prática um plano para ensinar disciplina e responsabilidade através do futebol americano. E apenas quatro semanas antes da temporada começar, Porter precisa vencer diversos obstáculos para conseguir treinar um time forte à altura da competição. Esta temporada vai testar a mente, o espírito e o físico dos jogadores, ao mesmo tempo em que Porter tenta ensinar-lhes princípios de boa conduta, força de vontade e respeito aos outros.
Aspectos a serem discutidos/trabalhados: Valores, rede social, autoestima.

REFERÊNCIAS

Assis, S. G., & Souza, E. R. (1999). Criando Caim e Abel: Pensando a prevenção da infração juvenil. *Caderno de Saúde Coletiva, 4* (1), 131-144.

Barry, T. D., Dunlap, S. T., Cotten, S. J., Lochman, J. E., & Wells, K.C. (2005, March). The influence of maternal stress and distress on disruptive behavior problems in boys. *Journal of the American Academy of Child and Adolescent Psychiatry, 44* (3), 265- 273.

Branco, B. M., Wagner, A., & Demarchi, K. A. (2008). Adolescentes infratores: rede social e funcionamento familiar. *Psicologia: Reflexão e Crítica, 21* (1), 125-132.

Bronfenbrenner, U. (1996). *A Ecologia do Desenvolvimento Humano: Experimentos Naturais e Planejados.* Porto Alegre: ARTMED.

Caputo, R. K. (2004). Parent religiosity, family processes, and adolescent outcomes. *Families Society, 85* (4), 495- 510.

Ceolin, L. (2003). *A Construção dos Vínculos Afetivos e Sociais do Adolescente em Conflito com a Lei*. 154 f. Dissertação (Mestrado em Psicologia) – Faculdade de Psicologia, PUCRS, Porto Alegre.

Davis, C., Tang, C., & Ko. J. (2004). The impact of peer, family and school on delinquency. *International Social Work, 47* (4), 489- 502.

Demuth, S. (2004). Understanding the delinquency and social relationships of loners. *Youth and Society, 35* (3), 366- 392,

Diretoria Sócio-Educativa Da Fundação Estadual Do Bem Estar Do Menor/Rs (Ed.). (2002). *Programa de Execução de Medidas Sócio-Educativas de Internação e Semiliberdade – PEMSEIS*. Disponível na Fase-RS, Av Padre Cacique, 1372, Porto Alegre/RS.

Feijó, M.C., & Assis, S.G. (2004). O contexto de exclusão social e de vulnerabilidades de jovens infratores e de suas famílias. *Estudos de Psicologia, 9* (1), 157-166.

Johnson, K. D., Whitbeck, L. B., & Hoyt, D. R. (2005). Predictors of social network composition among homeless and runaway adolescents. *Journal of Adolescence, 28* (2), 231-248.

Laible, D. J., Carlo, G., & Roesch, S.C. (2004). Pathways to self-esteem in late adolescence: the role of parent and peer atachment, empathy, and social behaviours. *Journal of Adolescence, 27* (6), 703- 716.

Mosmann, C., Wagner, A., & Sarriera, J. C. (2008). A qualidade conjugal como preditora dos estilos educativos parentais: o perfil discriminante de casais com filhos adolescentes. *Revista Psicologia*, Lisboa, 22(2),161-182.

Pfeiffer, L. J., Mcbennett, K., & Rathouz, P. J. (2001). Father absence and familial antisocial characteristics. *Journal of Abnormal Child Psychology, 29* (5), 357–367.

Rangel, M. P., & Sarriera, J. C. (2005, January/June). Redes sociais na investigação psicossocial. *Alethéia, 21*, 53-67.

Sluzki, C. E. (1996). *La Red Social:* Frontera de la Pratica Sistêmica. Barcelona: Gedisa.

Wagner, A., & Levandowski, D. C. (2008, January/June). Sentir-se Bem em Família: Um desafio frente à diversidade. *Textos & Contextos (Online),7*(1),88-97.

12

A RELAÇÃO FAMÍLIA-ESCOLA
Uma parceria possível?

Luiza Maria de Oliveira Braga Silveira

A escola, desde seu surgimento como uma instituição social de educação formal, teve suas raízes entrelaçadas à família. A concepção de escola e de educação existia desde as civilizações da antiguidade oriental e grega, como a Paideia, mas foi a partir da Idade Moderna que o ensino passou a ser formalizado e institucionalizado.

Com a criação dos centros urbanos, as mulheres iniciaram sua inserção no mundo do trabalho, dividindo com a escola o cuidado e a educação dos filhos. Desde então, a escola passou a contribuir com a família na formação e na educação de jovens e crianças. Mas qual é o papel da família e qual o papel da escola nesse processo nos dias de hoje?

Este é um tema que têm gerado grande polêmica frente à necessidade de definir as tarefas educativas da família e as da escola. Nessa interlocução, observa-se que tanto a família quanto a escola buscam apoiar-se mutuamente, porém, acabam se desencontrando e produzindo, muitas vezes, um jogo de culpados e inocentes. A fim de entender o que acontece é necessário compreender qual a tarefa e como se dá o processo educativo na família e na escola, bem como a relação construída entre tais sistemas.

A RELAÇÃO FAMÍLIA-ESCOLA: LACUNAS E POSSIBILIDADES

A relação família-escola no Brasil foi muito influenciada pelo surgimento do movimento higienista, presente a partir dos anos 1950, que repercutiu na relação da família com outros sistemas. Esse movimento nasceu a partir de uma visão médica, com a necessidade de ensinar às famílias sobre cuidados com higiene, alimentação e educação das crianças, além de objetivar a prevenção de algumas doenças. Dessa forma, vários discursos científicos controlaram a família, violaram sua intimidade e ditaram regras sobre o cuidado e a educação dos filhos (Carvalho, 2004; Oliveira, 2002; Viana, 2005).

As escolas também foram imbuídas de uma ação, pode-se dizer, "higienista" em relação à família e, especialmente, voltada à educação de crianças saudáveis. Estudos atuais reiteram a continuidade desse movimento nos dias de hoje, o qual foi naturalizado dentro e fora da escola. O professor, nessa perspectiva, passa a reproduzir a hierarquia existente entre o saber da escola e o da família (Carvalho, 2004; Viana, 2005).

Ao longo desses anos, construiu-se a ideia de que a escola é responsável pela educação formal das crianças e dos adolescentes, enquanto a família, pela educação informal. Mesmo com todas as mudanças político-sociais, tecnológicas e relacionais, que ocorreram nas últimas décadas, parece que a escola ainda busca sustentar determinadas crenças que mantêm distantes as funções de ambos os sistemas. Uma das crenças mais frequentes que se conserva é a omissão da família na educação dos filhos. A família, na perspectiva dos professores, tende a ser considerada pouco participativa e culpada pelas dificuldades que aparecem no espaço escolar (Wagner, Sarriera e Casas, 2009).

Um exame mais detalhado dessa relação pode ser feito sob dois vértices distintos: um sociológico e outro psicológico. Através de um olhar sociológico, pode-se destacar o caráter socializador da escola e de sua relação com a família, pontuando as diferenças sociais e culturais entre ambas. Já num olhar psicológico, a tendência é enfatizar a importância das primeiras relações vividas na família (socialização primária) e suas implicações no processo escolar.

Estudiosos do tema sugerem que para modificar alguns aspectos dessa relação, é preciso que os profissionais envolvidos na Educação aceitem que seu saber educativo não pode distanciar-se nem se colocar acima do saber das famílias (Vila, 2003). A convergência e a aproximação dos saberes parece ser a "receita" para a construção de relações de confiança mútua e cooperação entre a família e a escola, compartilhando um mesmo projeto educativo.

É preciso também que as escolas reflitam sobre suas práticas pedagógicas, assumindo as responsabilidades dessa especificidade de sua ação, revertendo a postura "queixosa" em relação à família e tomando-a como parceira.

A PROPÓSITO, COMO FAZER ISSO ENTÃO?

É fundamental que se entenda que pais e professores assumem lugares distintos e cumprem funções diferentes e complementares na educação de crianças e adolescentes. Aproximar os pontos convergentes e definir algumas responsabilidades certamente potencializaria os recursos existentes nessa relação em benefício dos sujeitos que não podem prescindir de nenhuma das duas instâncias na sua formação. Seguindo a ideia de complementaridade, pode-se pensar que a delimitação de pontos convergentes na função educativa entre a escola e a família viria a contribuir no encaminhamento mais eficaz de determinadas situações e dificuldades apresentadas pelos jovens e pelas crianças, que pela falta de clareza de papéis, não é incomum que passem sem solução (Chechia e Andrade, 2005; Collins, Maccoby, Steinberg, Hetherington e Bornstein, 2000).

Uma das propostas já descritas na literatura para atingir essa esperada convergência entre os dois sistemas educativos é a necessidade de coerência entre as práticas educativas dos sistemas escolar e familiar. Essa necessidade de que a escola saiba como a família lida com seu filho e vice-versa inicia-se já no ingresso da vida escolar. Nesse caso, é importante criar, entre família e escola, um espaço de acolhimento, de ajuda e de aprendizado mútuo de estratégias produtivas e eficazes no crescimento e na educação do jovem e da criança.

CAMINHOS PARA DESCOBRIR, QUESTÕES PARA REFLETIR, IDEIAS PARA ACRESCENTAR...

Para investigar a forma como essa relação tem se estabelecido atualmente, realizou-se um estudo em escolas particulares de Porto Alegre para conhecer a interação família-escola em situações nas quais crianças/alunos apresentavam problemas de comportamento na escola (Silveira, 2007). Esse estudo deu-se a partir da análise de quatro casos de crianças (entre 7 e 11 anos) que apresentavam tal condição. Os casos foram indicados pelo Serviço de Orientação Escolar (SOE) das escolas participantes. Os pais/mães e as professoras eram solicitados a relatar a forma como agiam (as práticas educativas utilizadas) com seus filhos/alunos em doze situações comuns a crianças que apresentam problemas de comportamento; bem como as razões para o uso de tais práticas.

As situações investigadas foram propostas a partir de um levantamento de estudos nacionais e internacionais em que se apontavam indicadores da existência de um problema de comportamento na infância. Elas se referiram, por exemplo, a causar brigas, implicar, bater em um amigo, pegar algum material ou brinquedo sem pedir permissão, desobedecer e ignorar regras, opor-se a alguma atividade da rotina, etc. Também se investigou a respeito da existência de ações conjuntas entre família e escola frente ao problema da criança e sobre qual o conhecimento que os progenitores tinham a respeito das atitudes tomadas pelas professoras e vice-versa.

COMO AGEM PAIS/MÃES E PROFESSORES?

Com relação às práticas educativas utilizadas na família e na escola, observou-se que pais/mães e professoras revelaram a existência de uma heterogeneidade, tanto entre os sistemas (uso de práticas educativas distintas na família e na escola) quanto dentro de cada um deles. Especialmente, as famílias tendem a empregar diversas práticas educativas, combinando ações coercitivas e punitivas. As práticas educativas podem ser classificadas em indutivas ou coercitivas, conforme modelo proposto por Hoffmann (1994). Práticas educativas coercitivas buscam o controle do comportamento da criança através de reações punitivas dos pais/educadores em suas ações educativas, reduzindo a possibilidade de a criança compreender porque deve modificar suas atitudes, bem como a respeito das consequências de ações. São exemplos desse tipo de práticas educativas uso de castigos e/ou punições físicas, a retirada de afeto e de privilégios, bem como o uso de ameaças verbais de tais atitudes. Cabe salientar que o uso desse tipo de práticas educativas é bastante contraindicado, pois estudos (Alvarenga e Piccinini, 2001; Chechia e Andrade, 2005; Marchesi, 2006; Silveira, 2007; Viana, 2005) apontaram que, quando utilizadas frequentemente, tendem a fazer com que as crianças comportem-se da mesma forma com os iguais. Já as práticas educativas indutivas privilegiam o uso de explicações apontando as consequências do comportamento infantil, tanto para a criança quanto para os outros, bem como explicando normas, princípios e valores de convivência social. Esse tipo de prática promove que a criança coloque-se no lugar do outro e permite a internalização dos padrões morais, elementos importantes no processo de socialização ao longo da vida. São exemplos de práticas educativas indutivas explicações apontando consequências, explicações a respeito de regras, valores e princípios, apelos ao orgulho da criança, apelos baseados no amor que a criança sente por pais, amigos e a respeito de seus relacionamentos.

Já na escola, observou-se que as professoras utilizam, predominantemente, práticas educativas indutivas, diferenciando-se da realidade familiar. As práticas educativas na escola são reforçadas pelas regras e combinações feitas com o grupo de alunos. Esse foi um aspecto bastante referido pelas professoras entrevistadas, as quais enfatizavam tal estratégia como sendo eficiente. Ao serem perguntadas sobre o porquê de escolhem determinadas práticas e não outras, as professoras apontaram que a eleição dá-se em função de sua formação e dos limites de seu exercício profissional (pois não podem usar punições e castigos, por exemplo); enquanto que na família o *aprendizado transgeracional* foi destacado na eleição e na utilização das práticas exercidas. Os progenitores referiram a influência de suas experiências familiares em suas atitudes na educação dos filhos, revelando também a importância das suas características pessoais e de personalidade.

Esse resultado aponta para a necessidade de sensibilizar os pais a respeito de suas experiências educativas e promover a empatia, reconhecendo a criança/jovem como diferente de si mesmos. É importante que se reconheçam como pais inseridos em um contexto distinto e com experiências de vida diferentes em relação àquelas de suas famílias de origem.

E COMO ESTÁ A RELAÇÃO FAMÍLIA-ESCOLA?

Os achados revelaram que há uma falta de conhecimento a respeito das práticas educativas utilizadas em cada um desses contextos, diminuindo o potencial educativo do binômio família-escola. Tal desconhecimento nos casos estudados faz com que as práticas educativas não sejam questionadas. Os conteúdos analisados remeteram à ideia de que a família e a escola possuem domínios específicos e intransponíveis frente às suas ações. Desse modo, como afirmava Dowling (1996) já em meados dos anos 1990, corre-se o risco de que, com ações exclusivas, os sistemas percam força e suas estratégias tendam a tornar-se menos eficazes.

O desconhecimento de pais/mães a respeito da ação educativa da escola foi verificado também por parte da escola em relação à família. Os pais/mães entrevistados afirmaram confiar no trabalho das professoras e, assim, não julgam ou questionam para não interferir em seu trabalho.

Frente a isso, pergunta-se então: como eles confiam no que não conhecem? Considera-se que esse discurso dos progenitores corrobora resultados apresentados em outros estudos nacionais (Carvalho, 2004; Viana, 2005) que referem a passividade e a falta de participação parental na escola em função da aceitação do saber "dos especialistas" como superior ao próprio saber. Talvez pelo senso comum e pelas ideias perpetuadas a respeito do saber da escola, esta instituição assuma tal supremacia, fazendo com que os pais não questionem, aceitem e confiem nas práticas escolares.

Nesse sentido, observou-se que as falas tanto dos progenitores como as das professoras referiram, de alguma forma, a importância e a "soberania" do saber escolar, confirmando a hierarquia entre "saber" e "orientação" da escola em relação à família. As professoras, nesse sentido, mostraram-se muito "confortáveis" para orientar as famílias e avaliar os problemas de seus alunos, criticando e queixando-se da forma como eram educados pela família, assim, referendando a ideia de que possuem um saber técnico e profissional que é superior ao saber familiar. Dados semelhantes foram encontrados em estudos nacionais (Carvalho, 2000; Carvalho, 2002; Chechia e Andrade, 2005; Oliveira, 2002; Viana, 2005), evidenciando as excessivas explicações do sistema escolar acerca das causas psíquicas e familiares dos problemas de comportamento dos alunos, justificando a necessidade do professor de interferir em tal contexto.

Corroborando essa supremacia do saber do professor face à família, as professoras entrevistadas apontaram fartas dificuldades familiares e de exercício da função parental. As professoras tendiam a criticar negativamente o manejo adotado pelas famílias. Em contrapartida, os pais entrevistados revelaram uma atitude de legitimação de tal saber, ao referirem "*não interferir*" nas práticas educativas da professora, julgando que ela deveria "*exercer a autoridade*" com seus filhos.

Nesse caso, pais/mães posicionam-se de forma a distanciar, delimitar e delegar papéis para a escola, isentando-se de interferir na ação educativa das professoras e, assim, reafirmando a "autoridade" das mesmas. Retomando o início da história, podemos perguntar então: será que essa autoridade faz(ia) parte de suas funções educativas que foram tomadas ou entregues à escola e às professoras como consequência do movimento "higienista" da educação familiar?

Parece que a família encontra-se "desempoderada" de suas funções educativas, enfraquecidas na sua autoridade, tanto em função do movimento "higienista" como também pela evolução e difusão das ideias psicológicas a respeito da infância. A evolução e a divulgação das ideias acerca do desenvolvimento psicológico e das formas de educação infantil criticam, especialmente, as práticas educativas violentas e repressoras, recursos amplamente utilizados nas famílias há décadas. Sabe-se, também, que muitas informações a respeito da educação de crianças e adolescentes têm circulado na mídia e se tornado parte do "senso comum", intimidando os pais a revelarem o uso daquelas práticas educativas conhecidamente contraindicadas e, até mesmo, proibidas pelo Estatuto da Criança e do Adolescente [Lei Federal 8.069/1990].

A quantidade de informação disponível atualmente sobre a educação de crianças parece, paradoxalmente, facilitar e ao mesmo tempo assustar os pais a respeito de como educar seus filhos. Observa-se que, embora os pais possuam muitas informações que orientam o que devem ou não fazer, este é um aspecto que parece não garantir que eles "façam" ou "não façam" o que é prescrito. Nesse caso, observa-se que a informação por si só não é suficiente, sendo necessário incluir outras variáveis na orientação dos pais com relação ao manejo com seus filhos, como o desenvolvimento da empatia e da sensibilidade para as necessidades da criança.

O descrédito, as queixas e as críticas da escola em relação à família também foram constatados a partir da forma como esses sistemas se comunicam: bilhetes e reuniões. Essa forma de comunicação remete (e tende a reforçar) aos pais a ideia de que, se são chamados na escola, é em função de um problema muito sério de seu filho. Observa-se que muitas estratégias utilizadas pela escola podem, facilmente, assumir um caráter punitivo e negativo.

Quando investigada a existência de ações conjuntas entre a família e a escola, nos quatro casos estudados, observou-se que essas ações tratavam-

-se de novas orientações aos pais, pois eram relatadas como "tarefas" que foram delegadas a eles pelas professoras. As ações descritas, tanto por pais como por professoras, foram: encaminhamento para atendimento psicológico, atividades extras, busca na escola quando a criança apresentar mau comportamento, organização e acompanhamento de tarefas, etc. Nesse caso, novamente a escola é quem lidera e orienta o processo do quê e de como se deve proceder com a criança, sendo a família aquela que executa.

Observa-se que a escola e a família buscam realizar ações para definir responsabilidades na educação das crianças, ao invés de realmente unirem-se e cooperarem nessa tarefa. Mas será realmente possível construir um modelo cooperativo? Para tanto, acredita-se que é necessário que as fronteiras e a hierarquia entre os sistemas se tornem menos rígidas, o que será possível a partir da (re)definição das tarefas educativas de cada sistema, para que se efetive a ideia de cooperação.

O FILHO É DA FAMÍLIA, O ALUNO É DA ESCOLA: O QUE FAZER PARA MUDAR A RELAÇÃO FAMÍLIA-ESCOLA?

Nos quatro casos estudados, chamou a atenção que nenhum dos participantes referiu a importância ou a necessidade de uma parceria entre a família e a escola. De forma incipiente, aparece a ideia de que a família e a escola são "duas partes" do problema de comportamento da criança e que precisam se ajudar, mas não como sistemas interdependentes. Questiona-se então: seriam essas as evidências associadas à falta de vivências ou de modelos integrativos de ação? Ou seria esse um modelo "de integração e parceria" atual?

A partir dos achados, podemos observar um aspecto bastante relevante na explicação do modelo de parceria que família e escola apresentam na atualidade. Todos os casos estudados vinham de um contexto de escola particular e, sendo assim, identificamos uma relação de consumidor. As escolas necessitam vender seu produto (que é, de forma ampla, a educação, o ensino) e satisfazer seu cliente. Nessa perspectiva, a família estabelece uma relação de cliente com a escola, exigindo satisfação contínua e imediata, controlando-a pelo viés financeiro. Entretanto, parece delegar algumas funções, "deixando-se controlar e orientar", como parte do produto e de sua satisfação, o que pode gerar uma falta de compromisso na atenção às tarefas educativas. Provavelmente, essa relação tem outros matizes na escola pública, mas que não foge à concepção dissociada e pouco integradora de suas práticas educativas.

Sendo assim, destaca-se a importância de um olhar que contemple a intersecção da família e da escola, ampliando a compreensão e as explicações de fenômenos como a educação de crianças e adolescentes. As possibilidades de intervenção e investigação em tais contextos são um campo fértil, especialmente em caráter preventivo para a otimização de tais sistemas como espaços promotores de saúde.

Em suma, facilitar e promover a interação família-escola pode constituir-se como um importante recurso para ambas, com o objetivo de complementarem tanto as tarefas que lhes são específicas quanto aquelas que lhes são comuns. A saber, essas, talvez, não sejam as respostas definitivas às indagações de famílias e escolas a respeito das tarefas e funções educativas, mas podem, certamente, indicar novos caminhos, necessidades e reflexões, para que, então, de acordo com cada contexto, se possa navegar a fim de desconstruir e reconstruir novas formas de inter-relação.

Relembrando...

✓ No Brasil, a relação família-escola, a partir dos anos 1950 foi influenciada pelo movimento higienista, de natureza médica. Este objetivou ensinar às famílias os cuidados com higiene, alimentação e educação de seus filhos. A escola, entretanto, também foi imbuída de ações "higienistas" em relação às famílias. Estudos atuais revelam que ainda permanecem resquícios deste movimento, reproduzindo a heirarquia existente entre os saberes da escola e os da família.

✓ Uma relação de parceria positiva entre a família e a escola necessita de aproximação e convergência entre o saber escolar e o familiar, assim como uma definição dos papéis e das funções educativas entre pais e professores. As funções educativas da família e da escola são **complementares**.

✓ A investigação descrita revelou desconhecimento da família em relação às práticas educativas utilizadas na escola (pelas professoras), assim como da escola em relação à família. Apesar disso, as professoras criticaram mais frequentemente a educação familiar de seus alunos investigados do que o contrário. Constatou-se uma supremacia do saber escolar em face ao saber familiar, caracterizando as interações família-escola.

Questões para reflexão:

1. Quais intervenções são necessárias para a construção de uma interação de parceria entre a família e a escola?
2. Pensando nos aspectos descritos no texto sobre a interação família-escola, quais poderiam ser destacados no que diz respeito à educação exercida na família e na escola de forma específica?
3. Como as práticas educativas se relacionam com a(s) forma(s) de interação que a família e a escola estabelecem?

Filmes:

O CLUBE DO IMPERADOR

Sinopse: William Hundert (Kevin Kline) é um professor da St. Benedict's, uma escola preparatória para rapazes muito exclusiva que recebe como alunos a nata da sociedade norte-americana. Lá, Hundert dá lições de moral a serem aprendidas através do estudo de filósofos gregos e romanos. Ele fala para seus alunos que "o caráter de um homem é o seu destino" e se esforça para impressioná-los sobre a importância de uma atitude correta. Repentinamente algo perturba esta rotina com a chegada de Sedgewick Bell (Emile Hirsch), o filho de um influente senador. Sedgewick entra em choque com as posições de Hundert e questiona a importância daquilo que é ensinado. Mas, apesar dessa rebeldia, Hundert considera Sedgewick bem inteligente e acha que pode colocá-lo no caminho certo, chegando mesmo a colocá-lo na final do Senhor Julio Cesar, um concurso sobre Roma Antiga. Mas Sedgewick trai esta confiança arrumando um jeito de trapacear.

Aspectos a serem discutidos/trabalhados: Os valores familiares, morais e escolares são postos em cheque em distintas situações: a participação do pai durante a vida escolar do filho, frente à importância dos modelos (familiares e escolares); a importância da congruência entre os valores da família e da escola/sociedade; a intolerância à frustração; a motivação e a identidade do professor.

COACH CARTER – TREINO PARA VIDA

Sinopse: Richmond, Califórnia, 1999. O dono de uma loja de artigos esportivos, Ken Carter (Samuel L. Jackson), aceita ser o técnico de basquete de sua antiga escola, onde conseguiu recordes e que fica em uma área pobre da cidade. Para surpresa de muitos, ele impõe um rígido regime em que os alunos que queriam participar do time tinham de assinar um contrato que incluía comportamento respeitoso, modo adequado de se vestir e boas notas em todas as matérias. A resistência inicial dos jovens acaba e o time sob o comando de Carter vai se tornando imbatível. Quando o comportamento do time fica muito abaixo do desejável, Carter descobre que muitos dos seus jogadores estão tendo um desempenho muito fraco nas salas de aula. Assim Carter toma uma atitude que espanta o time, o colégio e a comunidade.

Aspectos para serem discutidos/trabalhados: A necessidade de mudança(s) ante crise(s) da relação família-escola; importância do envolvimento família-escola; importância do modelo do professor e sua coerência como tal; envolvimento da instituição escolar para promoção de estratégias eficazes.

REFERÊNCIAS:

Alvarenga, P., & Piccinini, C. A. (2001). Práticas Educativas e problemas de comportamento em Pré-escolares. *Psicologia: Reflexão e Crítica, 14* (3), 449-460.

Carvalho, M. E. P. (2000). Relações entre família e escola e suas implicações de gênero. *Cadernos de Pesquisa, 110,* 143-155.

Carvalho, M. P. (2002). Entre a casa e a escola: Educadoras do ensino fundamental na periferia de São Paulo. In Hipólito, A. M., Vieira, J. S., &. Garcia, M. M. A (Orgs.), *Trabalho docente: Formação e Identidades* (pp. 215-241). Pelotas: Seiva.

Carvalho, M. E. P. (2004). Modos de educação, gênero e relações escola-família. *Cadernos de Pesquisa, 34* (121), 41-58.

Chechia, V. A., & Andrade, A. S. (2005). O desempenho escolar dos filhos na percepção de pais de alunos com sucesso e insucesso escolar. *Estudos de Psicologia, 10* (3), 431-440.

Collins, W. A., Maccoby, E. E., Steinberg, L., Hetherington, E. M., & Bornstein, M. H. (2000). Contemporary research on parenting: The case of nature and nurture. *American Psychologist, 55* (2), 218-232.

Dowling, E. (1996). Marco teórico: Un enfoque sistémico conjunto de los problemas educativos con niños. In Dowling, E. & Osborne, E. (Orgs.) *Familia y escuela: Una aproximación conjunta y sistémica a los problemas infantiles* (pp. 21-50). Buenos Aires: Paidós.

Hoffman, M. L. (1994). Discipline and Internalization. *Developmental Psychology, 30* (1), 26-28.

Marchesi, A. (2006). A família, entre o desalento e a despreocupação. In A. Marchesi. *O que será de nós, os maus alunos?* (pp.137-158). Porto Alegre: ARTMED. Tradução de Ernani Rosa.

Oliveira, L. de C. F. (2002). *Escola e família numa rede de (dês)encontros: Um estudo das representações de pais e professores.* São Paulo: Cabral Ed. E Livr. Universitária.

Silveira, L. M. O. B. (2007). *A interação família-escola frente aos problemas de comportamento da criança: Uma parceria possível?* Tese de Doutorado. Manuscrito não publicado. Programa de Pós-Graduação da Faculdade de Psicologia, Pontifícia Universidade Católica do Rio Grande do Sul.

Viana, M. J. B. (2005). As práticas socializadoras familiares como *lócus* de constituição de disposições facilitadoras de longevidade escolar em meios populares. *Educação e Sociedade, 26* (90), 107-125.

Vila, I. (2003). Família y escuela: Dos contextos y um solo nino. In Alfonso et. al. (2003). *La participación de los padres y madres en la escuela* (pp. 27-38). Barcelona: Editorial GRÀO.

Wagner, A., Sarriera, J. C., & Casas, F. (2009). *Os Direitos da Infância: A Perspectiva das crianças, seus pais e professores.* Porto Alegre: Nova Prova.

13

O PROCESSO EDUCATIVO E A EMPRESA FAMILIAR
Do herdeiro ao sucessor

José Luis Gobbi Lanuza Suarez de Puga
Adriana Wagner

Existem diversos provérbios que difundem ideias de como se dá a transmissão familiar: *"pai rico, filho nobre e neto pobre" "o fruto nunca cai longe do pé"; "quem sai aos seus não degenera"* são alguns dos ditos populares que circulam em nosso contexto, retratando a importância da família na construção da identidade de seus membros. No caso das famílias empresárias, tais processos de transmissão transgeracional se potencializam quando chega o momento de sucessão da liderança na empresa. Nesse sentido, o processo sucessório condensa muitos dos conflitos presentes nessas organizações, colocando em evidência uma das principais questões da família empresária: criamos um sucessor? Educamos um dos membros da família para liderar a continuidade do negócio? É chegada a hora inevitável de avaliar e testar resultados, o que gera na família temores e expectativas frente ao confronto de seus êxitos e fracassos na educação de seus filhos.

Tais expectativas também são permeadas pelas múltiplas possibilidades de reverberação da educação recebida na família em cada um de seus membros, pois o processo educativo encerra em si uma complexidade que está longe de seguir a lógica causa-efeito. Nesse caso, muitas vezes, todo empenho realizado pela família em formar um sucessor não garante o êxito do processo sucessório.

As empresas familiares estão massivamente presentes em nossas vidas através de inúmeros produtos e serviços que disponibilizam para a sociedade. Embora ainda haja divergências em relação à conceituação de Empresa Familiar e às estatísticas quanto ao seu número, atualmente, há concordância sobre a importância de sua representatividade. No Brasil, no ano 2000, mais de 93% das empresas eram familiares e, em países como Itália e Suécia, sua representatividade chegava a 95 e 90%, respectivamente (Zurdo, 2000; Neubauer e Lank, 1999).

Desse modo, as empresas familiares são responsáveis diretas pelo desenvolvimento da comunidade ao gerarem oportunidades de inclusão através da criação de aproximadamente 75% dos novos empregos e da manutenção de 85% dos empregos existentes (Zahra, 2005). Elas constituem a base da economia de muitos países, e nos Estados Unidos, por exemplo, são responsáveis por 64% do PIB. As estatísticas referem ainda que 62% da mão de obra americana se emprega em empresas familiares (Murphy, 2005).

Ainda que as empresas do tipo familiar sejam a maioria no contexto internacional e nacional, as estatísticas explicitam a fragilidade que as constituem, devido ao seu breve tempo de vida. Conforme anunciado pela FBN (Familiy Bussiness Network), 46% das empresas familiares fecha suas portas antes dos 5 anos de vida, e apenas 3% destas organizações chega à terceira geração. A complexidade envolvida nesse fenômeno torna impossível mapear todas as variáveis implicadas na explicação dessa breve trajetória. Porém, existe concordância entre acadêmicos, consultores e membros de famílias empresárias quanto a dois aspectos que se destacam: a sobreposição dos papéis familiares e empresariais e o processo sucessório.

Quanto ao processo sucessório, o que muitas vezes observa-se na prática é a tentativa de produzir um sucessor na iminência da passagem do "bastão" de uma geração para a outra. O herdeiro, devido à urgência do momento, é impelido pelo sistema familiar a assumir o negócio de sua família. Este movimento que, inicialmente, busca a perpetuação da família no poder, abrange, entre seus principais objetivos, minimizar as consequências da insegurança da nova geração frente ao desafio da continuidade.

Frente a isso, o núcleo familiar elege determinado membro da família, o qual deverá ser capaz de enfrentar as incertezas de um futuro sem um líder experiente, forte e confiável, conforme, na maioria das vezes, foi o seu antecessor. A carga de expectativas e de idealização depositada nesse indivíduo envolve toda uma complexidade de relações implícitas e explícitas entre os sistemas familiar e empresarial. O fluxo de fantasias, desejos e afetos que circulam entre os sistemas tendem a originar, ao mesmo tempo, movimentos de coesão e dispersão, isto é, a família e a empresa, inevitavelmente, passam por um período de instabilidade. O "produto" emergente deste contexto e desse processo é um herdeiro que deverá constituir-se o sucessor. Essa lógica do *herdeiro = sucessor* é a mais comumente encontrada nas empresas familiares e nas famílias empresárias.

Porém, já na etimologia da palavra herdeiro encontramos algumas pistas que nos levam a questionar tal equação. Herdeiro vem do latim *hereditare*, aquilo que se transmite geneticamente; no latim hispânico *herentia*, que quer dizer estar ligado, pregado, fixo (Cunha, 2007). Portanto, a continuidade linear entre gerações está baseada na ideia predeterminada do direito universal. No contexto da empresa familiar, essa linearidade encontra-se relacionada ao conceito de *Programa Familiar*, que é um aspecto fundamental para a compreensão da sucessão empresarial (Wheatley, 2000; Morin, 2004, 2005).

O programa representa o predeterminado, relaciona-se a condições específicas, conhecidas e repetidas ao longo da história familiar que desencadeiam ações já utilizadas na busca de um determinado resultado. Portanto, o programa abrange os aspectos familiares transgeracionais, tais como valores, crenças, mitos, etc., que desempenham um papel central nesse processo que impulsiona o herdeiro no caminho da sucessão (Morin, 2005; Wagner, 2005).

Entretanto, o processo de construção/educação do sucessor, necessariamente, inclui rupturas, conflitos, descontinuidade, assimilação de paradoxos, entre outros fatores, que obrigam a família empresária a contar com a sua própria essência e todas as características de funcionamento que a constituem. Sendo assim, em muitas famílias, a lógica linear utilizada (*herdeiro = sucessor*) pode estar revelando um estilo de funcionamento restritivo, o qual obstaculiza a avaliação dos recursos que o sistema familiar possui. Consequentemente, dificulta a criação de alternativas mais conectadas com as necessidades da empresa no momento da sucessão.

Partindo da definição da palavra, entende-se que sucessor é aquele que sucede a outrem, que pode substituir; oriundo do latim *successus* – aquilo que sucede –, encerra a ideia de êxito, de resultado feliz (Cunha, 2007). Nesse sentido, podemos afirmar que nem todo o herdeiro deverá ser um sucessor, e nem sempre o sucessor será um herdeiro. É comum, entretanto, que as famílias empresárias, na luta pela sua sobrevivência e sua autoperpetuação, desenvolvam o que denominamos de Síndrome do Príncipe Herdeiro. O príncipe herdeiro é aquele que é direcionado/educado a acreditar que o fato de simplesmente pertencer a determinada família o torna apto a realizar os mesmos feitos da geração anterior e levar em frente a empresa. Assim, como nos contos de fada, o príncipe herdeiro é aquele que desempenha o papel de forte, destemido, nobre, vencedor, quase perfeito. Como a urgência das organizações empresariais é demasiadamente real, não comporta um príncipe, mas alguém muito humano, capaz de conectar-se e enfrentar as demandas do dia a dia. Nesses casos, é muito frequente encontrarmos distorções dessas características dos contos de fadas nos príncipes herdeiros que assumem a empresa. Tais características costumam aparecer da seguinte maneira:

- Onipotência na tomada de decisão;
- Irritabilidade exacerbada;
- Desprezo generalizado;
- Apego excessivo a pessoas cordatas e submissas;
- Falta de acessibilidade, distanciamento;
- Sentimento de superioridade;

- Infantilidade/imaturidade frente aos conflitos inerentes à vida;
- Autossuficiência;
- Baixo nível de autocrítica.

Nesses casos, proteger a imagem idealizada do príncipe representa manter a salvo a história das gerações anteriores e a ilusão de continuidade pelo acoplamento dos sistemas familiar e empresarial. A imagem do príncipe representa a síntese do potencial familiar. O grande risco deste mecanismo ocorre quando o indivíduo coroado torna-se prisioneiro dessa herança, adotando um padrão repetitivo e estereotipado.

Muitas vezes, o membro da família empresária que sofre da Síndrome do Príncipe Herdeiro encontra-se enclausurado no programa familiar, ou seja, adota um padrão estereotipado de comportamentos, ações e estratégias. Portanto, compreender esse processo constitui-se um dos pilares principais da família empresária na busca da superação dessa síndrome, a fim de poder oxigenar e flexibilizar suas escolhas de forma a contemplar efetivamente as demandas da família e da empresa, sem que a história contida no programa familiar sobreponha-se no processo sucessório.

Frente a esse contexto, surge um questionamento central: quais seriam os aspectos que possibilitam a um herdeiro se transformar em sucessor no contexto da empresa familiar? Educa-se um filho herdeiro para ser, efetivamente, um sucessor?

As famílias, assim como as empresas, são sistemas únicos, singulares, dotados de grande complexidade. Mapear o universo de variáveis envolvidas em um processo sucessório exitoso significa, na nossa experiência, analisar caso a caso. Porém, independentemente da especificidade de cada empresa familiar, a sucessão é uma tarefa central a ser realizada, a qual demanda tempo, planejamento e preparo/educação do sucessor.

Quando nos referimos à formação do sucessor pelo processo de educação, compreendemos este trajeto como produto emergente do sistema familiar inter-relacionado de forma sinérgica com o sistema empresarial. Ampliamos, portanto, o conceito de educação, frequentemente associado a processos formais. A educação do sucessor trata-se de um processo emergente, cotidiano, que articula o que de mais essencial constitui a família empresária. Nesse sentido, o sistema familiar deverá colocar seus esquemas referenciais constituídos por valores, normas, regras, leis, crenças e mitos à disposição do sucessor, favorecendo a apropriação e a adaptação ativas. Soma-se, ainda, a absorção da história da empresa, ressaltando os aspectos impulsores e restritivos, além dos eventos que a impactaram. O processo educativo emergente do sucessor necessita de algumas condições contextuais para seu desenvolvimento, tais como:

1. **Existir a real intenção da realização da sucessão:** a imensa maioria das empresas familiares que alcançam resultados positivos com a

sucessão vivencia esta passagem como algo natural e esperado, que se desenvolve de forma processual ao longo dos anos, ou seja, através do processo educativo emergente. Logo, a intenção genuína da concretização da sucessão está circulando permanentemente na família e na organização empresarial. Corroborando esta condição, os autores Blondel e Carlock (2005) defendem a ideia de que as empresas dirigidas por famílias que não possuem o desejo de realizar a passagem do bastão e não possuem um programa específico de sucessão não deveriam ser consideradas empresas familiares.

2. **A família enquanto espaço potencial de aprendizagem:** família e empresa enquanto sistemas vivos buscam o desenvolvimento e a autoperpetuação através do crescimento de seus membros integrantes. A emergência do sucessor é fundamental para a sobrevivência da empresa familiar. Para tanto, a família deverá ser o principal contexto para aprendizagem e formação desse sujeito, ou seja, o espaço para o desenvolvimento do processo de individuação, crescimento e transformação de um herdeiro em um herdeiro-sucessor.

3. **Aceitação das diferenças:** os esquemas referenciais familiares são determinantes na construção da identidade dos subsistemas e dos membros que os integram. O principal conflito que emerge da dinâmica deste processo é a luta pela diferenciação de cada um dos subsistemas e de seus membros. Este conflito é desejável e benéfico, desde que não se torne demasiadamente ameaçador para a organização geral (autoridade e hierarquia) do sistema familiar e empresarial. Para tanto, o sistema familiar deve possibilitar que subsistema e indivíduo ocupem seu espaço correspondente, garantindo a este autonomia e a intimidade necessárias para o desenvolvimento e o descobrimento da própria identidade. Assim, também a empresa deve oferecer em sua estrutura organizacional o espaço formal de aprendizagem e crescimento para os herdeiros (Deutsch e Kraus, 1989; Minuchin, 1990; Leaptrott, 2005).

4. **Papel apropriado às condições do sucessor:** a dinâmica da empresa familiar, proveniente do acoplamento dos sistemas familiar e empresarial, exige dos membros da família empresária o desempenho de um conjunto de papéis prescritos ou predeterminados. A prescrição destes relaciona-se diretamente aos referenciais familiares e às exigências da gestão empresarial. Portanto, o papel estabelece padrões de comportamento e de nível de competência para que seu desempenho seja aceito pelo sistema geral. O papel desempenhado com competência supõe a realização de algumas tarefas de forma satisfatória, tarefas estas que apontam para responsabilidades, obrigações e direitos de quem as desempenha. Mesmo atendendo a expectativas, cada membro da família empresária deve buscar impri-

mir seu próprio significado na realização de cada tarefa, libertando-se do possível enclausuramento do programa familiar. Entretanto, as novas demandas e a complexidade do mundo globalizado têm impulsionando e incrementado a dificuldade de alinhar, entre as gerações, expectativas e atribuições no que se refere ao desempenho dos papéis e à realização das tarefas (Dabas e Najmanovich, 1995; Geus, 2002; Capra, 2002; Wagner, 2005; Wheatley, 2005).

Portanto, o herdeiro que se transforma em sucessor emerge do acoplamento dos sistemas familiar e empresarial. As perturbações mútuas que ocorrem entre os sistemas, alicerçadas pela genuína busca da autoperpetuação destes, constituem a base do terreno para a criação do herdeiro sucessor. O herdeiro somente será capaz de superar a síndrome de príncipe se a família empresária for capaz de reconhecer seu real potencial, através de um processo educativo que tem como norte os referenciais familiares transgeracionais.

O herdeiro sucessor torna-se o produto de um processo educativo extremamente refinado e eficaz. Esse processo instrumentaliza o *aprendente* a superar a força de enclausuramento do programa familiar que, paradoxalmente, constitui a base do processo de educação. Dessa forma, possibilita ao herdeiro desempenhar o papel de inovação com o êxito esperado de um real sucessor. A luta entre a manutenção do sentimento de pertença à família e, ao mesmo tempo, de diferenciação obriga a geração que chega à empresa a impulsionar as transformações dos referenciais que constituem o programa, favorecendo a assimilação de novos conceitos e novas experiências, causando choques, tensões, rupturas e conflitos. A inserção da nova geração demarca a passagem do tempo, traz nova vida, assim como aponta para a morte. A urgência do jovem pressiona para a necessidade da ressignificação dos papéis e das tarefas na família e na empresa (Leaptrott, 2005).

Frente a isso, somente com a ruptura da equação de lógica linear *herdeiro = sucessor* será possível a criação de um sucessor que mantenha o desenvolvimento da empresa familiar. Para tanto, propomos uma nova equação, a equação do **Herdeiro Sucessor**:

$$\frac{\text{Apropriação do programa familiar} + \text{Desenvolvimento de competências técnicas}}{\text{Capacidade de gerir}}$$

A apropriação do programa familiar significa lançar luz sobre a construção histórica da forma de pensar e de agir do sistema familiar, libertando o herdeiro dos caminhos já percorridos e abrindo possibilidades de gerenciamento de sua herança psíquica e a realização de escolhas que o diferenciem de seu sistema familiar. Dessa forma, surgem novas perspectivas e instala-se, então, a verdadeira ação criativa frente ao inesperado. A capacidade de formular novas estratégias é o principal resultado desse processo, sem o qual a cristalização e a falência dos sistemas tornam-se inevitáveis.

A base transgeracional pode se transformar em um cárcere para toda a família empresária ao longo de gerações. A incerteza de que "algo" venha a recair sobre a família e a empresa faz com que este sistema se prenda rigidamente a seus referenciais, paralisando o movimento entre o antigo e o novo, que é o que possibilita a emergência do herdeiro sucessor. Como resultado desse processo, não são incomuns seguidas tentativas, que levam ao fracasso, de empresas familiares buscarem no passado as soluções para os desafios atuais. Porém, o processo educativo que transforma o herdeiro em sucessor necessariamente também o autoriza a resignificar o passado, justificar o presente e projetar o futuro. O herdeiro sucessor é aquele que articula e representa o passado e o futuro, o antigo e o novo, o rígido e o flexível.

Hoje, o mundo dos negócios exige das organizações empresariais a rápida absorção de informações e conhecimentos, possibilitando que a inovação seja vivenciada como algo natural e cotidiano. Nessa perspectiva, a educação formal é muito importante na transformação do herdeiro em sucessor, principalmente no que se refere à aquisição de competências técnicas. A educação formal e a emergente têm como resultado final a base da equação do herdeiro sucessor, ou seja, a capacidade de gerir. Apenas no exercício prático da gestão, através do desempenho do sucessor será possível avaliar o resultado do processo de educação do herdeiro. Aquele que nasce herdeiro deverá percorrer um longo caminho de transformação de seu potencial familiar em competências de sucessor. Esse processo busca desenvolver e reforçar competências em nível relacional, afetivo, intelectual e ético. Somente através dessas competências será possível ao herdeiro ser o sucessor.

Sendo assim, podemos afirmar que lançar luz sobre a complexidade dos fenômenos presentes nas empresas familiares talvez seja o caminho que realmente contribua para a sobrevivência e o crescimento da família e da empresa. Ensinar à nova geração a acessar os conteúdos do programa familiar, fomentando paralelamente o desenvolvimento de competências técnicas e proporcionando um espaço de livre experimentação da autogestão desses recursos, poderá ter como resultado a emergência do herdeiro-sucessor.

Longe de oferecer fórmulas, receitas ou modelos de entendimento mecânico da relação entre a família empresária e a empresa familiar, apontamos a necessidade de se considerar a interdependência dos contextos no entendimento desse fenômeno. Dessa forma, buscamos habilitar o pensamento para a compreensão da singularidade complexa que caracteriza uma empresa familiar.

Relembrando...

✓ O capítulo aponta de forma intensa as diferenças existentes entre o herdeiro e o sucessor. Nesse sentido, quebra a lógica linear frequentemente diagnosticada nas empresas familiares, em que ser herdeiro equivale a ser sucessor. O herdeiro, na melhor das hipóteses, possui o potencial de tornar-se sucessor. Essa transformação inclui um longo processo educativo.

✓ Os principais recursos do herdeiro que busca ser sucessor estão contidos no que denominamos *Programa Familiar*. Encontra-se inscrito no programa normas, valores, crenças, história, eventos, fatos e estratégias vivenciados pela família empresária. Portanto, é o principal referencial norteador do candidato a sucessão. Paradoxalmente, o mesmo Programa pode aprisionar o herdeiro em caminhos já percorridos, limitando a emergência do novo/criativo absolutamente essencial à sobrevivência dos negócios.

✓ A formação do herdeiro que se transforma em sucessor ocorre através de um processo educativo que contempla o desenvolvimento das competências técnicas (educação formal) e a possibilidade da apropriação de forma aprofundada do seu Programa Familiar. Essa apropriação ocorre de maneira emergente ao longo do seu processo de desenvolvimento.

✓ A formação do herdeiro que busca ser sucessor desenvolve-se ao longo de anos e tem como base o alinhamento entre o desejo legítimo da família em realizar a passagem do bastão e do herdeiro em ser sucessor. Nessa perspectiva, entra em campo o que de mais legítimo constitui a família e a empresa, atribuindo alto nível de singularidade a cada processo de educação e sucessão.

Questões para reflexão:

1. Qual a diferença entre herdeiro e sucessor?
2. Como se caracteriza o processo educativo emergente?
3. Quais as principais variáveis existentes em um processo educativo que transforma um herdeiro em sucessor?
4. Cite as principais consequências das perturbações entre os sistemas familiar e empresarial no processo de educação do herdeiro.
5. Explique por que podemos afirmar que o Programa Familiar potencializa e restringe o processo educativo do herdeiro-sucessor.
6. Como ocorre a complementaridade entre a educação formal e a educação emergente no processo de formação do herdeiro em sucessor?

Filmes:

CAMINHANDO NAS NUVENS

Sinopse: Depois de quatro anos nos campos de batalha da 2ª Guerra Mundial e ainda relembrando os seus horrores, Paul Sutton (Keanu Reeves), enquanto faz uma viagem de negócios, ajuda uma hispano-americana, Victoria Aragón (Aitana Sánchez-Gijón), uma bela mulher que na faculdade se apaixonou por um professor que a engravidou, mas não quis se casar com ela. Ela volta para casa totalmente envergonhada e temerosa da reação do seu pai, Alberto (Giancarlo Giannini), mas Paul tem uma ideia: ele se fará passar por marido dela e partirá após um dia ou dois. Assim, quando Victoria ficar só com a criança, a desgraça estará nele, não nela. Ela concorda e os dois chegam como marido e mulher no vinhedo Las Nubes, que é propriedade da família dela. A maioria da família Aragón recebe Paul afetuosamente, especialmente o avô, Don Pedro (Anthony Quinn), o patriarca, mas o pai dela sente que há algo errado com o jovem casal e trata Paul grosseiramente. Paul e Victoria contornam várias situações e, durante a celebração da colheita, descobrem que estão fortemente apaixonados. Entretanto, algumas barreiras impedem que eles concretizem esse amor.

Aspectos a serem discutidos/trabalhados: O filme ilustra de forma clara a transmissão de valores familiares entre uma geração e outra, tendo como contexto o negócio da família. Ressalta a importância do Programa Familiar e as dificuldades do processo de integração dos novos membros da família.

SÉRIES

BROTHERS & SISTERS

Sinopse: Este drama surpreendente é centrado nos cinco filhos adultos da família e na mãe apaixonada e devotada a eles, Nora Holden (Sally Field, vencedora do Oscar e do Emmy, *"ER"*). A vida dos Walkers é repleta de desafios: romance, divórcio, infidelidade, vício, guerra e até a morte os levarão ao limite, mas eles continuam lutando para viver suas vidas como indivíduos, enquanto amam uns aos outros incondicionalmente e tentam manter alguma aparência de normalidade após perderem o patriarca dessa grande família, William Walker (Tom Skerritt).

Aspectos a serem discutidos/trabalhados: O seriado aborda como a morte da figura idealizada de um fundador/empreendedor pode abalar os sistemas familiar e empresarial. Explicita todo o processo de contato com a figura real deste fundador e patriarca da família. Nessa perspectiva, explicita os conflitos inerentes a esse processo e sua inter-relação na família empresária. A série também aborda algumas das problemáticas vivenciadas nas configurações da família contemporânea.

REFERÊNCIAS

Blondel, C., Carlock, R. (2005). Fair process in family firms. *Family Business Review*, v. 17, p. 26-32.

Capra, F. (2002). *As Conexões Ocultas*. São Paulo: Pensamento-Cultrix.

Carter, B. E., McGoldrick, M. N. (1995). *As Mudanças no Ciclo de Vida Familiar*. Porto Alegre: ARTMED.

Cunha, A. (2007). *Dicionário Etimológico da Língua Portuguesa*. Rio de Janeiro: Lexikon Editora Digital.

Dabas, E., Najmanovich, D. (1995). *Redes: el Lenguaje de los Vínculos*. Buenos Aires: Paidós.

Deutsch, M., Kraus, R. (1989). *Teorías en Psicología Social*. Buenos Aires: Paidos.

Geus, A. (2002). Sobrevivência na nova selva. *Management*, v. 29, p. 61-66.

Leaptrott, J. (2005). An institutional theory view of the family business. *Family Business Review*, v. 18, p. 215-228.

Morin, E. (2004). *A Religação dos Saberes*. Rio de Janeiro: Bertrand Brasil.

Morin, E. (2005). *Ciência com consciência*. Rio de Janeiro: Bertrand Brasil.

Murphy, D. (2005). Understanding the complexities of privite family firms. Family Business Review, v. 18, p. 123-133.

Minuchin, S. (1990). *Famílias: Funcionamento e Tratamento*. Porto Alegre: Artmed.

Neubauer, F., Lank, A. (1999). *La Empresa Familiar: Como Dirigirla para que Perdure*. Bilbao: Deusto.

Ríos-Gonzaléz, J. A. (1994). *Manual de Orientación y Terapia Familiar*. Madrid: Instituto de Ciencias del Hombre.

Ríos-Gonzaléz, J. A. (2009). Familia y permesividad. In Ríos-Gonzaléz, J. A. (Ed.), *Personalidad, Madurez Humana y Contexto Familiar* (pp.970-978). Madrid: Editorial CCS.

Wagner, A. (2005). *Como se Perpetua a Família? A Transmissão dos Modelos Familiares*. Porto Alegre: EDIPUCRS.

Wheatley, M. (2000). *Liderança e a Nova Ciência*. São Paulo: Pensamento-Cultrix.

Wheatley, M. (2005). Quando a mudança está fora de nosso controle. III Congresso Gaúcho de Recursos Humanos. Porto Alegre, maio.

Zahra, A. (2005). Entrepreneurial risk taking in family firms. *Family Business Review*, v. 18, p. 23-40.

Zurdo, M. (2000). *Relatório Anual da Fundação Dom Cabral*. Belo Horizonte

ÍNDICE

A

Abuso sexual *ver* Violência sexual
Adaptabilidade, 60, 62, 63, 66
  nível de escolaridade, 65
  conflito conjugal, 65
  parentalidade, 65
Adolescência, 124-126, 167
  educação de filhos para a autonomia, 90, 92-95
  autonomia, 90, 91-96
    Bixo de Sete Cabeças, 97
    Escritores da Liberdade, 97
  influências, 89, 91, 92
  Treze, Aos, 97
  educação sexual, 125, 126, 133, 135
  gravidez na, 123-135
    apoio familiar, 132, 133
    estatística, 123
    fatores de risco, 126, 127
    Juno, 136
    Meninas, 136
    razões, 126
    relatos, 128-132
  parentalidade, 125, 127, 128-135
  divórcio, 112-119
  educação para a autonomia, 89-96
  exigência parental, 62, 63
  gravidez na adolescência, 123-135
  maternidade, 117, 118
  nível de escolaridade, 65
  paternidade, 99-109, 116, 117
  relação com a relação conjugal, 60-65
  relações familiares e os problemas emocionais e de comportamento em adolescentes, 140-146
  resolução de conflito, 67
  responsividade parental, 62, 63
  violência como instrumento educativo, 150-160
Adolescente em conflito com a lei, 167-178
  adolescência, 167
  educação de filhos para a autonomia, 90, 92-95
  educação sexual, 125, 126, 133, 135
  gravidez na, 123-135
  parentalidade, 125, 127, 128-135
  Cidade de Deus, 178
  família, 167-170, 172, 174-177
  Gangue está em campo, A, 179
  Lei de cada dia, A, 179
  prevenção, 176
  rede social, 170-174
    amigos, 172-177
    comunidade, 172
    escola, 171-173, 177
    família, 167-170, 172, 174-177
    teoria Ecológico-Sistêmica, 171, 177
    trabalho, 171, 172
    uso de drogas, 173, 177
Afetividade familiar, 142-146
Afeto na educação infantil, 151
Agressão física *ver* Violência física
Agressor na violência conjugal, 79
Amor, 45, 54
Amor e a Fúria, O, 84
Apoio familiar à gravidez na adolescência, 132, 133
Atração física, 43, 44, 54
  expectativa feminina, 44
  expectativa masculina, 44
Atualidade da relação família-escola, 185-187
Autoculpabilização na violência conjugal, 80
Autonomia, 90, 91-96
  Bixo de Sete Cabeças, 97
  Escritores da Liberdade, 97
  Treze, Aos, 97
Autoridade, 150
Autoritarismo, 150

B

Babá Quase Perfeita, Uma, 120
Beleza Americana, 147
Bixo de Sete Cabeças, 97
Brothers & Sisters, 199

C

Caminhando nas Nuvens, 199
Capacidade de delimitação de fronteiras, 30
Capacidade de flexibilização, 30
Características
 da rede social, 177
 do sucessor na família empresária, 192-194
 que favorecem a conduta de risco por parte dos adolescentes, 168, 169
 que favorecem condutas pró-sociais por parte dos adolescentes, 169, 177
Casamento ver Relação conjugal
Casamento de Rachel, O, 34
Ciclo da violência conjugal, 78-79
 construção da tensão, 78
 lua de mel, 78
 tensão máxima, 78
Cidade de Deus, 178
Clube do Imperador, O, 189
Coach Carter – Treino para Vida, 189
Coesão conjugal, 59, 62, 63
Composição do núcleo familiar, 21
Comunicação conjugal, 66
Condições de trabalho para mulheres e homens na Espanha, 101, 102
 Lei Orgânica de 2007, 102
Condições de trabalho para mulheres e homens no Brasil, 101, 102
Configuração familiar, 19-23, 32
 núcleo familiar, 21, 22
  composição, 21
  pluralidade, 23
  relações, 24
Conflito
 familiar, 142-146
 conjugal, 62, 63, 65-68
  comunicação conjugal, 66
  nível de escolaridade, 65
  renda pessoal, 63, 64
Conjugalidade ver Relação conjugal
Consequências da violência conjugal, 73-75, 81
Consolidação da identidade, 46, 54
Contemporaneidade da relação conjugal, 40, 47, 48, 99, 100
Contexto de inserção do casal, 59, 68
Contexto social familiar, 99, 100, 108
 no Brasil e na Espanha, 100-101
 condições de trabalho para mulheres e homens, 101, 102
 direitos paternos, 102
 papéis familiares, 100, 101
Convívio social, 40
Coparentalidade, 113-115, 117-119
 dimensões gerais, 114
 indicadores, 114, 115
 padrão conflitante, 114
 padrão cooperativo, 113
 padrão desengajado, 113
 preditores, 114
Crianças com problemas de comportamento na relação família-escola, 183
Crise no modelo tradicional de família, 20

D

Dança comigo?, 55
Desafios da família contemporânea, Os, 19-35
 Casamento de Rachel, O, 34
 Ponto de Mutação, O, 33
 Tango de Rashevski, O, 33
Dimensões gerais da coparentalidade, 114
Dinâmica da violência conjugal, 78-80
 ciclo, 78, 79
 construção da tensão, 78
 lua de mel, 78
 tensão máxima, 78
Direitos paternos
 na Espanha, 102
 Lei Orgânica de 2007, 102
 no Brasil, 102
Divórcio na parentalidade, 112-119
 Babá Quase Perfeita, Uma, 120
 coparentalidade, 113-115, 117-119
  dimensões gerais, 114
  indicadores, 114, 115
  padrão conflitante, 114
  padrão cooperativo, 113
  padrão desengajado, 113
  preditores, 114
 guarda do filho, 115-118
 Lula e a Baleia, A, 120
 maternidade, 117, 118
  papel da, 24, 25
 Morte Inventada, A, 120
 paternidade, 116, 117
  direitos paternos no Brasil e na Espanha, 102
  Ensinando a Viver, 109
  envolvimento com a vida escolar do filho no Brasil e na Espanha, 103, 104
  guarda de filhos no Brasil e na Espanha, 102, 103
  interação com o filho no Brasil e na Espanha, 104-106, 108
  papel da, 24, 25, 99, 106-108
 Procura da Felicidade, À, 110

E

Educação
 de filhos para a autonomia, 89-96
  adolescência, 90, 92-95
  autonomia, 90, 91-96
  Bixo de Sete Cabeças, 97
  Escritores da Liberdade, 97
  influências, 89, 91, 92
  Treze, Aos, 97
 do sucessor na família empresária, 194-198
 em diferentes contextos, 167-200

adolescente em conflito
  com a lei, 167-178
 processo educativo e a
  empresa familiar, O,
  191-198
 relação família-escola,
  181-188
 infantil
  afeto, 151
  estilo educativo, 152
  limite, 151
 sexual na adolescência,
  125, 126, 133, 135
Educar para a autonomia,
  89-96
 Bixo de Sete Cabeças, 97
 Escritores da Liberdade, 97
 Treze, Aos, 97
Empresa familiar *ver* Família
  empresária
Ensinando a Viver, 110
Envolvimento com a vida
  escolar do filho no
  Brasil e na Espanha
 paternidade, 103, 104
 direitos paternos no
  Brasil e na Espanha,
  102
 Ensinando a Viver, 109
 guarda de filhos no
  Brasil e na Espanha,
  102, 103
 interação com o filho no
  Brasil e na Espanha,
  104-106, 108
 papel da, 24, 25, 99,
  106-108
 Procura da Felicidade, À,
  110
Escritores da Liberdade, 97
Estatística
 da gravidez na adolescência, 123
 da negligência, 154
 da violência como
  instrumento
  educativo, 154
 da violência conjugal, 73
 da violência física, 154
 da violência psicológica,
  154, 160
 da violência sexual, 154
Estilo educativo, 152
 autoritário, 152, 169
 autorizante, 152
 permissivo, 152

permissivo indulgente, 152
 permissivo negligente, 152
Estrutura familiar, 19, 20, 22,
  23, 32
Exigência parental, 62, 63
 renda pessoal, 64
 conflito conjugal, 63, 64
 qualidade conjugal,
  63, 64
 responsividade
  parental, 64
 satisfação conjugal, 64
Expectativas quanto à relação
  conjugal
 homens, 49, 50
 mulheres, 49, 50

F

Família
 aglutinada, 28, 29
 conceito, 19, 20, 22, 32
 configuração, 19-23, 32
  núcleo familiar, 21, 22
 contexto social, 99, 100
  no Brasil e na Espanha,
   100, 101
  papéis familiares, 100,
   101
 de adolescente em conflito
  com a lei, 167-170,
  172, 174-177
 características que
  favorecem a conduta
  de risco, 168, 169
 características que
  favorecem condutas
  pró-sociais, 169, 177
 responsividade parental,
  170
 desafios, 19-33
  *Casamento de Rachel,
   O*, 34
  Ponto de Mutação, O, 33
  Tango de Rashevski, O, 33
 desafios psicossociais, 19
 desengajada, 29
 desligada, 29
 emaranhada, 28, 29
 empresária, 191-198
  Brothers & Sisters, 199
  Caminhando nas Nuvens,
   199
  herdeiro, 192-194, 198
  herdeiro sucessor, 196,
   197

papéis familiares e
  empresariais, 192
 Programa Familiar, 192,
  193, 198
 Síndrome do Príncipe
  Herdeiro, 194
 sucessor, 192-198
 transgeracionalidade,
  191, 193, 196, 197
 estrutura, 19, 20, 22, 23, 32
 fatores de proteção, 65-67
 fronteiras, 26-29
 função, 20
 organização, 23, 108
 regras, 26, 32
 saúde, 30
 sistema, 23, 32
 subsistemas, 23, 32
  conjugal, 24, 72, 83
  fraterno, 25
  fraterno-filial, 25
  parental, 24, 72, 83
Fatores de proteção
 contra a violência infantil,
  157
 do ambiente familiar, 65-67
 conflito conjugal, 65-67
 História de Nós Dois, A,
  69
 resolução de conflito,
  65-67
 Se Eu Fosse Você, 69
 *Separados pelo
  Casamento*, 69
Fatores de risco da gravidez na
  adolescência, 126,
  127
Fatores motivacionais da
  relação conjugal,
  39-55
 amor, 45, 54
 atração física, 43, 44, 54
 consolidação da identidade,
  46, 54
 Dança comigo?, 55
 Mamma Mia, 55
 maternidade, 45, 46, 54
 transgeracionalidade,
  46-48, 52
Flexibilização, 30
Forças propulsoras da
  conjugalidade *ver*
  Fatores motiva-
  cionais da relação
  conjugal

Formas de violência contra a
    mulher, 75, 76
  física, 75
  moral, 76
  patrimonial, 75
  psicológica, 75
  sexual, 75
Fronteiras familiares, 26-29
  difusas, 28, 29
  função de diferenciação, 27
  função de proteção, 27
  nítidas, 27
  rígidas, 29
Função da família e da escola
    na educação, 182,
    183, 288
Função de diferenciação, 27
Função de proteção, 27

G

Gangue está em campo, A, 179
Gravidez na adolescência,
    123-135
  apoio familiar, 132, 133
  estatística, 123
  fatores de risco, 126, 127
  Juno, 136
  Meninas, 136
  razões, 126
  relatos, 128-132
Guarda Compartilhada, 102
Guarda do filho, 115-118
Guarda de filhos na Espanha,
    102, 103
Guarda de filhos no Brasil, 102,
    103
  Guarda Compartilhada, 102
Guerra dos Winters, A, 147

H

Herdeiro na família
    empresária, 192-194,
    198
Herdeiro sucessor na família
    empresária, 196, 197
História de Nós Dois, A, 69

I

Indicadores da coparentalida-
    de, 114, 115
Influências na educação
    de filhos para a
    autonomia, 89, 91, 92

Interação com o filho no Brasil
    e na Espanha,
    104-106, 108
Irmãos
  tipos de, 25, 26

J

Juno, 136

L

Lei 11.340 *ver* Lei Maria da
    Penha
Lei 11.698 *ver* Guarda
    Compartilhada
Lei de cada dia, A, 179
Lei Maria da Penha, 75-77
  formas de violência, 75, 76
  física, 75
  moral, 76
  patrimonial, 75
  psicológica, 75
  sexual, 75
Lei Orgânica de 2007, 102
Ley Orgánica 3/2007 *ver* Lei
    Orgânica de 2007
Limite na educação infantil,
    151
Lula e a Baleia, A, 120

M

Mãe *ver* Maternidade
*Mamãe, eu acho que estou...
    ligeiramente
    grávida!*, 123-139
  Juno, 136
  Meninas, 136
Mamma Mia, 55
Maternidade, 45, 46, 54, 117,
    118
  papel da, 24, 25
Meninas, 136
Modelo tradicional de família
  crise, 20
Modelos de relacionamento
    conjugal, 40, 48,
    52-54
  compulsório, 52
  contemporâneo, 44
  tradicional, 42, 43, 52, 54, 68
Morte Inventada, A, 120
Motivações da relação conjugal
    ver Fatores motiva-
    cionais da relação
    conjugal

Mudança da realidade da
    relação família-
    -escola, 187, 188
Mulheres na relação conjugal,
    53

N

Negligência, 154, 160
  estatística, 154
Nível de escolaridade, 64, 65
  adaptabilidade, 65
  conflito conjugal, 65
  comunicação conjugal,
    66
  renda pessoal, 63, 64
  parentalidade, 65
  divórcio, 112-119
  educação para a
    autonomia, 89-96
  exigência parental, 62,
    63
  gravidez na adolescência,
    123-135
  maternidade, 117, 118
  nível de escolaridade,
    65
  paternidade, 99-109,
    116, 117
  relação com a
    conjugalidade, 60-65
  relações familiares
    e os problemas
    emocionais e de
    comportamento em
    adolescentes,
    140-146
  resolução de conflito, 67
  responsividade parental,
    62, 63
  violência como
    instrumento
    educativo, 150-160
Núcleo familiar, 21, 22
  composição, 21
  pluralidade, 23
  relações, 24

O

Organização familiar, 23, 108

P

Padrão conflitante da
    coparentalidade, 114

ÍNDICE

Padrão cooperativo da coparentalidade, 113
Padrão desengajado da coparentalidade, 113
Pai *ver* Paternidade
Pais e professores nas práticas educativas, 184-188
Papéis
   familiares, 26, 32, 100, 101
   familiares e empresariais na família empresária, 192
Parentalidade, 89-163
   divórcio, 112-119
      Babá Quase Perfeita, Uma, 120
      coparentalidade, 113-115, 117-119
      guarda do filho, 115-118
      Lula e a Baleia, A, 120
      maternidade, 117, 118
      Morte Inventada, A, 120
      paternidade, 116, 117
   educação para a autonomia, 89-96
      adolescência, 90, 92-95
      autonomia, 90, 91-96
      Bixo de Sete Cabeças, 97
      Escritores da Liberdade, 97
      influências, 89, 91, 92
      Treze, Aos, 97
   exigência parental, 62, 63
   renda pessoal, 64
   gravidez na adolescência, 123-135
      apoio familiar, 132, 133
      estatística, 123
      fatores de risco, 126, 127
      Juno, 136
      Meninas, 136
      razões, 126
      relatos, 128-132
   maternidade, 117, 118
      papel da, 24, 25
   nível de escolaridade, 65
      adaptabilidade, 65
      conflito conjugal, 65
   paternidade, 99-109, 116, 117
      direitos paternos no Brasil e na Espanha, 102
      Ensinando a Viver, 109
      envolvimento com a vida escolar do filho no Brasil e na Espanha, 103, 104
      guarda de filhos no Brasil e na Espanha, 102, 103
      interação com o filho no Brasil e na Espanha, 104-106, 108
      papel da, 24, 25, 99, 106-108
      Procura da Felicidade, À, 109
   relação com a conjugalidade, 60-65
   relações familiares e os problemas emocionais e de comportamento em adolescentes, 140-146
      afetividade familiar, 142-146
      Beleza Americana, 147
      conflito familiar, 142-146
      Guerra dos Winters, A, 147
      transtornos externalizantes, 141-146
      transtornos internalizantes, 141-146
   resolução de conflito, 67
      adaptabilidade, 66
      comunicação conjugal, 66
   responsividade parental, 62, 63
      renda pessoal, 64
   violência como instrumento educativo, 150-160
      autoridade, 150
      autoritarismo, 150
      caso clínico e análise, 158-160
      estatísticas, 154
      fatores de proteção, 157
      negligência, 154
      Preciosa, 161
      transgeracionalidade, 156-158, 160
      violência física, 154
      violência psicológica, 154
      violência sexual, 153, 155
      Voz do Coração, A, 161
Paternidade, 99-109, 116, 117
   direitos paternos no Brasil e na Espanha, 102
   Ensinando a Viver, 110
   envolvimento com a vida escolar do filho no Brasil e na Espanha, 103, 104
   guarda de filhos no Brasil e na Espanha, 102, 103
   interação com o filho no Brasil e na Espanha, 104-106, 108
   papel da, 24, 25, 99, 106-108
   Procura da Felicidade, À, 109
Permissividade social à violência conjugal, 75, 76
Pluralidade do núcleo familiar, 23
Poder, 47
Ponto de Mutação, O, 33
Posicionamento na relação conjugal
   homens, 42, 43
   mulheres, 42, 43
Preciosa, 161
Preditores da coparentalidade, 114
Prevenção da violência contra a mulher, 77
Problemas externalizantes *ver* transtornos externalizantes
Problemas internalizantes *ver* transtornos internalizantes
Processo educativo e a empresa familiar, O, 191-200
   Brothers & Sisters, 199
   Caminhando nas Nuvens, 199
Processos adaptativos, 59, 60, 68
   adaptabilidade, 60, 62, 63, 66
   nível de escolaridade, 65
Procura da Felicidade, À, 109
Progenitores
   papel, 24, 25, 89
Programa Familiar, 192, 193, 198

Programas de educação para relação conjugal, 40

Q

Qualidade conjugal, 50, 51, 58-68
  como fator de proteção da ambiente familiar, 58-71
  conflito conjugal, 65-67
  História de Nós Dois, A, 69
  resolução de conflito, 65-67
  Se Eu Fosse Você, 69
  Separados pelo Casamento, 69
  nível de escolaridade, 64, 65
  adaptabilidade, 65
  conflito conjugal, 65
  parentalidade, 65
  renda pessoal, 63, 64
  conflito conjugal, 63, 64
  exigência parental, 64
  responsividade parental, 64
  satisfação conjugal, 64
  teoria Comportamental, 59, 68
  teoria da Adaptação da Vulnerabilidade ao Estresse, 59, 68
  contexto de inserção do casal, 59, 68
  processos adaptativos, 59, 60, 68
  recursos pessoais dos cônjuges, 59, 68
  teoria da Crise, 59, 68
  teoria da Troca Social, 59, 68
  teoria do Apego, 59, 68
  teoria do Interacionalismo Simbólico, 59, 68
  teoria dos Sistemas Familiares, 59, 68
Qualidade da relação conjugal *ver* Qualidade conjugal

R

Razões da gravidez na adolescência, 126

Recursos pessoais dos cônjuges, 59, 68
coesão conjugal, 59, 62, 63
Rede social, 171, 177
  características, 177
  do adolescente em conflito com a lei, 170-174
  amigos, 172-177
  comunidade, 172
  escola, 171-173, 177
  família, 167-170, 172, 174-177
  Teoria Ecológico-Sistêmica, 171, 177
  trabalho, 171, 172
  uso de drogas, 173, 177
Reflexões sobre a violência conjugal, 72-85
  Amor e a Fúria, O, 84
  Sementes de Romã Dourada, 84
Regras familiares, 26, 32
Relação conjugal, 39-85
  conflito, 62, 63
  comunicação conjugal, 66
  nível de escolaridade, 65
  renda pessoal, 63, 64
  contemporaneidade, 40, 47, 48, 99, 100
  expectativas das mulheres, 49, 50
  expectativas dos homens, 49, 50
  fatores motivacionais, 39-43
  amor, 45, 54
  atração física, 43, 44, 54
  consolidação da identidade, 46, 54
  Dança comigo?, 55
  Mamma Mia, 55
  maternidade, 45, 46, 54
  transgeracionalidade, 46-48, 52
  modelos, 40, 48, 52-54
  compulsório, 52
  contemporâneo, 44
  tradicional, 42, 43, 52, 54, 68
  mulheres, 53
  parentalidade, 60-65
  divórcio, 112-119
  educação para a autonomia, 89-96

exigência parental, 62, 63
gravidez na adolescência, 123-135
maternidade, 117, 118
nível de escolaridade, 65
paternidade, 99-109, 116, 117
relações familiares e os problemas emocionais e de comportamento em adolescentes, 140-146
resolução de conflito, 67
responsividade parental, 62, 63
violência como instrumento educativo, 150-160
posicionamento das mulheres, 42, 43
posicionamento dos homens, 42, 43
programas de educação, 40
qualidade, 50, 51, 58-68
  nível de escolaridade, 64, 65
  renda pessoal, 63, 64
  teoria Comportamental, 59, 68
  teoria da Adaptação da Vulnerabilidade ao Estresse, 59, 68
  teoria da Crise, 59, 68
  teoria da Troca Social, 59, 68
  teoria do Apego, 59, 68
  teoria do Interacionalismo Simbólico, 59, 68
  teoria dos Sistemas Familiares, 59, 68
satisfação conjugal, 42, 43, 62-64, 68
renda pessoal, 64
valores tradicionais, 40
violência, 72-83
  agressor, 79
  autoculpabilização, 80
  consequências, 73-75, 81
  dinâmica, 78-80
  estatísticas, 73

lei Maria da Penha,
  75-77
 permissividade social,
  75, 76
 prevenção, 77
 transgeracionalidade,
  80-83
 vítimas, 73-77, 79,
  81-82
Relação família-escola, 181-188
 atualidade, 185-187
 Clube do Imperador, O, 189
 Coach Carter – Treino para Vida, 189
 crianças com problemas de comportamento, 183
 função da família e da escola na educação, 182, 183, 288
 mudança da realidade, 187, 188
 pais e professores nas práticas educativas, 184-188
 surgimento, 181, 182, 188
Relacionamento conjugal *ver* Relação conjugal
Relacionamento coparental *ver* Coparentalidade
Relações do núcleo familiar, 24
Relações familiares e os problemas emocionais e de comportamento em adolescentes, As, 140-149
 afetividade familiar, 142-146
 Beleza Americana, 147
 conflito familiar, 142-146
 Guerra dos Winters, A, 147
 transtornos externalizantes, 141-146
 transtornos internalizantes, 141-146
Relatos de gravidez na adolescência, 128-132
Renda pessoal,
 conflito conjugal, 63, 64
 comunicação conjugal, 66
 nível de escolaridade, 65
 exigência parental, 64
 qualidade conjugal, 63, 64

nível de escolaridade, 64, 65
teoria Comportamental, 59, 68
teoria da Adaptação da Vulnerabilidade ao Estresse, 59, 68
teoria da Crise, 59, 68
teoria da Troca Social, 59, 68
teoria do Apego, 59, 68
teoria do Interacionalismo Simbólico, 59, 68
teoria dos Sistemas Familiares, 59, 68
responsividade parental, 64
 em família de adolescente em conflito com a lei, 170
satisfação conjugal, 64
Resolução de conflito, 65-67
 adaptabilidade, 66
 nível de escolaridade, 65
 comunicação conjugal, 66
 parentalidade, 67
 divórcio, 112-119
 educação para a autonomia, 89-96
 exigência parental, 62, 63
 gravidez na adolescência, 123-135
 maternidade, 117, 118
 nível de escolaridade, 65
 paternidade, 99-109, 116, 117
 relação com a conjugalidade, 60-65
 relações familiares e os problemas emocionais e de comportamento em adolescentes, 140-146
 responsividade parental, 62, 63
 violência como instrumento educativo, 150-160
Responsividade parental, 62, 63
 em família de adolescente em conflito com a lei, 170

renda pessoal, 64
 conflito conjugal, 63, 64
 exigência parental, 64
 qualidade conjugal, 63-64
 satisfação conjugal, 64

S

Satisfação conjugal, 42, 43, 62-64, 68
 renda pessoal, 64
 conflito conjugal, 63, 64
 exigência parental, 64
 qualidade conjugal, 63, 64
 responsividade parental, 64
Saúde familiar, 30, 32
 capacidade de delimitação de fronteiras, 30
 capacidade de flexibilização, 30
Se Eu Fosse Você, 69
Sementes de Romã Dourada, 84
Separados pelo Casamento, 69
Ser pai e ser mãe: como compartilhar a tarefa educativa após o divórcio?, 112-122
Babá Quase Perfeita, Uma, 120
Lula e a Baleia, A, 120
Morte Inventada, A, 120
Síndrome do Príncipe Herdeiro, 194
Sistema familiar, 23, 32
 dinamicidade, 23
 estrutura interna, 23
 fronteiras, 26, 27, 32
  difusas, 28, 29
  função de diferenciação, 27
  função de proteção, 27
  nítidas, 27
  rígidas, 29
 papéis, 26
 regras, 26, 32
Sobre as motivações para a conjugalidade, 39-57
 Dança comigo?, 55
 Mamma Mia, 55
Spillover, 60, 61, 63, 65, 68
Subsistemas familiares, 23, 32
 conjugal, 24, 72, 83
 conflito conjugal, 68
 fraterno, 25
 fraterno-filial, 25

parental, 24, 72, 83
  conflito conjugal, 68
Sucessor na família empresária, 192-198
  características, 192-194
  educação, 194-198
Surgimento da relação família-escola, 181, 182, 188

T

Tango de Rashevski, O, 33
Teoria
  Comportamental, 59, 68
  da Adaptação da Vulnerabilidade ao Estresse, 59, 68
    contexto de inserção do casal, 59, 68
    processos adaptativos, 59, 60, 68
    recursos pessoais dos cônjuges, 59, 68
  da Aprendizagem Social, 61
  da Crise, 59, 68
  da Troca Social, 59, 68
  do Apego, 59, 68
  do Estresse, 61
  do Interacionalismo Simbólico, 59, 68
  dos Sistemas, 23
  dos Sistemas Familiares, 59, 61, 68
  Ecológico-Sistêmica, 61, 171, 177
  Transgeracionalidade, 46-48, 52, 80-82, 156-158, 160
    expectativa feminina, 46, 47
    expectativa masculina, 46, 47
    família empresária, 191, 193, 196, 197
    Brothers & Sisters, 199
    Caminhando nas Nuvens, 199
    herdeiro, 192-194, 198
    herdeiro sucessor, 196, 197

papéis familiares e empresariais, 192
Programa Familiar, 192, 193, 198
Síndrome do Príncipe Herdeiro, 194
sucessor, 192-198
fatores motivacionais da relação conjugal, 46-48, 52
  amor, 45, 54
  atração física, 43, 44, 54
  consolidação da identidade, 46, 54
  Dança comigo?, 55
  Mamma Mia, 55
  maternidade, 45, 46, 54
violência
  conjugal, 80-83
  infantil, 156-158, 160
Transtornos externalizantes, 141-146
Transtornos internalizantes, 141-146
Treze, Aos, 97

U

Uso de drogas, 173, 177

V

Valores tradicionais
  relação conjugal, 40
Violência
  como instrumento educativo, 150-163
  autoridade, 150
  autoritarismo, 150
  caso clínico e análise, 158-160
  estatísticas, 154
  fatores de proteção, 157
  negligência, 154
  Preciosa, 161
  transgeracionalidade, 156-158, 160
  violência física, 154
  violência psicológica, 154

violência sexual, 153, 155
Voz do Coração, A, 161
conjugal, 73-83
  Amor e a Fúria, O, 84
  agressor, 79
  autoculpabilização, 80
  consequências, 73-75, 81
  dinâmica, 78-80
  estatística, 73
  lei Maria da Penha, 75-77
  permissividade social, 75, 76
  prevenção, 77
  Sementes de Romã Dourada, 84
  transgeracionalidade, 80-83
  vítimas, 73-77, 79, 81, 82
  física, 154, 160
    contra a mulher, 75
    estatística, 154
    infantil, 156-158, 160
  moral contra a mulher, 76
  patrimonial contra a mulher, 75
  psicológica, 154, 160
    contra a mulher, 75
    estatística, 154
  sexual, 153, 155, 160
    contra a mulher, 75
    estatística, 154
Violência contra a mulher *ver* Violência conjugal
Violência de gênero *ver* Violência conjugal
Vítimas da violência conjugal, 73-77, 79, 81, 82
Vivência da paternidade em tempos de diversidade, A, 99-111
  Ensinando a Viver, 110
  Procura da Felicidade, À, 109
Voz do Coração, A, 161